男士时尚品牌

选购完全指南

世界品牌研究课题组　主编

北京工业大学出版社

出版缘起

绅士、优雅、商务……更多时候，男士的着装风格总被包含在这些词语之中。然而在当下，有这样一类年轻潮人，“中规中矩”已经不太合乎他们的穿搭法则，他们青睐具有冲击力的视觉元素，比如动物纹理、金属铆钉、撞色和个性配饰等元素，以此在第一时间表达出一个充满个性的自我。本书将能够充分表达这些先锋概念的时尚品牌称之为时尚潮牌。

潮男一族的时尚品位十分前卫：脚上的一双阿迪达斯三叶草与杰瑞米·科斯特合作推出的限量版运动鞋，手腕上的一只卡地亚钉子造型手镯，腰间的骷髅带扣腰带，食指上的一枚精巧别致的动物造型戒指……从时装、帽子、围巾、领结、配饰到背包，他们可以让自己身上的每个细节都透着与众不同的潮范儿。即便是一身西装，他们也通常不会选择黑、蓝这类比较常规的颜色，而是偏爱比较富于个性的品牌，偏爱明亮的绿色、黄色以及粉色系，而西装裤的长度是九分甚至及膝，再搭配一双浅口系带皮鞋。这样的潮装风格总会在第一时间让人眼前一亮，轻而易举地成为视觉焦点。

尽管潮男的风格常常十分博人眼球，但也绝非极端夸张、怪异，他们追求的是“另类而不极端，个性但不妖异”，甚至还有一些潮男，他们喜欢将潮范儿隐藏在一些并不明显的细节之中，比如一件看似普通的衬衫，它袖子上的袖扣、前襟上的绣饰却可能大有文章。总之，一切审美标准都要建立在契合个人气质，并且能够轻松驾驭的前提下。潮男们极其讲求穿搭效果的整体感，从帽子、发型、时装、配饰、包袋到鞋子，通过相得益彰的搭配，自然而然地秀出品位、张扬个性。

目前，在欧美国家、澳大利亚以及日本地区，都出现了一些备受年轻潮人推崇的时尚品牌，诸如艾特罗、菲利普·普莱恩、D 二次方、罗伯特·卡沃利、高田贤三等。为满足潮男一族对潮牌领域的了解需求，世界品牌研究课题组经过精心筹备推出本书。

本书是一本全面提升潮人品位的导购指南和穿搭宝典，将现今最具人气的几十个时尚男士潮牌一一收录，除了设计风格、大致价位、标志性元素等实用信息以外，全面涉及这些品牌最知名的镇店潮款和最具人气的必购潮品，收录潮品数量 3000 余款，种类以时装、鞋类、包袋、饰品为主，并涉及腕表、丝巾、太阳镜、腰带、帽子、袖扣、书写笔等商品，同时还扩展到了滑雪板、自行车等一些运动类品牌，以及知名的摩托车品牌。书中对于每款潮品的相关材质、设计特点、适用场合等信息都进行了细致的解读。由于一些外国品牌并不像纪梵希、迪奥等品牌有着认可度极高的通用中文译法，因此，书中沿用了其原始外文形式。另外，旨在为读者提供延伸性阅读空间的“买手必购榜”栏目，也并没有出现在本书的所有品牌中。

本书更是一本时尚潮男手边必备的完全扫货攻略，各个潮牌的相关购买信息，包括主要实体店面（以中国及亚洲其他国家和地区为主）信息，均在本书的“直通名店”一栏进行了介绍。另外，本书中出现的两大 Top 10 榜单重点介绍了目前最受关注的男士潮牌，以及可以同时购买到多家潮牌精品的综合性精选店，时尚潮男一定不要错过。

世界品牌研究课题组

2014 年 1 月

目录

CONTENTS

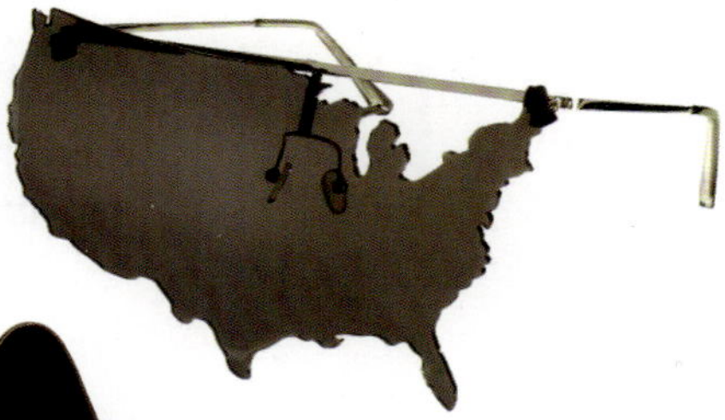

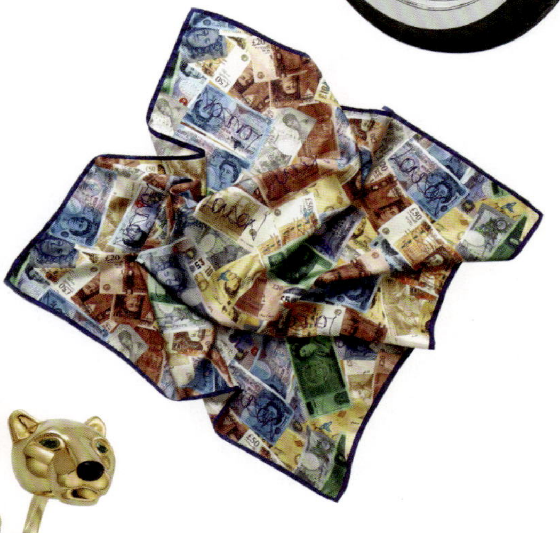

时尚达人最爱潮牌TOP10

NO.1 Alexander McQueen 亚历山大·麦昆

品牌档案

创始人：Alexander McQueen

流行指数：★★★★★

流行人群：妖异出位的亚历山大·麦昆，总能够给潮流绅士们带来不断的惊喜，大胆前卫的设计和精湛高端的制作，使服饰散发出的野性力量以及叛逆个性一直受到时尚人士和大牌明星的热捧。

热门潮品：骷髅标志丝巾、撞色衬衫、印花外套、骷髅造型配饰

NO.2 Ports 宝姿

品牌档案

创始人：Luke Tanabe

流行指数：★★★★★

流行人群：宝姿男装在用色上十分大胆新潮，西装短裤的剪裁也甚为考究，更重要的是，宝姿充满新意的设计总能带给时尚界更多惊喜，同时让明星大腕和潮流人士在人群中更加光彩夺目。

热门潮品：及膝西装短裤、彩色西装外套

NO.3 Christian Louboutin 克里斯提·鲁布托

品牌档案

创始人：Christian Louboutin

流行指数：★★★★★

流行人群：这个令全世界女人为之着迷的品牌，所推出的男鞋也备受时尚人士的青睐。克里斯提·鲁布托运用豹纹、铆钉、刺绣以及水晶等时尚元素，打破长久以来男鞋款式及色彩的单一乏味，使明星、高级白领、模特等在出席派对和出入高级办公场所时，展现出独特的男性魅力。

热门潮品：铆钉皮鞋、串珠刺绣感设计休闲鞋、高帮运动鞋

NO.4 Givenchy 纪梵希

品牌档案

创始人：Hubert de Givenchy

流行指数：★★★★★

流行人群：一直以华丽优雅而享誉盛名的纪梵希，基于别致的面料和精湛的制作工艺，在男装的设计上加入了更多新的元素，高贵大气的同时兼顾了时尚与个性，展现出自信的男人气质。无论是杂志封面、街拍或是明星云集的地方，人们都不难看到穿着纪梵希时尚单品的身影。

热门潮品：个性印花衬衫、皮具、配饰

NO.5 Philipp Plein 菲利普·普莱恩

品牌档案

创始人：Philipp Plein

流行指数：★★★★★

流行人群：德国潮牌菲利普·普莱恩一向特立独行，主打骷髅元素和铆钉元素，以做工严谨精细闻名。从时装、包袋、配饰到鞋类，充满了摇滚和混搭风格。如果你想用骷髅、铆钉或是水晶来表达自己的独特品位，那么菲利普·普莱恩无疑是最好的选择。

热门潮品：骷髅元素服饰和配饰、铆钉运动鞋

NO.6 Theo Fennel 西奥·芬奈尔

品牌档案
创始人：Theo Fennel
流行指数：★★★★

流行人群：知名奢侈珠宝品牌西奥·芬奈尔设计的珠宝及配饰，其前卫的理念和充满现代感的设计，迎合了崇尚个性和喜爱独特格调的时髦年轻人的需要。

热门潮品：18K 金肖像戒指、钻石吊坠、宝石胸针

NO.7 ETRO 艾特罗

品牌档案
创始人：Gimmo Etro
流行指数：★★★★

流行人群：充满异域风情的艾特罗善于将古老图样注入新鲜活力，倾心于奢华韵味又不乏现代感设计风格的潮人们一定是艾特罗店里的常客，例如国际明星艾尔顿·约翰、大卫·鲍威等。

热门潮品：佩斯利图案服饰、天鹅绒刺绣休闲鞋、佩斯利花纹手提包

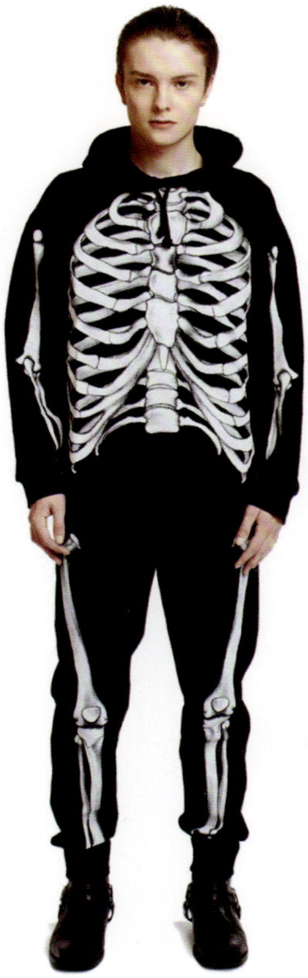

NO.8 Daniel Palillo 丹尼尔·帕力罗

品牌档案
创始人：Daniel Palillo
流行指数：★★★★

流行人群：喜欢 Hip-Hop 宽松风格服饰的潮人们一定会喜爱丹尼尔·帕力罗这个品牌，夸张又充满趣味的立体图案具有极强的减龄效果。如果你童心未泯，或是想让自己看起来年轻 10 岁，那么快带一件丹尼尔·帕力罗的潮品回去吧。

热门潮品：卡通图案马甲、立体造型 T 恤、头角造型平沿帽

NO.9 MCM MCM

品牌档案
创始人：Michael Cromer
流行指数：★★★★

流行人群：近年来，MCM 产品坚持沿袭挑选优质材料和做工考究的传统，同时紧跟潮流变化，在设计上增添了更多动感、年轻的元素。连已故国际巨星迈克尔·杰克逊都是 MCM 的粉丝，但 MCM 绝不仅仅只为明星们而打造，它的每件商品上独一无二编号的铜牌更是为全球各地热爱时尚的人士所准备。

热门潮品：Stark 系列包款、Weekender Heritage 系列包款

NO.10 Supreme Supreme

品牌档案
创始人：James Jebbia
流行指数：★★★★

流行人群：作为美国街头文化的缩影，Supreme 所生产的 T 恤、潮鞋、结合滑板等一直是街头潮人和滑板运动爱好者最中意的单品。想要即刻成为潮流达人吗，那么 Supreme 的时尚单品便可满足你的这个愿望。

热门潮品：Logo T 恤、棒球帽、鳄鱼皮压纹包款

必逛潮店TOP10

No.1 Triple-Major

作为一家概念店，Triple-Major 把各国独立和前卫的设计师作品以及自身品牌作品，介绍到对他们还未认识的城市。像亨利克·维斯科夫、丹尼尔·帕力罗等多国独立设计师品牌在被其引进前，都是很少在中国出现的。

在设计风格上，北京店以“药”为主题概念，其标识是由“山林工作室”设计的，该设计获得了 2010 年东京 TDC 颁发的视觉标识大奖，而上海店的设计主题则是“墨”，从店面设计到商品都潮范儿十足。

★必扫潮品：衬衫、外套、毛衣

北京“药”店

营业时间：周二至周日 13:00 ~ 20:00

上海“墨”店

营业时间：周二至周日 13:00 ~ 20:00

★必扫潮品：潮流感强烈的大牌男装、T 恤等

营业时间：周一至周三 11:00 ~ 18:30

周四至周六 11:00 ~ 19:00

周日 12:00 ~ 19:00

No.2 Dover Street Market

如果说你去法国巴黎一定要去 Colette 精品店，那么，来英国伦敦你务必要去川久保玲的 Dover Street Market 精品店。它坐落于英国伦敦 New Bond Street、Old Bond Street 及 Dover Street 交汇处，由一栋佐治亚时代风格的古旧建筑改造而成，一共六层（地下一层，地上五层）。

Dover Street Market 有上百个入驻品牌，诸如浪凡、加勒斯·普、皮埃尔·哈迪、拉夫·西蒙、马丁·马吉拉时装屋、渡边淳弥、Undercover 和 Visvim 等。另外，除了川久保玲及其旗下的 Play，还有许多独具特色的牌子，像充满民俗风情的 World Archive、被绿色植物包围的 Arts & Science、充满古朴气质的 Labour and Wait 等等。值得一提的是，Dover Street Market 店里有很多商品都是全球独家销售的，像是圣罗兰为其专门设计的 Edition 24 系列、川久保玲的 Black 系列等。

No.3 S Cube

作为在北京颇有名气的时尚潮店，S Cube 店内主要出售新兴设计师品牌的男装、鞋类、配饰及家居时尚用品等。光顾这里的人很多都是老顾客，店家会在货品到店后发送短信消息给他们，所以常常会出现新货还没上架，就已经被预订一空的情况。S Cube 店共有上下两层，店内一层贩售成品、二层则用作定制，自有设计品牌和代购品几乎各占一半。

★必扫潮品：太阳镜、腰带、风衣、T 恤

营业时间：周一至周五：11:00~20:00

周六、周日：11:00~21:00

No.4 Lane Crawford

创立于 1850 年的 Lane Crawford（连卡佛），是在香港地区处于绝对领导地位，并在亚洲乃至全世界时尚领域都颇具影响力的时尚精品店。它专门网罗世界最新潮、顶尖的男女时装、皮鞋、时尚配饰、内衣、珠宝、化妆品以及家居用品等，提供最丰富、多元化的一站式购物选择。在香港的一些黄金地段，包括中环国际金融中心、尖沙咀广东道、铜锣湾时代广场，以及太古广场，连卡佛设有多家分店，北京分店设于金融街购物中心及建国门外大街银泰中心。

★必扫潮品：时装、鞋类、配饰、包袋、家居用品

北京金融街购物中心店

营业时间：11:00 ~ 20:30

香港国际金融中心店

营业时间：10:00 ~ 21:00

香港广东道店

营业时间：10:00 ~ 22:00

香港太古广场家居精品店

营业时间：10:00 ~ 21:00

香港时代广场店

营业时间：10:00 ~ 22:00

No.5 Colette

Colette 位于巴黎著名的圣奥诺雷路上，隔壁品牌店一边是路易威登，一边是迪奥。它总共分为三层，首层主要售卖的是街头版新奇潮物，包括腕表、配饰、运动鞋、书籍、杂志、CD、DVD、高科技产品和 T 恤等。一整面限量版运动鞋展示墙和那间挂满各品牌 T 恤的透明玻璃屋，绝对是街头文化粉丝们的心头好。二层展示的货品几乎每周都会定期更换，包括一小部分买手精心挑选的男装单品。

作为一家精选店，它的品位是综合的，街头的、地下的、艺术的、时尚的，在此都能找到。Colette 经常会搜集售卖一些比较难找到的限量版商品，许多不错的新品牌更是希望和 Colette 合作进行独家销售。逛这样的精品店，要比一个一个去逛大牌店省去很多时间，每年 1 月和 7 月是打折季。很多对设计、时尚感兴趣的年轻人，去巴黎一定会去 Colette，去这家店里看看最近都有些什么新鲜有趣的东西，但他们的目的却不完全是购物，还期待在此发现最新流行的元素。

★必扫潮品：服装、配饰、鞋类

营业时间：11:00 ~ 19:00

网上商店：www.colette.fr

★必扫潮品：包袋、T 恤

米兰店

营业时间：10:30～19:30

周三、周四 10:30～21:00

首尔店

营业时间：11:00～20:00

东京店

营业时间：11:00～20:00

周五、周六 11:00～21:00

No.6 10 Corso Como

10 Corso Como 是米兰的代表性时装精品店，1990 年，意大利时装杂志《VOGUE》的传奇主编卡拉·索珊尼，将其作为集合了书店、画廊、商店、咖啡厅甚至后来的酒店概念的复合文化空间，在米兰开设。店中除了出售自营品牌的服装、包袋以外，运出售一些时尚潮牌的热卖款，包括汤米·希尔费格的男鞋、Carmina Campus 包袋。现在，除了米兰总店，10 Corso Como 在东京、首尔、上海也设立了分店。在那里，一种完整的“慢购物”体验本身已经成了一件很潮的事情。

No.7 Barneys New York

Barneys New York 即“巴尼斯纽约精品店”。它是一家知名的高档百货连锁店，以男女服装、饰品及鞋子为主打商品，店中的许多商品都是由该店的设计师设计的自有品牌商品，当然，还有很多欧美、日本等地的著名设计师品牌的作品，例如范思哲、阿玛尼、吉尔·桑达、圣罗兰等顶级品牌，潮男们可以在此搜罗到独家售卖的 Rag & Bone 品牌的时装及配饰、Smythson 品牌的包袋和皮埃尔·哈迪的鞋，甚至能买到一些在其他精品店中买不到的高端产品。

★必扫潮品：Rag & Bone 牛仔裤及配饰、范思哲 T 恤

营业时间：周一至周五 10:00～20:00

周六 10:00～19:00

周日 11:00～18:00

No.8 I.T

I.T 潮店以独特、年轻、时尚风格为主，在中国香港以及北京、上海等大城市的一些大型购物中心设有店面。特别是在其香港的一些店面中，汇集了众多的以款式前卫、多元化和引导潮流著称的欧美和澳大利亚时装品牌，包括马丁·马吉拉时装屋、加勒斯·普等，以及席卷亚洲的日本年轻潮流时装品牌。

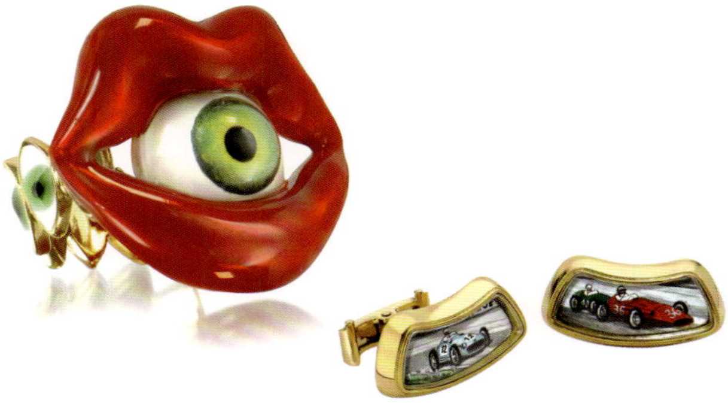

No.9 Bloomingdale's

Bloomingdale's 创立于 19 世纪末，它被视为美国最大的百货公司——梅西（Macy's）的姊妹店。整体而言，Bloomingdale's 的气氛与品牌都比较年轻化，追求摩登，价位适中，有着比梅西百货更加尖端的潮流品位，但却又没有 Barneys New York 那么刁钻前卫，定位非常讨巧，是潮人们十分喜爱的购物天堂。通常，在每年 5 月至 7 月以及年底，Bloomingdale's 都会有大减价活动，而且，在圣诞节和新年期间，Bloomingdale's 那漂亮的橱窗也是纽约一道亮丽的风景线。Bloomingdale's 的官方购物网站提供送货至中国的服务。

★必扫潮品：时装、鞋、包袋

营业时间：周一至周五 10:00~20:30

周六 10:00~19:00

周日 11:00~19:00

★必扫潮品：弗莱德·派瑞衬衫、卡苏比牛仔服

香港海港城店

营业时间：11:00~21:00

北京国贸商城店

营业时间：9:30~21:30

上海恒隆广场店

营业时间：10:00 ~ 22:00

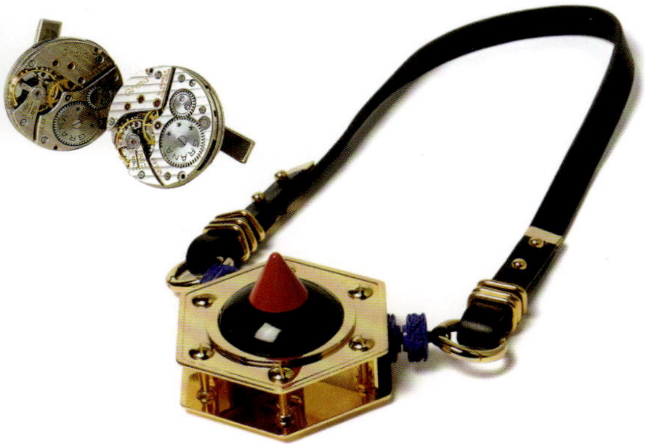

No.10 On Pedder

On Pedder 是亚洲数一数二的高级鞋品及配饰高端买手概念店，隶属于连卡佛集团，在北京、上海、香港、新加坡、雅加达等城市设有店面。店中经营的主要品牌包括高田贤三、纪梵希、亚历山大·麦昆、古驰等，所售产品虽然以女款为主，但如果潮男们想买到一些十分个性的饰品如太阳镜等，就不要错过这里，很多时候还会有打折活动。

★必扫潮品：饰品、Linda Farrow 太阳镜

北京国贸商城店

营业时间：10:00~22:00

上海恒隆广场店

营业时间：10:00~22:00

香港新世界大厦店

营业时间：10:30~20:00

香港海港城店

营业时间：11:00~21:00

潮范儿穿搭黄金法则

No.1 户外达人风格

滑雪、骑行、登山、露营、冲浪……从运动装备到服装再到背包、眼镜、鞋子，对于户外运动型潮男来说，他们依然可以在每个细节之处，都恰到好处地表现出自己的潮范儿品位。

▶Look 1

伯顿滑雪服➕Electric EG2.5 滑雪护目镜➕Suunto Core 腕表➕Line Pin 滑雪杖➕伯顿 Spectre 滑雪手套➕伯顿滑雪靴➕Rome Shiv 滑雪板

①

④

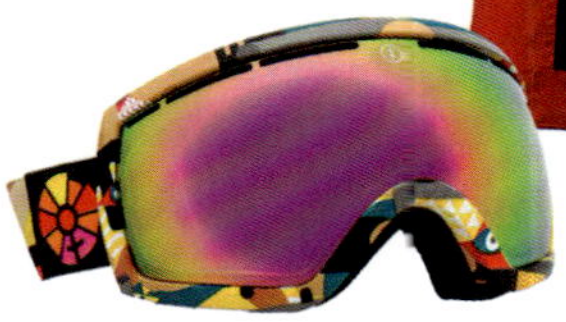

②

③

⑤

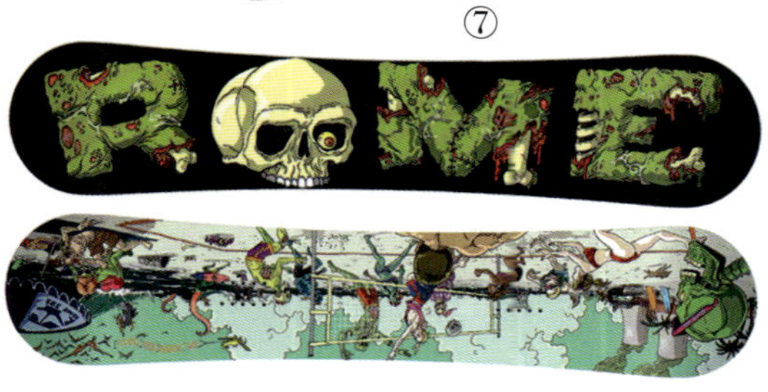

⑦

⑥

① 伯顿滑雪服

上衣采用多种颜色以及多兜袋设计，既时尚又实用。

参考价格：上衣：￥1 500

裤子：￥2 700

② Electric EG2.5 滑雪护目镜

出自 Electric 品牌，边框配色极为炫丽，搭配同样绚丽的 4 厘米宽可调节式带箍，出彩儿度极高。

参考价格：￥1 200

③ Suunto Core 腕表

Suunto 的这款腕表将便于使用的户外功能，包括高度计、气压计和指南针以及天气信息，融合到自身的设计之中，表带有多种不同颜色可选。

参考价格：￥1 800

④ Line Pin 滑雪杖

参考价格：￥350

⑤ 伯顿 Spectre 滑雪手套

色彩明艳，手部骨骼以及骷髅元素的加入，让这款手套成潮款之中的潮款。

价格请店洽

⑥ 伯顿滑雪靴

鞋面前部的斑点图案营造出仿佛雪花般的效果，内层为可独立分离式设计。

参考价格：￥1 950

⑦ Rome Shiv 滑雪板

出自 Rome 品牌，4 毫米中央线采用了竹子材质而非碳纤维等材质，表面的骷髅头及海滩图案十分拉风。

参考价格：￥1 800

▶Look 2

阿迪达斯三叶草×杰瑞米·斯科特运动装⊕安逸猿牛仔帽⊕嘉宝户外眼镜⊕Suunto Ambit2 S 腕表⊕Manuel Vanni 双色纯皮手套⊕Yuketen 双肩背包⊕悍马折叠式自行车

① 阿迪达斯三叶草×杰瑞米·斯科特运动装

周末了，穿上一套视觉炫酷的运动装，来一次户外骑行吧。

价格请店洽

② 安逸猿牛仔帽

参考价格：￥900

③ 嘉宝户外眼镜

防紫外线，紧贴度都很好，不必随着骑行带来的颠簸进行调整。

参考价格：￥1 500

④ Suunto Ambit2 S 腕表

Suunto 品牌的这款腕表十分轻薄，具备先进的 GPS 功能并配备心率带，可以显示心率以及自行车功率。

参考价格：￥2 750

⑤ Manuel Vanni 双色纯皮手套

参考价格：￥1 800

⑥ Yuketen 双肩背包

帆布材质，前后带扣均采用了实用的可调节式设计，整体透露着简约的时尚感。

参考价格：￥1 800

⑦ 悍马折叠式自行车

在成功延续了悍马车一贯的硬派、粗犷风格的同时，悍马自行车所采用的折叠式设计也极具实用性。

价格请店洽

①

②

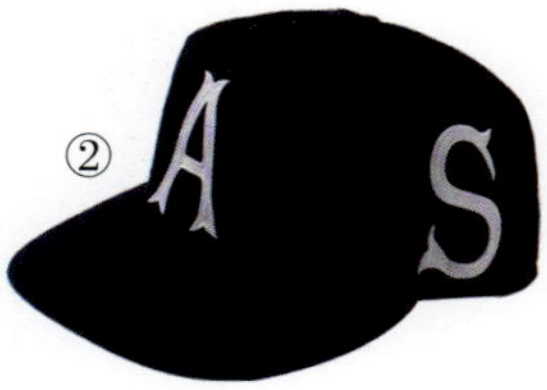

③

④

⑤

⑥

⑦

①

▶Look 3

Y-3 Mesh Tank 网布背心➕Vi ebrequin 印花短裤➕纪梵希夹脚拖鞋➕高田贤三 Flying Tiger 帽子➕菲利普·普莱恩 Skullicious 项链➕Miansai 鱼钩形手链➕Suunto D4i 腕表

① Y-3 Mesh Tank 网布背心

Y-3 的这款背心由轻盈的棉质镂空网布材质制成，样式大方、时尚、前卫，左前下摆处有折叠的 Y-3 徽标。

参考价格：￥1 500

④

② Vilebrequin 印花短裤

如果是喜爱沙滩和水上运动的潮男，Vilebrequin 的游泳短裤一定是必购品，其印花图案十分有趣，并且设有防水兜袋钱包。

参考价格：￥1 500

②

③ 纪梵希夹脚拖鞋

价格请店洽

③

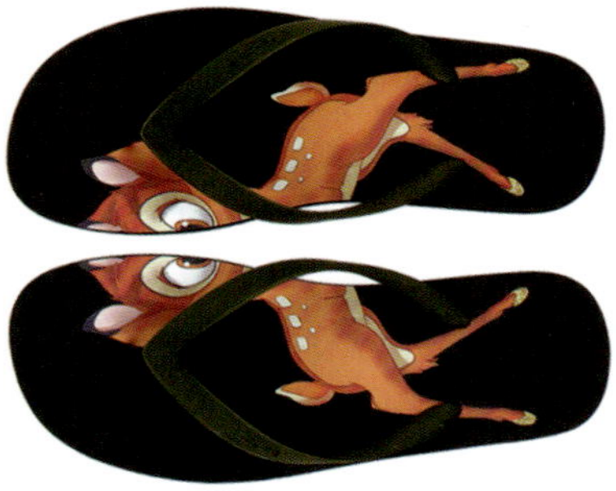

④ 高田贤三 Flying Tiger 帽子

整体的老虎图案印花，让这款帽子的风格显得颇为张扬，个性潮男可以一试。

价格请店洽

⑤ 菲利普·普莱恩 Skullicious 项链

皮质链条，搭配黄铜材质的骷髅头吊坠。

参考价格：￥2 700

⑤

⑥ Miansai 鱼钩形手链

潮男们通常不会让自己的手腕上空无一物，这款手链采用了鱼皮材质皮链，金色的鱼钩形饰件十分与众不同。

参考价格：￥1 000

⑥

⑦ Suunto D4i 腕表

这款腕表很适合游泳及潜水时佩戴，具有空气、高氧、自由和关闭四种模式，可以显示当前罐压以及剩余空气时间。

价格请店洽

⑦

▶Look 4

阿迪达斯三叶草防风衣⊕Y-3 休闲裤⊕Y-3 高帮运动鞋⊕始祖鸟户外帽⊕纪梵希印花围巾⊕Suunto Elementum Terra 腕表⊕Victorinox Classic LE 2013 系列瑞士军刀⊕Y-3 背包

① 阿迪达斯三叶草防风衣

对于豹纹控来说，这款防风衣绝对是必购之物，假日登山露营时可以穿着。

参考价格：￥1 000

② Y-3 休闲裤

深裆设计，配有松紧拉绳腰身、侧袋、左侧 3D 大口袋，补丁式后口袋。

参考价格：￥3 000

③ Y-3 高帮运动鞋

为庆祝品牌成立 10 周年，Y-3 推出了受冰鞋启发的 Honja High 男士高帮鞋款，前部采用隐蔽式鞋带设计，后部印有羽毛图案。

参考价格：￥3 200

④ 始祖鸟户外帽

价格请店洽

⑤ 纪梵希印花围巾

参考价格：￥2 500

⑥ Suunto Elementum Terra 腕表

采用芬兰工艺，配有不锈钢外壳和蓝宝石镜面，具有高度计、气压计、大气压力和天气预报、3D 指南针功能，日志功能可以记录最近 8 次上山、下山的最高海拔。

参考价格：￥7 800

⑦ Victorinox Classic LE 2013 系列瑞士军刀

精巧又实用的刀具是户外登山、远足、露营装备中的必需品，尺寸为 58×18×9 毫米，表面装饰着各种十分别致的图案，内置刀、剪、锉等实用工具。

价格请店洽

⑧ Y-3 背包

引人注目的橘黄色，以实用的防破裂材质制成，独特的顶部卷边开合。

参考价格：￥1 200

①

④

⑤

②

⑥

⑧

⑦

③

No.2 个性混搭派风格

混搭穿衣风格常给人以自然随意，且透着时尚独特的视觉体验。能够驾驭这种风格的潮人们不仅拥有足够的自信，而且对潮流有着敏锐的洞察力和个人独到的搭配心得。无论是将中西元素相融合，还是让“现代”与“传统”相碰撞，摩登又百变的混搭风格可以帮你尝试各种潮范儿。

▶Look 1

Purpose 牛仔衬衫⊕Purpose 休闲长裤⊕1460 系列马丁靴⊕古驰浅顶软呢帽⊕安娜－卡琳·卡尔松猫眼太阳镜⊕博柏利烟熏格子托特包

①

④

⑤

②

⑥

③

① Purpose 牛仔衬衫

做旧感牛仔衬衫，胸袋采用工装风格设计，随性中增添一点帅气。

参考价格：￥1 500

② Purpose 休闲长裤

口袋的设计风格与衬衫相得益彰，窄口裤脚设计搭配一双帅气的短靴是再合适不过的了。

参考价格：￥2 100

③ 1460 系列马丁靴

不知道该如何表达自己的独特个性？那是因为你还缺一双马丁靴。

参考价格：￥920

④ 古驰浅顶软呢帽

酒红色兔皮毛毡，配以粗革绑带和 Gucci 花体字细节装饰。

价格请店洽

⑤ SUPER 玳瑁拼色圆框太阳眼镜

这款太阳眼镜精选德国蔡司镜片，令你的眼睛得到最佳保护。圆框款式不仅拥有复古魅力，设计上更加入拼色元素，极具时尚感，为你的造型增添酷感味道。

参考价格：￥3 600

⑥ 博柏利烟熏格子托特包

带挂锁的超大皮质拉链头，皮革裹覆的钥匙套。轧制皮革手柄，可拆式尼龙斜背带，皮质行李吊牌挂饰。

参考价格：￥10 250

▶Look 2

保罗·史密斯编织礼帽⊕安逸猿童子军衬衫⊕休闲工装长裤⊕托德斯鹿皮系带豆豆鞋⊕Spitfire 圆框太阳镜⊕纪梵希鲨鱼牙齿项链⊕纪梵希手提包

①

②

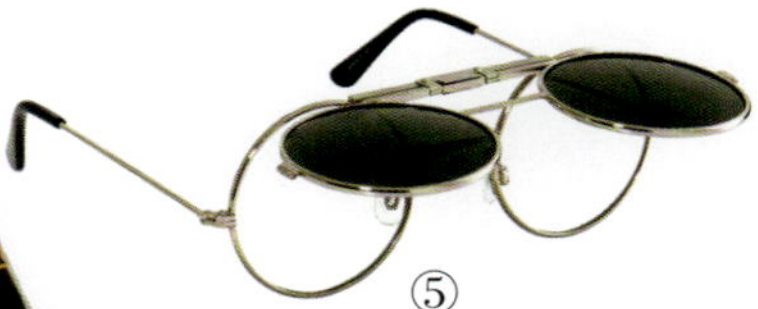

⑤

⑥

③

⑦

④

① 保罗·史密斯编织礼帽

这款礼帽的出现，将整体混搭风格发挥到极致。

参考价格：￥940

② 安逸猿童子军衬衫

军旅风格衬衫，帅气独特，几乎不会遇到撞衫的尴尬。

参考价格：￥1 700

③ 休闲工装长裤

多口袋工装设计风格，做旧细节自然时尚。

参考价格：￥1 300

④ 托德斯鹿皮系带豆豆鞋

采用现代设计，细节点缀精致优美，配上标志性的豆豆鞋底和系带式样，为这款经典鞋子赋予了时尚休闲的韵味。

价格请店洽

⑤ Spitfire 圆框太阳镜

墨绿色圆形镜片与整套着装相呼应，金色框架与镜片颜色形成色彩对比。

价格请店洽

⑥ 纪梵希鲨鱼牙齿项链

戴上这款鲨鱼牙齿项链，既拉风又可当护身符。它并非由真正的鲨鱼牙齿制作而成，环保人士可放心佩戴。

参考价格：￥4 000

⑦ 纪梵希手提包

黑色棉质手提包，搭配可调节单肩带。印有彩色杜宾犬图案，时尚另类。

参考价格：￥9 500

▶Look 3

保罗·史密斯大理石印花大衣⊕保罗·史密斯皮革印花手提包⊕博柏利多色菱形图案针织羊绒混纺毛线帽⊕Masunaga 圆框眼镜⊕梵克雅宝非凡表盘腕表系列腕表⊕朱塞佩·萨诺第黑色仿麂皮水晶装饰高帮运动鞋

①

③

④

②

⑤

⑥

① 保罗·史密斯大理石印花大衣

卡其色内里低调时尚，白色羊毛衣领不仅带来更好的保暖度，同时与彩色大理石印花形成对比，提升整体奢华感。

参考价格：¥12 700

② 保罗·史密斯皮革印花手提包

参考价格：¥3 200

③ 博柏利多色菱形图案针织羊绒混纺毛线帽

多色拼接设计，打造充满活力的彩色冬日。

参考价格：¥3 600

④ Masunaga 圆框眼镜

大热的圆框眼镜，不仅典雅复古，而且兼具摩登时尚感。

价格请店洽

⑤ 梵克雅宝非凡表盘腕表系列腕表

梵克雅宝在传统技术的基础上又囊括了日本古代漆绘工艺，展现石间流沙与纷落樱花遥相呼应的日式花园美景，独具特色。

价格请店洽

⑥ 朱塞佩·萨诺第黑色仿麂皮水晶装饰高帮运动鞋

施华洛世奇水晶的璀璨与金色拉链相应生辉，潮味十足。

参考价格：¥16 400

▶Look 4

Noose & Monkey 西服套装⊕马丁大夫厚底皮鞋⊕艾特罗拼接风格时尚男帽⊕保罗·史密斯丝绸领带⊕保罗·史密斯紫色条纹袖扣⊕博柏利动物斑点托特包

① Noose & Monkey 西服套装

优雅的紫色系西服套装无论是面料质感还是剪裁的比例，都堪称完美，展现男人独特的绅士气质。

参考价格：￥1 500

② 马丁大夫厚底皮鞋

内敛的酒红色皮鞋，可以迎合整套西装的神秘优雅气质，细节处的英伦设计为整套装扮增添了一丝复古贵族感。

参考价格：￥1 100

③ 艾特罗拼接风格时尚男帽

以羊毛面料为主，另含有棉及尼龙材质，精致挺括。

参考价格：￥1 700

④ 保罗·史密斯丝绸领带

黑色丝绸领带，配以彩色圆点，在沉稳中融入活泼可爱的趣味。适合偏爱艳丽色彩又不喜张扬的商务男士佩戴。

参考价格：￥740

⑤ 保罗·史密斯紫色条纹袖扣

紫色系条纹图案袖扣，独特别致，是西装上的亮点之处，更是配合整体色调的不二之选。

参考价格：￥550

⑥ 博柏利动物斑点托特包

这款托特包选用动物斑点小牛皮和极具可塑性的皮革精心制作而成，灵感源自传统公文包，设计有内侧隔层和小口袋。手工轧制皮革手柄配有抛光五金配件，精美的手工涂漆边缘勾勒出托特包的几何线条。

参考价格：￥21 000

③

④

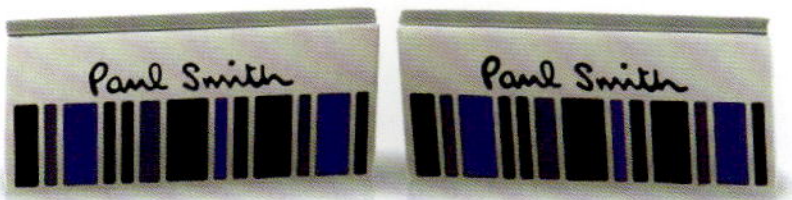

⑤

⑥

①

②

No.3 学院派风格

学院派着装可谓是经典穿搭风格之一，无论是休闲舒适的运动装，还是充满英伦气息的格子衬衫，或者是一只复古的手提包，都几乎成为潮男们打造学院派风格的必备单品。

▶Look 1

博柏利羊毛混纺风衣⊕博柏利分解格子棉质衬衫⊕博柏利格子羊毛手套⊕劳克英伦风格皮鞋⊕The Cambridge Satchel Company 真皮复古两用包

① 博柏利羊毛混纺风衣

选用无衬里的羊毛混纺面料精心裁制而成，承袭传统风衣的设计风格。

价格请店洽

② 博柏利分解格子棉质衬衫

经典剪裁，搭配前开门襟和弧形衣摆设计，呈现充满简洁帅气的学院风格。

参考价格：￥3 900

③ 博柏利格子羊毛手套

采用传统工艺制作，掌部为柔软的皮革，配保暖的羊绒衬里。

参考价格：￥2 600

④ 劳克英伦风格皮鞋

醒目的黑白色搭配，英伦风格细节设计。是型男们搭配学院风格着装的标配之一。

参考价格：￥2 100

⑤ The Cambridge Satchel Company 真皮复古两用包

无论是复古的款型还是经典的英格兰格子配色，这只手提包都是此套着装的最佳配饰。

参考价格：￥1 500

①

②

③

④

⑤

▶Look 2

安逸猿纯棉外套⊕Evisu 牛仔裤⊕匡威 Weapon 系列高帮运动鞋⊕Supreme 棒球帽⊕卡尔·拉格斐 Karl Kat 镜面 PVC 钥匙扣⊕斯酷凯蒂 Mix Master–Howell 耳机⊕弗莱德·派瑞经典水桶包

① 安逸猿纯棉外套

恶搞鲨鱼图案趣味十足。代表活力的大红色，是学院风格中经典的时尚颜色。

参考价格：￥2 800

② Evisu 牛仔裤

背面红色格纹设计给人以极富活力的学院气质展现。

参考价格：￥2 400

③ 匡威 Weapon 系列高帮运动鞋

匡威与 John Varvatos 跨界合作，联名推出的 Weapon 系列鞋款，是匡威多年来经久不衰的热销款式。

参考价格：￥1 100

④ Supreme 棒球帽

今年大热的平沿帽，是彰显青春时尚的必备单品。

参考价格：￥360

⑤ 卡尔·拉格斐 Karl Kat 镜面 PVC 钥匙扣

这款有趣的 PVC 钥匙扣由手工制成，上面的小猫造型还佩戴了设计师本人标志性的黑色太阳镜。如此可爱精致的配饰当然是送给该品牌粉丝最完美的礼物。

参考价格：￥900

⑥ 斯酷凯蒂 Mix Master–Howell 耳机

色彩亮丽又酷酷的耳机，绝对是校园潮范儿的亮点。

参考价格：￥2 150

⑦ 弗莱德·派瑞经典水桶包

非常适合外出运动时使用，实用性极强又十分百搭。

参考价格：￥780

④

①

⑤

⑥

②

⑦

③

▶Look 3

菲利普·普莱恩卡通图案短袖T恤➕维维安·韦斯特伍德拉链外套➕Y-3斜纹运动裤➕Jacob & Co. Palatial Tourbillon 系列腕表➕The Cambridge Satchel Company 真皮复古两用包➕阿迪达斯三叶草×杰瑞米·斯科特经典运动鞋

①

②

③

④

⑤

⑥

① 菲利普·普莱恩卡通图案短袖T恤

用充满童年回忆的卡通图案，打造现代学院派别致风格。

参考价格：￥4 200

② 维维安·韦斯特伍德拉链外套

这款外套是维维安·韦斯特伍德推出的2013~2014年秋冬新款，设计独一无二。鲜亮的黄色打破冬季的沉闷，适合日常通勤穿着。

参考价格：￥9 800

③ Y-3斜纹运动裤

收紧式裤脚设计，搭配运动鞋或板鞋都很合适。裤脚处可拆卸。

参考价格：￥4 300

④ Jacob & Co. Palatial Tourbillon 系列腕表

蓝宝石水晶表面与鳄鱼皮表带的组合低调贵气，金色罗马数字指针为腕表增添了一丝复古华丽的美感。

价格请店洽

⑤ The Cambridge Satchel Company 真皮复古两用包

荧光黄与电光蓝的撞色效果十分醒目独特，The Cambridge Satchel Company 生产的包款将复古与时尚完美融合，又不会降低实用性，是众多潮男日常通勤的头号选择。

参考价格：￥1 500

⑥ 阿迪达斯三叶草×杰瑞米·斯科特经典运动鞋

颜色混杂却令人过目不忘。属中性款运动鞋，只需搭配简单的T恤和运动裤，便可成为校园内独一无二的风景。

参考价格：￥1 900

▶Look 4

菲利普·普莱恩羊毛外套⊕博柏利格子羊绒围巾⊕迪赛 DZ4281 腕表⊕Swear London 皮革短靴⊕艾特罗皮革手提包⊕博柏利格子长柄雨伞

① 菲利普·普莱恩羊毛外套

经典双排扣设计，皮袖拼接处更显帅气硬朗，为秋冬校园增添一抹时尚魅力。

参考价格：￥26 800

② 博柏利格子羊绒围巾

保暖的拉绒羊绒格子围巾，两端以流苏装饰。

参考价格：￥4 500

③ 迪赛 DZ4281 腕表

这款腕表具有多国时区以及日期显示功能，清新的海蓝色表盘特别适合年轻人群佩戴。

参考价格：￥2 000

④ Swear London 皮革短靴

剪裁与设计充满浓郁的英伦格调，与整套装扮十分吻合。

价格请店洽

⑤ 艾特罗皮革手提包

颜色和花纹都极为独特少见，摩登味十足，属实用性能手提包。

价格请店洽

⑥ 博柏利格子长柄雨伞

格子长柄雨伞，搭配弧形手柄，按钮开伞，英伦味道十足。

参考价格：￥4 700

②

①

③

⑤

⑥

④

No.4 前卫时尚风格

对于追求前卫、个性的时尚潮男来讲，豹纹、铆钉、骷髅、撞色……以及跳出传统的造型设计和用色，是成功表达潮范儿概念的重要元素。

①

▶Look 1

宝姿双排六扣西装➕D 二次方太阳镜➕艾特罗西装胸袋方巾➕Devon Tread 1F 腕表➕葆蝶家编织手链➕克里斯提·鲁布托 Rllerboy Spikes 休闲鞋➕亚历山大·麦昆 De Manta 托特包

②

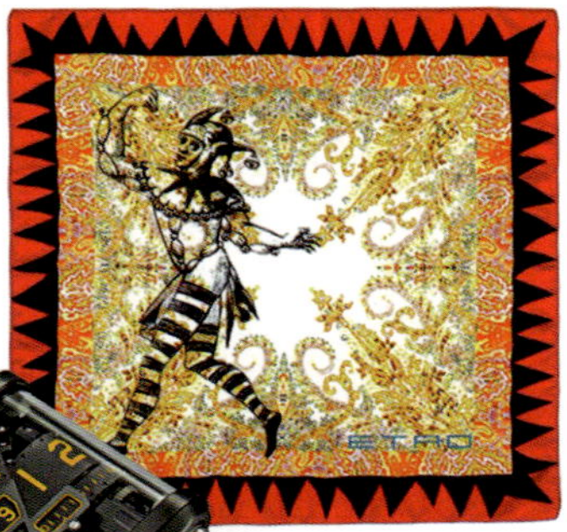

③

④

⑤

⑥

⑦

① 宝姿双排六扣西装

非传统的用色手段，使宝姿西装成了潮男衣橱中绝对的明星款。

参考价格：上衣：￥7 000

裤子：￥3 800

② D 二次方太阳镜

镜框采用了与众不同的棱角处理，搭配渐变色镜片。

参考价格：￥1 900

③ 艾特罗西装胸袋方巾

参考价格：￥600

④ Devon Tread 1F 腕表

出自美国腕表品牌 Devon，通过交错相迭的时间带的转动来显示时、分和秒。

参考价格：￥20 000

⑤ 葆蝶家编织手链

参考价格：￥1 300

⑥ 克里斯提·鲁布托 Rllerboy Spikes 休闲鞋

豹纹加上金属铆钉的时尚搭配，使这款休闲鞋看上去与众不同。

参考价格：￥9 100

⑦ 亚历山大·麦昆 De Manta 托特包

参考价格：￥8 900

▶Look 2

菲利普·普莱恩 Army 牛仔外套⊕卡苏比牛仔裤⊕朱塞佩·萨诺第鹿皮铆钉靴⊕迪赛 Cosmus 帽子⊕纪梵希小号围巾⊕宇舶 Big Bang 斑马纹腕表⊕罗伯特·卡沃利鳄鱼带扣腰带⊕巴黎世家双肩包

① 菲利普·普莱恩 Army 牛仔外套

袖口、底边以及胸袋处，均以粗铆钉进行装饰，背后是个性十足的图案。

参考价格：￥16 200

② 卡苏比牛仔裤

低腰式设计，膝盖处经过磨洞处理，效果极其自然。

参考价格：￥15 000

③ 朱塞佩·萨诺第鹿皮铆钉靴

小牛皮材质，金属带扣以及大量的金属铆钉的应用，让这款靴子成了绝对的时尚潮款。

参考价格：￥15 000

④ 迪赛 Cosmus 帽子

休闲感强烈的小礼帽，永远是潮范儿穿搭不可缺少的要素。

参考价格：￥450

⑤ 纪梵希小号围巾

参考价格：￥800

⑥ 宇舶 Big Bang 斑马纹腕表

抛光处理及缎面拉丝 18K 玫瑰金材质，斑马纹表盘，搭配斑马纹小牛皮表带。

价格请店洽

⑦ 罗伯特·卡沃利鳄鱼带扣腰带

参考价格：￥4 500

⑧ 巴黎世家双肩包

抽绳式开口，鲜艳的红色打破了牛仔装扮的素净感。

参考价格：￥8 500

▶Look 3

艾特罗衬衫➕7 For All Mankind 橙色长裤➕朱塞佩·萨诺第便鞋➕Manuel Vanni 草帽➕卡地亚 C 字装饰无框太阳镜➕Bernard Delettrez 手镯➕吉米·周星星铆钉腰带➕MSPC × Nowartt 林木主题印花背包

①

②

③

④

⑤

⑥

⑦

⑧

① 艾特罗衬衫

在佩斯利图案中，你可以发现蜻蜓等昆虫的身影点缀其中。

参考价格：￥2 000

② 7 For All Mankind 橙色长裤

修身板型，颜色十分抢眼，把裤脚卷起会显得更加时尚、个性。

参考价格：￥2 600

③ 朱塞佩·萨诺第便鞋

使用了精致的刺绣、金属铆钉等装饰细节，时尚中不失华美。

参考价格：￥10 200

④ Manuel Vanni 草帽

价格请店洽

⑤ 卡地亚 C 字装饰无框太阳镜

独特的木质镜腿，上面饰有双 C 字母雕刻，抛光镀铂饰面，配长方形灰色镜片。

参考价格：￥12 700

⑥ Bernard Delettrez 手镯

酷酷的手部骨骼装饰，是该品牌中经常会出现的元素。

价格请店洽

⑦ 吉米·周星星铆钉腰带

参考价格：￥6 000

⑧ MSPC×Nowartt 林木主题印花背包

MSPC 包袋的每幅插图中几乎都内含环保、生命、和平等寓意。仔细看一看，你会发现在这款林木的图案中隐藏着的小生灵。

参考价格：￥2 800

▶Look 4

迪奥海蓝色哑光风衣⊕布鲁诺·库奇利九分裤⊕克里斯提·鲁布托 Tyronito 浅口系带鞋⊕迪赛 Celestryx 帽子⊕浪凡太阳镜⊕卡地亚 Juste un Clou 系列手镯⊕亚历山大·麦昆零钱袋⊕Welder K37 腕表

① 迪奥海蓝色哑光风衣

采用 2013 秋冬时装系列主打的高科技哑光透气面料，搭配卡扣腰带，格调雅致。

参考价格：￥28 700

② 布鲁诺·库奇利九分裤

低腰设计，卷边裤脚以及外侧双兜式设计十分时尚。

参考价格：￥5 900

③ 克里斯提·鲁布托 Tyronito 浅口系带鞋

前部金属铆钉十分吸睛。

参考价格：￥10 200

④ 迪赛 Celestryx 帽子

羊毛材质，造型简约、低调却不乏时尚感。

参考价格：￥420

⑤ 浪凡太阳镜

优雅而隽永的长方形款式，玳瑁色合成树脂镜框，渐变色镜片。

参考价格：￥2 800

⑥ 卡地亚 Juste un Clou 系列手镯

卡地亚的经典之作，18K 黄金材质，钉子造型很别致、很大气，也很百搭。

价格请店洽

⑦ 亚历山大·麦昆零钱袋

骷髅头按扣设计，三角造型可以完全打开。

参考价格：￥900

⑧ Welder K37 腕表

参考价格：￥7 300

①

④

⑤

⑦

⑥

⑧

②

③

Christian Louboutin
克里斯提·鲁布托

绝对潮牌

法国的奢侈品牌克里斯提·鲁布托，除了以红底女鞋著称之外，在男鞋领域也有着出色的表现。在设计上，克里斯提·鲁布托打破了男鞋的样式守旧和色彩单一的风格，加入了豹纹、铆钉以及水晶等时尚元素，其中刺绣与名贵皮草的加入彰显出奢华的东方韵味，同时注重鞋子的功能性和实用性，受到了时尚人士、明星和高级白领的青睐，再一次向世人展示了品牌的独特个性和设计魅力。

镇店潮款

尖刺铆钉休闲皮鞋

优雅沙色与金色尖刺铆钉相得益彰，配上九分裤，绝对有型。

参考价格：￥16 000

漆皮麂皮绒皮鞋

黑、白、蓝三色搭配不同质感的皮面，庄重又不单调。

参考价格：￥6 100

蟒蛇纹皮鞋

拥有这样一款鞋，即便是正装，也能搭配出与众不同的时尚品位。

参考价格：￥8 000

马毛铆钉休闲鞋

以马毛皮革为基础，加上半锥形的铆钉，摩登味十足。

参考价格：￥7 300

法兰西风情呢绒漆皮皮鞋

酒红色漆皮高档时尚，可搭配西装裤或休闲短裤。

价格请店洽

串珠刺绣感设计休闲鞋

串珠龙腾图案彰显奢华东方韵味比较适合混搭范儿潮男。

参考价格：¥12 200

牛皮雕花皮鞋

鞋头为漆皮材质，雕花设计彰显英伦绅士风格。

参考价格：¥7 300

拼色漆皮雕花休闲皮鞋

色彩跳跃艳丽，充满青春活力，可搭配休闲短裤。

价格请店洽

豹纹流苏休闲鞋

以黑和金色为主色调，配以流苏穗状头皮质鞋带。

参考价格：¥6 100

红色漆皮铆钉皮鞋

谁说大红色是女人的专属？在衣橱中选一条白色休闲裤，搭配这双耀眼的皮鞋，立即变身时尚潮男。

参考价格：¥7 000

尖刺铆钉休闲皮鞋

密布排列的尖刺铆钉，让这款皮鞋极富个性。

参考价格：¥16 000

水晶装饰高帮休闲鞋

参考价格：￥15 000

彩色蟒蛇纹休闲皮鞋

蟒纹效果颇为野性，可搭配九分裤。

参考价格：￥8 500

买手必购榜

牛皮雕花皮鞋

参考价格：￥6 700

条纹铆钉休闲鞋

铆钉和条纹的组合，十分具有混搭风格。

参考价格：￥5 200

金色铆钉休闲皮鞋

穿上它，大概没人不想多看几眼吧。

参考价格：￥9 800

雕花流苏皮鞋

参考价格：￥9 000

牛皮雕花短靴

鞋头为漆皮雕花设计，时尚优雅。

参考价格：￥7 300

棉布草编底休闲鞋

有黑、黄、卡其、天蓝四色可选，建议搭配休闲类着装。

参考价格：￥2 600

麂皮流苏休闲皮鞋

多个流苏集结在一起饰于鞋面，是这双皮鞋的最大亮点。

参考价格：￥8 000

高跟男士短靴

你的确没有看错，这双后跟高 6 厘米的米色短靴是为男士设计的，敢尝试就带回家吧。

参考价格：￥6 100

彩色蛇纹高帮休闲鞋

鞋帮内侧饰有品牌创始人鲁布托先生签名。

参考价格：￥9 800

白色铆钉高帮休闲鞋

参考价格：￥9 200

麂皮绒铆钉休闲鞋

鞋底标志性的红色线条与红鞋底互相辉映，中间则加入了软木及橡胶支座的夹层，让鞋底增加了更多的柔韧性。

参考价格：￥8 500

豹纹高帮休闲鞋

建议搭配牛仔短裤与印花 T 恤。

参考价格：￥8 000

拼色休闲皮鞋

参考价格：￥6 500

呢绒格纹休闲鞋

格纹大有复古的味道，加以流苏点缀，尽显英伦绅士风格。

参考价格：￥5 500

牛皮格呢手提包

英伦格纹配深棕色牛皮，格子控潮男赶紧入手吧。

参考价格：￥17 000

牛仔布铆钉休闲鞋

牛仔与漆皮的组合十分前卫，并饰以银色铆钉。

参考价格：￥5 500

蓝色铆钉公文包

拎着这样的公文包出入办公场所，应该会非常吸引眼球吧。

价格请店洽

尖刺铆钉豹纹休闲鞋

参考价格：￥9 000

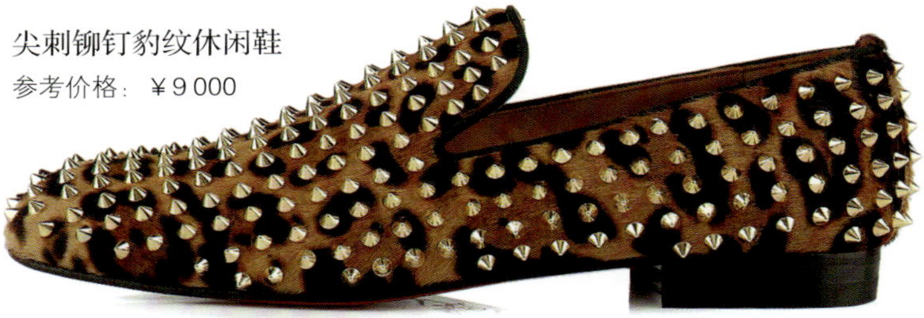

马毛豹纹图案两用包

可以手提也可双肩背，前部小包袋可拆卸。

参考价格：￥17 000

红色马毛胡子漆皮皮鞋

调皮又时髦的红色胡子设计，十分特别。

价格请店洽

混色铆钉牛皮手提包
价格请店洽

格呢铆钉两用包

包的背部配有双肩带，根据个人需求手提或肩背，大大提高了实用度。
价格请店洽

米白色棉质两用包
参考价格：￥11 600

中号皮质手提包

橘红色手提带和肩带打破灰色皮革带来的单调沉闷。
参考价格：￥11 000

铆钉皮革卡夹
价格请店洽

彩色平板电脑保护套
参考价格：￥4 000

直通名店

克里斯提·鲁布托现今在欧美国家设有多家专门店，在中国一些主要城市也能看到该品牌的时尚门店。

北京 金融街购物中心
上海 上海商城
沈阳 恒隆广场
杭州 吴山广场
香港 云咸街·海港城·广东道

豹纹铆钉平板电脑保护套

豹纹、摇滚风的铆钉、标志性的红色内衬，没有比它更时髦的平板电脑保护套了吧。
参考价格：￥4 800

串珠龙腾图案平板电脑保护套

东方魅力龙腾图案，配红色内衬。
参考价格：￥11 000

Ports
宝姿

绝对潮牌

宝姿品牌于 1961 年创建于加拿大，创建者卢克·塔纳比热爱周游世界，并将地球图案加入到宝姿的品牌 Logo 中。实际上，宝姿最初是以女装起家，奠基之作的一款纯手工制作的白衬衫，近些年来，它还曾为《穿普拉达的恶魔》、《欲望都市》等影视剧中的主角打造形象。不过，时尚潮男们对这个品牌也一直甚为关注，每季的新装发布秀场常常大腕云集，而宝姿的男装西服几乎是他们衣橱中的“标配”。

很多潮男之所以青睐宝姿，实际上，很大一部分原因在于宝姿的男装在设计和用色上都很新潮，包括粉色、绿色，创意迭出。另外，它的板型讲究修身剪裁，西装裤的长度常是九分，甚至力推及膝长度的西装短裤。很多时候，宝姿的男装其实并不像看上去那么难以驾驭，反而出彩儿指数很高。

镇店潮款

飞行员太阳镜

这款太阳镜的外形设计颇为阳刚，色彩明快。

参考价格：￥1 500

新款短裤套装

这款宝姿新款男装将休闲短裤的概念引入西服正装，很多明星都对这种个性潮范儿十分推崇，搭配一条围巾又呈现出了不同的效果。

价格请店洽

2013 新款风衣

宝姿近来十分偏爱可以轻易聚集视觉焦点的亮色，这款风衣应该是很好的证明。

价格请店洽

双排六扣西装

棉混纺面料，色彩明亮。上衣采用大翻领，左胸前挖袋，腰部两个对称的翻盖口袋设计，袖口点缀精致袖内衬扣。西裤上设有腰带环、隐形钓扣和拉链，利落笔挺。有天蓝色、果绿色、粉色可选。

参考价格：上衣￥7 000

西裤￥3 800

椭圆形大边框眼镜

这款太阳镜采用金色金属结合棕红色醋酸纤维椭圆形大边框，搭配渐变色棕色镜片。

参考价格：￥1 300

棉质几何印花长袖衬衫

透气的纯棉材质，复古的炫彩印花，带扣小领型设计，修身剪裁，散发出由内而外的自信。

参考价格：￥4 200

长型手袋

主要材质为棉和聚氯乙烯，牛皮装饰，双手柄，搭配可拆卸肩带。

参考价格：￥7 200

丝质几何印花长袖衬衫

沉稳的色彩与圆形波纹的几何图案呈现后现代风格，修身剪裁在视觉上有瘦身效果，小领型设计挺拔帅气。

参考价格：￥4 200

买手必购榜

棒球领夹克

这款夹克上衣采用了意大利面料，具有独特光泽感。棒球领配以全开襟双开拉链，袖口及下摆以螺纹收口。

参考价格：￥4 500

太阳镜

这款眼镜的镜片以宝姿 Logo 装饰，金属镜架，镜腿饰有双 P 标识。

参考价格：￥1 500

新款单排双扣西装

虽然这款西装选择一般西装极少甚至根本不会考虑的颜色，看似不好驾驭，但其实只要穿对场合，效果绝对极佳。

价格请店洽

深蓝色印花羊毛男帽

主要材质为 90% 美利奴羊毛加上 10% 羊绒。

参考价格：￥900

休闲裤

棉混纺面料，修身板型，带弹力，直插袋设计。这样的板型以及颜色，卷起裤脚效果更好。

参考价格：￥3 200

长袖牛仔衬衫

这款牛仔衬衫采用意大利纯棉面料，前胸袋盖设计。修身剪裁，和白色修身长裤绝对是有型有款的绝配。

参考价格：￥2 500

简约无包框中性太阳镜

上部镜框点缀小颗水钻，镜腿为金属结合醋酸纤维材质，搭配偏光镜片。

参考价格：￥1 250

牛皮竖条纹时尚手袋

100%牛皮材质，暗红色颜色效果别致，牛皮手柄，搭配肩带，既可以手拎也可斜挎。

参考价格：￥4 800

新款外套

谁说粉色只能是女装的专属色？其实，型男们也大可一试。

价格请店洽

黑色山羊皮手套

100%山羊皮材质，编织效果，里衬为80%羊绒加20%羊毛。

参考价格：￥1 500

新款套头衫

白色、浅粉以及浅绿色的整体色调搭配极为清新，与之搭配的修身裤可以以在这三种颜色中选择一种。

价格请店洽

直通名店

1993年，宝姿在中国开设了第一家精品店。现在，在中国各省的重点城市几乎都可以看到宝姿的专卖店。

北京 金融街购物中心·东方广场·王府井百货·翠微广场·百盛太阳宫店·赛特购物中心·北辰时代名门购物中心

上海 外滩27号·国金中心·港汇广场·中信泰富广场·新世纪商厦·第一八佰伴百货·久光百货·浦东机场

沈阳 盾安新一城·卓展购物中心·万象城

南京 东方商城·金鹰国际购物中心

天津 银河国际购物中心

杭州 万象城·杭州大厦

深圳 京基百纳购物中心·益田假日广场

经典Logo时尚折叠钱包

PVC材质，并以小牛皮装饰，折叠式设计，附名片夹。

参考价格：￥1 400

Bottega Veneta
葆蝶家

绝对潮牌

BOTTEGA VENETA

1966年，葆蝶家成立于意大利维琴察，并以其品质精良和技艺精湛的皮革手工编织工艺创造了一个奢华皮件的标杆。一直以来，葆蝶家所呈现的精致、低调但又有着强烈个性化特征的质感，极大地满足了一众高端消费人群的喜好。

由于涉及复杂的纯手工编织工艺且皮质极为精良，所以，葆蝶家向来以"低调的高贵"备受赞誉。现在，除了包袋以及小皮件以外，葆蝶家的产品涉及女男成衣系列、鞋履、眼镜、饰品、腰带，而且还陆续推出了令人期待的外延商品系列，包括香水、腕表等。

水墨灰、朱赤色及紫玉色烟熏皮革编织公文包

此款经典公文包由三种明度互补的编织皮革制成，由于其独特的编织和水洗过程，每件单品都独一无二。内设 3 个大容量隔层和 2 个易存取口袋，搭配可拆卸肩带。

参考价格：￥19 100

浅春泥棕多样编织购物袋

这款包是葆蝶家精湛工艺的代表，包身采用不同手工编织皮面和蚀刻皮革制成，采用独特的锯齿形结构，呈现夺目的纹理效果。

参考价格：￥23 100

粉蓝色轻质小牛皮手袋

这款包由时尚的小牛皮革编织而成，拥有平坦坚固的底座和皮革手柄，便于携带，是外出或短途旅行的上佳选择，无开合扣件。

参考价格：￥23 000

朱赤色小牛皮编织腰带

这款 3 厘米宽的皮带采用纯手工编织的小牛皮制成，结合方形金属带扣和孔眼，搭配正装或休闲装都很适合。

参考价格：￥3 700

小羊皮双圈编织手链

用双股小羊皮编织而成，装饰银饰细节，精致亮丽。有多种不同颜色可选。

参考价格：￥1 500

小羊皮单圈编织手链

由精致的小羊皮手工编织而成，搭配漂亮的环扣开合，低调别致。有多种不同颜色可选。

参考价格：￥1 200

编纹麂皮运动鞋

此款系带式运动鞋十分舒适耐穿，编织鞋面和光滑的麂皮侧面，对比色鞋带和橡胶鞋底呈现了年轻和休闲的气质，后部带有编织效果的蝴蝶形象。

参考价格：￥3 700

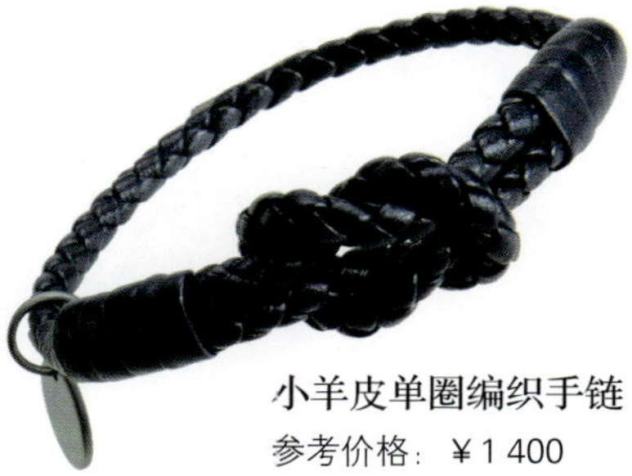

小羊皮单圈编织手链

参考价格：￥1 400

氧化银搭配小羊皮编织手镯

小羊皮编织与氧化银锁扣完美契合，简约而不失精美，单独佩戴或搭配其他手镯均可。

参考价格：￥2 600

流苏装饰高帮运动鞋

除了葆蝶家最拿手的编织皮革元素，这款高帮运动鞋还加入了宽流苏设计，搭配窄腿牛仔裤，绝对有型。

参考价格：￥4 800

黑色编织纹小羊皮钥匙圈

采用矩形小羊皮编织挂牌，搭配手工编织纹理细节，便于在手袋或公文包的底部轻松找到。

参考价格：￥1 300

直通名店

北京 新光天地·金宝汇·银泰中心·金融街购物中心

上海 益丰外滩源·锦江迪生商厦·国金中心·恒隆广场·港汇广场·金鹰国际购物广场

Alexander McQueen

亚历山大·麦昆

绝对潮牌

亚历山大·麦昆的男装在时尚界和明星中拥有良好的口碑，细致的英伦传统剪裁、精湛的高端工艺和几乎完美的意大利手工制作，令品牌男装流露出令人惊喜的野性力量。近几年，这个怪异的时装品牌越来越趋于年轻化，设计风格开始走活泼的撞色路线，例如大胆地将深沉的黑色条纹、深棕色与明艳的粉红、电光蓝、柠檬黄配搭在一起，打造风格至上的麦昆“新绅士”。

镇店潮款

彩色花窗印花羊毛衫

100%美利奴羊毛，柔软度极佳。V领设计给人儒雅沉稳之感。

参考价格：￥6 100

龟甲印花长袖T恤

修身板型，独特花纹图案另类时尚。

参考价格：￥3 900

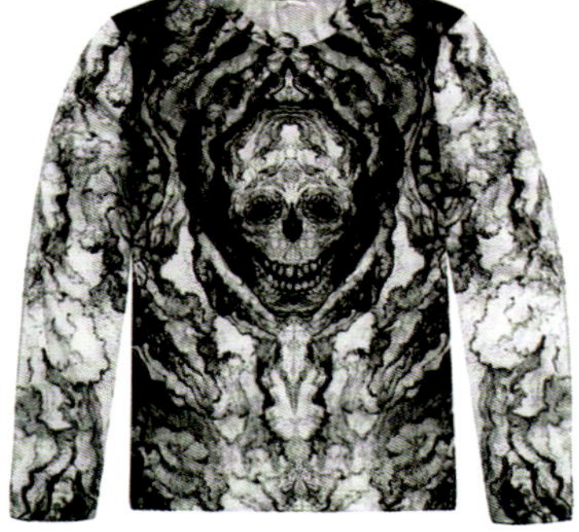

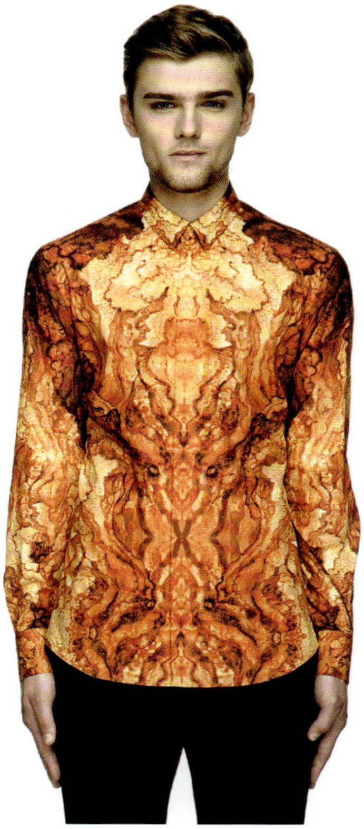

纯棉假纽扣印花衬衫

参考价格：￥3 600

Artist 衬衫

纯棉面料，图案个性别致。

参考价格：￥2 700

琥珀色木纹印花衬衫

传统衬衫领，100%纯棉质感。

参考价格：￥6 100

咖啡棕包皮铆钉系带皮鞋

独特饰边与系带款式，令这款皮鞋独具典雅个性，不论搭配正装，还是彩色修身裤，都能展现独一无二的气质与品位。

参考价格：￥5 500

蜻蜓翅羽提花单扣西装外套

将橙黄色调渲染于独具钟情的蜻蜓翅羽，给这款外套带来了华丽贵气之感。

参考价格：￥24 300

骷髅莫代尔真丝羊绒围巾

长为104厘米，宽为120厘米。

参考价格：￥3 200

骷髅图案尖头休闲皮鞋

柔软皮革配木质鞋跟，打造周末休闲时尚气质。

参考价格：￥3 200

黑棕双色方扣孟克皮鞋

棕黑双调，自然茶色，细节独到，是休闲西装的完美搭配伴侣。

参考价格：￥5 600

骷髅提花围巾

长为 48 厘米，宽为 48 厘米。

参考价格：¥1 300

蜜蜂骷髅复古金色戒指

一对蜜蜂攀爬上骷髅，闪亮镶饰在骷髅中绽放异彩，一如亚历山大•麦昆的设计——为黑暗赋予新生。用这款主角级的戒指，点缀你的任何个性装扮吧。

参考价格：¥2 700

铆钉皮质欧陆风钱包

亚历山大•麦昆的配饰完美融合了奢华的风尚与张扬的个性。这款线条简洁的黑色皮质欧陆风钱包带有多个卡槽、一个大容量零钱小袋以及该品牌标志性的骷髅头吊饰，吊饰上点缀着璀璨的施华洛世奇水晶装饰。

参考价格：¥5 100

买手必购榜

运动卫衣

参考价格：¥1 800

羊毛开衫

螺纹袖口，不对称前襟设计。

参考价格：¥4 300

尼龙帆布风衣

复古军绿色风衣，前襟双排扣设计。

参考价格：¥10 600

深红色麂皮皮鞋

参考价格：¥4 800

拼色皮革运动鞋

抛光皮革，牛津风格花边，内侧饰有短拉链。

参考价格：¥5 300

靛蓝色丝绸围巾

参考价格：¥2 000

印花高帮运动鞋

建议搭配休闲运动类服饰。

参考价格：￥2 600

金属骷髅钥匙扣

Logo 压印的龙虾扣。

参考价格：￥2 000

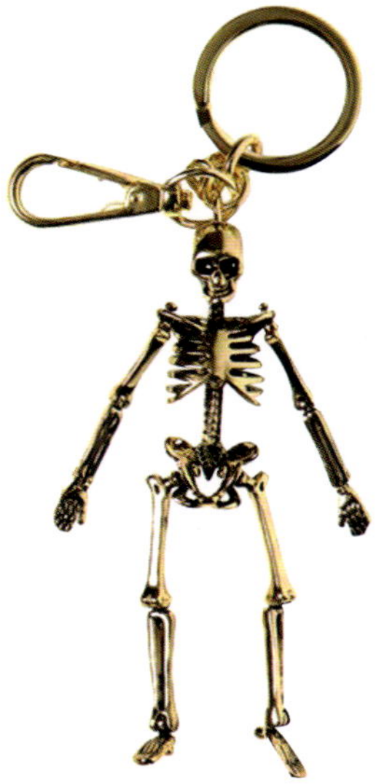

山羊绒围巾

长为 140 厘米　宽为 200 厘米。

参考价格：￥4 300

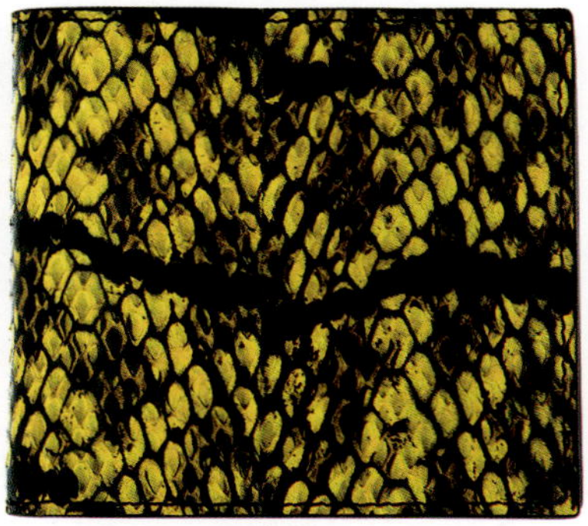

水蛇皮信用卡钱包

参考价格：￥2 800

树脂骷髅钥匙扣

金色金属开口环，骷髅造型背面印有品牌 Logo。

参考价格：￥1 000

链饰骷髅黄铜紧袖扣

眼睛为施华洛世奇水晶装饰。

参考价格：￥3 000

骷髅玻璃黄铜紧袖扣

铰链后开合。

参考价格：￥1 400

施华洛世奇骷髅水蛇皮手链

双圈环绕，金属骷髅头眼睛为施华洛世奇水晶镶嵌。

参考价格：￥2 300

直通名店

目前，亚历山大·麦昆仅在全球的少数几个城市开设了 20 多家店面，其中包括伦敦、迪拜、伊斯坦布尔、米兰、多哈、东京、贝鲁特、纽约、迈阿密、洛杉矶、拉斯维加斯、达拉斯，以及北京、上海、南京和香港。

北京　三里屯

上海　芮欧百货

南京　德基广场

香港　圆方购物中心

Theo Fennel
西奥·芬奈尔

THEO FENNELL

绝对潮牌

西奥·芬奈尔是享誉国际的英国知名奢侈珠宝品牌。该品牌设计的珠宝、袖扣和胸针有着与众不同的魅力，独特创新的设计造型，既有现代感的圆润，又有古典的庄重，折射出高雅、时髦和富于戏剧性的韵味，不断获得潮男们的认可。

镇店潮款

Secret Garden 十字吊坠

参考价格：￥87 400

Ruby Ivy 骷髅戒指

18K 黄金搭配 0.27 克拉钻石。

参考价格：￥111 000

黄金象骨骷髅戒指

精细的雕刻图案和奢华的材质，打造出这款品牌畅销戒指的与众不同。

参考价格：￥137 000

Evil Eye 白金吊坠

蓝宝石重 5.6 克拉，钻石重 1.3 克拉。

参考价格：￥89 800

Tiger 钻石吊坠

虎纹元素吊坠，黑橙黄三色钻石炫耀搭配。

参考价格：￥89 800

Road Railings18K 黄金手镯

手工打造，每一处细节都彰显了品牌卓越的工艺。

价格请店洽

Dum Spiro Spero 碧玺吊坠

18K 黄金上镶嵌 1.24 克拉绿色碧玺和 1.96 克拉钻石。

参考价格：￥280 000

Small Devil 白金吊坠

白金搭配总重 1.75 克拉红宝石，心形造型精致华美。

参考价格：￥25 000

18K 黄金甘地肖像戒指

甘地的镜框为 18K 白金打造，戒指宽 2 厘米。

参考价格：￥47 000

Essex Crystal 水晶袖扣

用水晶材质打造海底世界图案，真是再合适不过了。

参考价格：￥99 200

Downing Street 18K 白金袖扣

参考价格：￥94 000

18K 白金珐琅帆船袖扣

参考价格：￥49 800

青蛙睡莲造型袖扣

18K 黄金和白金打造，动物元素逼真生动。

参考价格：￥47 000

Davy Jones' Locker 戒指

以 18K 白金、18K 黄金以及搪瓷打造的个性戒指，海底百宝箱造型令其与众不同。

价格请店洽

Cleopatra 胸针

18K 黄金为材质，镶嵌钻石、红宝石、月长石、黑色尖晶石，纯手工制作工艺。

价格请店洽

买手必购榜

石榴石吊坠

18K 黄金材质，中间镶嵌钻石和石榴石。

参考价格：￥184 000

蛇眼骷髅吊坠

价格请店洽

18K 金手镯

结合 18K 金和纯银打造。

参考价格：￥18 500

Tree Frog 吊坠

纯银打造，高 3.5 厘米。

参考价格：￥2 600

骷髅图案钻石戒指

18K 白金材质，镶嵌黑、白、灰三色钻石。

参考价格：￥67 000

Honeycomb Bee 手镯

18K 黄金打造蜂巢图案，两只蜜蜂上镶嵌钻石，重 0.05 克拉。

参考价格：￥99 900

白金袖扣

参考价格：￥45 000

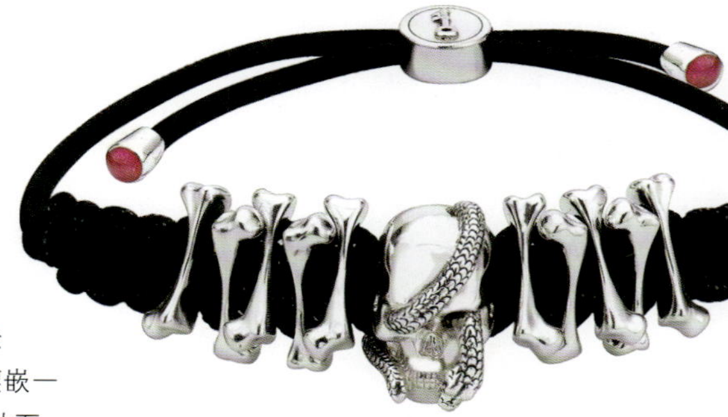

Silver Snake Eye & Bones 纯银手链

参考价格：￥2 400

海马造型钻石吊坠

18K 金材质，镶嵌一颗重 0.12 克拉璀璨钻石。

参考价格：￥110 000

白金钻石手链

白金搭配钻石、蓝宝石、红宝石，颜色跳跃，却不显夸张。

参考价格：￥119 000

Spider 纯银吊坠

参考价格：￥2 600

18K 金丘吉尔肖像戒指

参考价格：￥33 300

18K 金切·格瓦拉肖像戒指

参考价格：￥33 300

搪瓷骷髅戒指

参考价格：￥40 400

金字塔造型戒指

18K 黄金、玫瑰金材质，镶嵌 0.41 克拉钻石。金字塔造型顶部可打开。

价格请店洽

Rocket Man 袖扣

18K 白金材质，抛光处理。

价格请店洽

The Beehive 戒指

18K 白金、黄金、玫瑰金材质，蜂房造型独具个性。

价格请店洽

心形宝石吊坠

吊坠高 4.7 厘米，18K 白金材质镶嵌红宝石、蓝宝石和钻石。米字旗图案属中性百搭之选。

参考价格：￥160 800

Mouse 钻石吊坠

18K 白金材质，钻石总重 1.4 克拉。

参考价格：￥49 600

Ruby Jouster 戒指

18K 白金材质，闪亮的红宝石呈十字形排列，时尚独特。

价格请店洽

Rocket Man 戒指

18K 白金材质，抛光处理，镶嵌 1.02 克拉钻石。

价格请店洽

Salamander 钻石袖扣

18K 白金材质，黑色钻石打造栩栩如生的动物造型。

参考价格：￥55 000

Race Car 袖扣

参考价格：￥78 000

Tiara 骷髅袖扣

参考价格：￥47 000

Bee 袖扣

参考价格：￥22 000

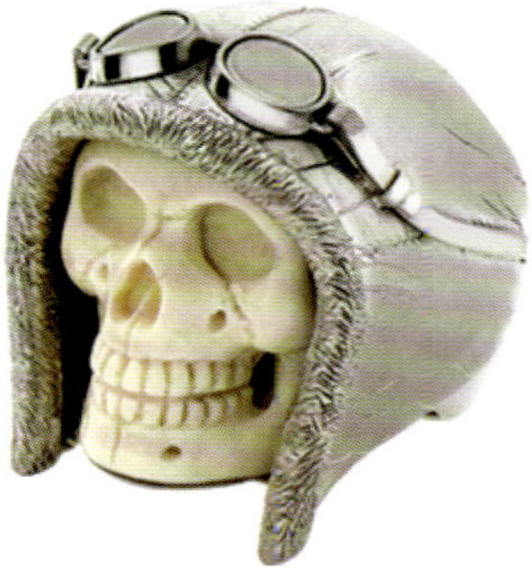

白金象骨骷髅戒指

食指上如果有这样一款戒指，潮男的个性品位将自不待言。

参考价格：￥138 000

Pandora's Box 戒指

做旧感处理，为潘多拉盒子更添神秘色彩。

价格请店洽

Castle 钻石戒指

具有童话色彩的城堡造型，以黑色钻石为顶，华美神秘。

价格请店洽

Carnival 搪瓷吊坠

参考价格：￥2 500

Shield Knight 宝石袖扣

18K 白金材质，镶嵌红宝石和钻石。

参考价格：￥133 000

Keyhole 可旋转袖扣

18K 白金材质，钻石重 0.51 克拉。

参考价格：￥109 000

Skull & Snake 袖扣

18K 金材质，不经意间露出的袖扣是潮人品位的显现之处。

参考价格：￥59 800

Queen Elizabeth I 胸针

18K 白金材质，镶嵌象牙、黄水晶、钻石、蓝宝石、红宝石。

价格请店洽

Bitten Apple 袖扣

纯银材质，被咬过一口的苹果造型趣味十足。

参考价格：￥26 000

直通名店

品牌除了在切尔西的旗舰店、皇家交易所专门店和 Harrods 百货公司的店中店销售以外，同时也在香港、迪拜、巴林岛、都柏林和加勒比设立了销售点。

北京 金融街购物中心

香港 国际金融中心

伦敦 Fulham Road

Brunello Cucinelli 布鲁诺·库奇利

绝对潮牌

意大利品牌布鲁诺·库奇利被业界赞誉为“山羊绒之王”，可以说，它是在表达意大利人的着装品位和生活态度。布鲁诺·库奇利极其讲究轻松惬意的舒适感，比如：浅米色西装搭配牛仔裤，或者是蓝色西装上衣搭配米白色的休闲裤，上衣胸袋里的一块红色波点丝巾都体现了它的这种特点。整体而言，布鲁诺·库奇利的服饰带有一些雅痞的风格，其所适合的年龄层次也比较广，包括在大学里讲课的教授。

Edison 旅行包

小牛皮材质，顶部带有手柄且后部带有拉杆，便于出门时携带。有不同皮革颜色可选。

参考价格：￥44 800

镇店潮款

BRUNELLO CUCINELLI

长袖牛仔衬衫

休闲感十足的牛仔衬衫搭配马甲，既很好地保持了休闲感，又完全可以穿出与众不同的潮范儿。

参考价格：￥5 300

麂皮马甲

防水麂皮材质，表面带有微妙的色调变化，内部填充了羽绒。

参考价格：￥27 300

搭配建议：格子胸袋方巾

（参考价格：￥1 250）

Linosa 邮差包

这款邮差包采用的是小牛皮材质，前部设有两个外袋，后部设有一个拉链袋，包的内部还另设有一个拉链贴袋，肩带长度可以调节。

参考价格：￥22 800

羊毛休闲长裤

100%羊毛材质，休闲板型，颜色十分低调。不妨卷起裤脚，再搭配一双具有复古感的踝靴。

参考价格：¥5 000

Linosa 旅行包

上等的小牛皮材质，设计简洁、大方，色调优雅。

参考价格：¥25 600

彩色休闲长裤

非传统的用色十分雅致，搭配西装上衣加纯色围巾，或者针织衫和马甲的组合，颇具雅痞风格，比较适合年龄在30岁以上的男士。

参考价格：¥6 000

短款休闲外套

潮男的衣橱中，绝对不会只有另类、花哨的个性潮款，就像这款外套，没有任何多余的装饰，却绝对有型有款。

价格请店洽

搭配建议：白色休闲长裤
(参考价格：¥4 400)

针织毛衣

针织毛衣加格子衬衫的组合，休闲感十足，却不失高雅时尚的品位。

价格请店洽

搭配建议：蓝白格子衬衫（参考价格：¥4 400）
休闲短裤（参考价格：¥5 000）

买手必购榜

山羊绒毛衣

100%英国设得兰群岛山羊绒材质，带扣领口，搭配极富手感的长形木质纽扣，可以搭配牛仔衬衣。

参考价格：￥21 200

Edison 旅行包

小牛皮材质，整体设计感十分简约、大气，容量很大，

参考价格：￥30 200

麂皮踝靴

成熟稳重的色调，设计感十分简约。如果搭配修身牛仔裤，或者是用色比较特别的休闲长裤，会很出彩儿。

参考价格：￥7 800

休闲长裤

羊毛材质，设有四个装饰性贴兜，增加了整体的休闲感。

参考价格：￥7 300

军靴风格踝靴

具有比较硬朗的军靴风格，麂皮及染色小牛皮材质形成了一定的对比效果。

参考价格：￥9 500

山羊绒毛衣

100%英国设得兰群岛山羊绒材质，带扣领口，搭配极富手感的木质纽扣，可以搭配牛仔衬衣。

参考价格：￥21 200

搭配建议：

羊绒围巾（参考价格：￥7 000）

单排扣西装上衣

板型笔挺，三扣式设计，可以只系靠下的两粒，大翻领的设计几乎达于肩部。这款西装比较适合搭配色彩明艳的胸袋方巾。

参考价格：￥22 500

竖纹单排扣西装

竖纹西装总会给人以逻辑清晰、井井有条的利落感，左侧设有两个袋口。搭配牛仔衬衫，既富于新意，又不失时尚感。

参考价格：￥39 000

修身牛仔裤

西装上衣搭配修身牛仔长裤，这样的混搭风其实很适合年龄在30岁以上的男士。

参考价格：￥4 500

双排扣正装西服

如果经常需要穿着正装，不妨跳出上下同款的传统穿搭方法，试试不同的组合。另外，很多时候，将正装穿出亮点的诀窍，其实就在于胸袋之中的那块方巾。

价格请店洽

棕色小牛皮文件夹

参考价格：￥7 500

小牛皮编织效果腰带

参考价格：￥5 000

直通名店

北京	卓展购物中心
上海	国金中心·益丰外滩源
沈阳	卓展购物中心·万象城
长春	卓展购物中心
成都	美美力诚百货
大连	时代广场
南京	德基广场
天津	银河国际购物中心

Linosa 双肩背包

双肩背包给人的感觉总是比较年轻化，比较适合搭配牛仔风格的衣服。

参考价格：￥25 100

Roberto Cavalli
罗伯特·卡沃利

roberto cavalli

绝对潮牌

品牌罗伯特·卡沃利以其狂野性感的风格成为时尚潮流的先锋，化简为繁、取材自然、用色大胆和剪裁性感，是品牌创始人罗伯特·卡沃利贯用的设计手法。通过加入莱卡进行革新的牛仔裤、图案繁复的粗针织上衣、动物和花卉主题衬衫，早已成为明星和时尚达人的心爱之物。

镇店潮款

羊毛皮革外套

与牛仔裤相搭配的皮革外套是欧美范儿的经典元素，风格硬朗。

参考价格：￥16 000

短袖T恤

纯棉斜纹面料，V型领口，豹头图案十分狂野张扬。

参考价格：￥3 344

印花长袖衬衫

纯棉面料，传统衬衫领。

参考价格：￥5 800

蓝色西装外套

参考价格：￥14 000

买手必购榜

短袖 T 恤

纯棉面料，动物印花极富个性。

参考价格：￥2 400

长袖衬衫

参考价格：￥7 500

皮革外套

小牛皮面料，款式休闲、剪裁利落。可搭配休闲式或西装式裤装。

参考价格：￥40 000

花朵刺绣长袖衬衫

亮眼的橙黄色，花朵刺绣精美绝伦。可单独穿着或搭配米色外套。

参考价格：￥2 800

真丝棉混纺印花衬衫

经典衬衫领，飞蛾印花。

参考价格：￥6 900

真丝提花外套

纽扣式袖扣，翻领设计简约时尚，不妨穿上它出席宴会吧。

参考价格：￥31 000

高帮拼色平底鞋

橡胶鞋底，建议搭配牛仔休闲类服饰。

参考价格：￥2 100

鳄鱼纹单肩包

参考价格：￥11 000

牛皮踝靴

真皮内里，橡胶鞋底。款式简单利落，却不失优雅风范。

参考价格：￥2 800

Feathered 牛皮皮鞋

对于罗伯特·卡沃利来说，飘逸性感的羽毛可不是女人的专属。

参考价格：￥7 100

男士平纹编织手提包

时尚而不夸张，适合男士在多种场合携带。

参考价格：￥10 000

纯棉印花围巾

100%纯棉材质，深色系适合秋季出行佩戴。

参考价格：￥2 100

真皮腰带

银色光面皮革，腰带扣镶嵌水钻。

参考价格：￥4 900

真皮腰带

编织设计，颜色百搭。

参考价格：￥6 500

纯棉印花围巾

纯棉面料，特别的绿色定能点亮你的着装。

参考价格：￥2 100

直通名店

品牌罗伯特·卡沃利在中国开设的首间专门店位于北京王府半岛酒店，门店占地两层，特设有贵宾室及独一无二的晚装长裙陈列区，产品涵盖男女装、配饰、眼镜、香水和童装系列等。

北京　王府半岛酒店

上海　港汇广场·久光百货

Dior
迪奥

绝对潮牌

Dior

1947 年，法国时装设计师克里斯汀·迪奥在巴黎蒙田大道 30 号创建了自己的第一家时装店。尽管是以女装起家，但实际上，迪奥男装在现今时装界也绝对有着举足轻重的地位。迪奥男装的主要设计思路是在雅致、利落中寻求时尚。用色偏爱纯色，不流于夸张，它所要表达的概念是：有品位而不张扬，智慧但不做作，透露着才气和涵养。迪奥的时装十分强调线条的完美，所以，从某种意义上说，它们更适合于身材比较纤瘦的潮男，而不是肌肉型的男人。

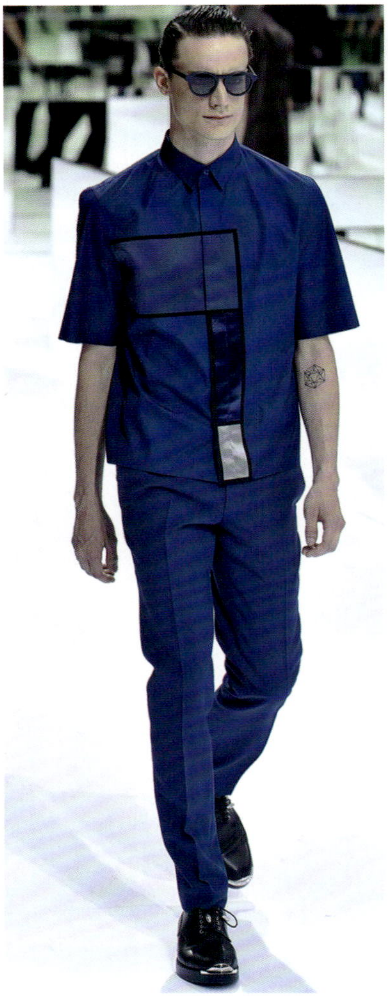

镇店潮款

海蓝色哑光风衣

采用了2013秋冬时装系列主打的高科技哑光透气面料，搭配卡扣腰带，格调雅致。

参考价格：￥28 700

黑色纯羊毛外套

2013秋冬时装系列主打款式，采用红色三角函数图案刺绣和隐藏式拉链，展现了独特的时尚感。

价格请店洽

Blacktie 170S太阳镜

优雅而隽永的圆形款式，玳瑁色合成树脂镜架，镜脚带有迪奥标志性的Cicatrice装饰，搭配灰色镜片。

价格请店洽

灰色直筒牛仔裤

直筒式剪裁十分简洁低调，不会抢了上衣和其他配饰的风头，裤兜带有迪奥标志性的Cicatrice装饰。可以搭配正装上衣以及绒面短靴。

参考价格：￥4 100

黑色羊毛直筒长裤

黑色羊毛哔叽面料，腰部及后兜处带有牛仔布装饰。

参考价格：￥4 250

纯色羊毛围巾

参考价格：￥1 400

灰色绒面小牛皮短靴

线条简洁流畅，皮质柔软舒适，无衬里，是雅致风格的必备鞋款。

参考价格：￥4 100

灰色和海蓝色圆领针织衫

采用了灰色和海蓝色的双色效果，饰以白色三角函数图案。既可搭配正装长裤，也可搭配牛仔裤。

价格请店洽

蓝色绒面皮革平底便鞋

带有明针 Cicatrice 装饰，胶钉鞋底十分舒适，鞋跟镌刻“CD”字样。

参考价格：￥3 600

高帮运动鞋

此款运动鞋采用迪奥成衣系列的流行色彩，鞣制皮革十分细腻雅致，并重现了迪奥标志性的装饰细节——外侧明针 Cicatrice 装饰，鞋底以皮革装点，热印“Dior Homme”字样。

参考价格：￥5 100

白色棉府绸修身衬衫

独特的黑色衣领尖，对比效果鲜明，风格优雅而又不失庄重。

参考价格：￥3 900

蜜蜂绣饰真丝领带

领带宽 4 厘米，黑色蜜蜂图案很好的抵消了西服正装的呆板感。

参考价格：￥1 300

Dior 177S 太阳镜

飞行员款式，蓝色金属前架和镜脚十分时尚，银色金属双桥镜托饰以迪奥经典的格状饰纹。

价格请店洽

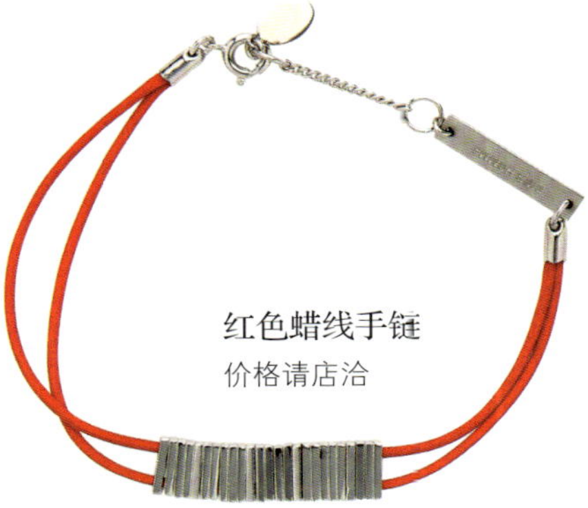

红色蜡线手链

价格请店洽

Monsieur Dior 戒指

这款镀钌戒指的造型十分具有装饰艺术风格，一只黑猫横卧于其上，设计灵感源于品牌创始人的护身符。

参考价格：￥3 800

Blacktie 143S 太阳镜

采用了 Optyl 环氧树脂专利材质镜框，蓝色前架，搭配黑色镜脚。金属双桥镜托与鼻架相结合，凸显出不同材质的对比效果。

价格请店洽

Dior Audacieuse1 太阳镜

偏中性化的蝴蝶造型，镀金与黑色金属镜架，白色不对称分叉镜脚，灰色太阳镜片，100%UV 防护。

参考价格：￥3 100

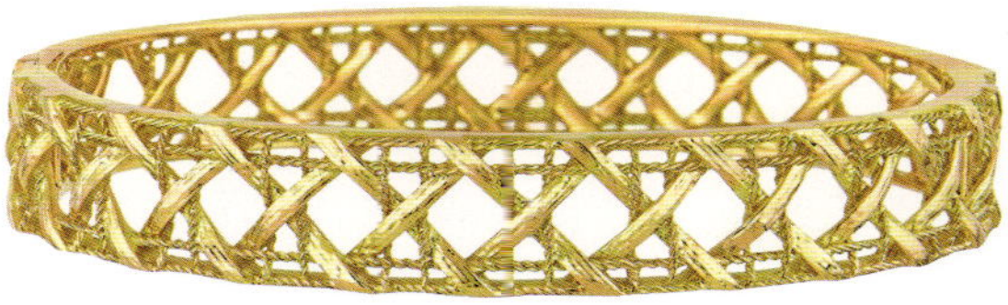

My Dior 系列黄金手镯

My Dior 系列珠宝的外观犹如金质的网格，又如编织的稻草，还会让人联想起奢华的缎带，象征着情感的相互交织。
价格请店洽

My Dior 系列玫瑰金手镯

价格请店洽

蓝色皮革波士顿包

采用了鞣制皮革材质，柔软而又雅致，容量很大，功能性强，可以手拎、单肩侧背以及斜挎。
参考价格：￥23 200

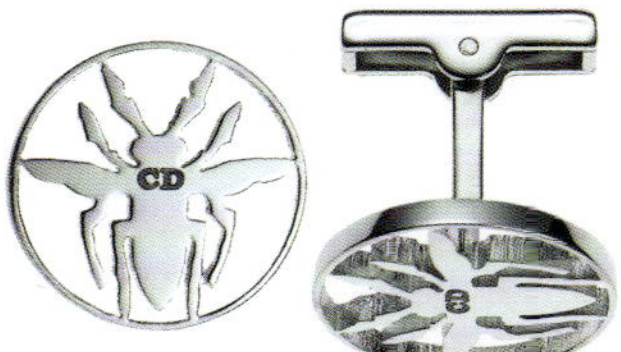

镂空蜜蜂圆形袖扣

这款银色金属圆形袖扣通过镂空效果的蜜蜂图案，对男士的经典配饰进行了优雅的诠释。
参考价格：￥2 100

软皮拉链手袋

造型时尚，设有两个外部拉链袋，并配有一条可调节、可拆卸的帆布肩带，长 33 厘米，宽 17.5 厘米，高 45 厘米。
参考价格：￥21 800

黑色手袋

采用了迪奥标志性的褶皱效果皮革，充满了现代感，长 39 厘米，宽 11 厘米，高 43 厘米。
参考价格：￥12 900

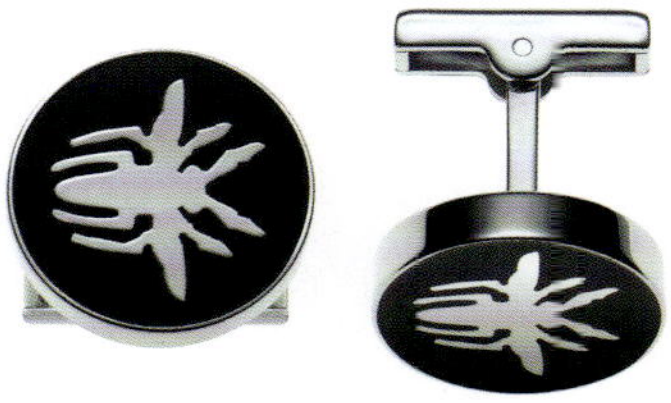

黑色漆面钯蜜蜂圆形袖扣

采用了经典的蜜蜂图案，不同材质巧妙结合，呈现透明效果。
参考价格：￥2 600

红色皮革钱包

有 8 个卡槽和 2 个纸币隔层。外部和内部分别镌刻“CD”和“Dior Homme”字样，长 12 厘米，宽 9.6 厘米。
参考价格：￥3 200

直通名店

目前，迪奥在全球开设了五间精品形象旗舰店，其中台北 101 精品店是迪奥全球最大精品店。

北京 国贸商城·金融街购物中心·王府半岛酒店
上海 恒隆广场
广州 丽柏广场
香港 置地广场·太古广场·海港城·华懋广场·半岛酒店
台北 微风广场·台北 101·丽晶精品
巴黎 蒙田总店·老佛爷百货·波马舍百货

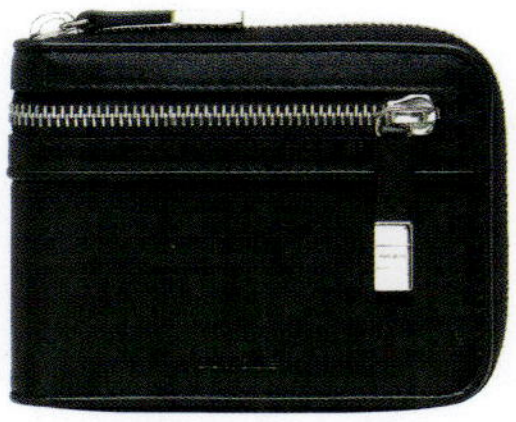

软皮拉链钱包

这款钱包设有一个外部拉链袋、8 个卡槽以及 2 个纸币夹层，可以存放驾照等证件。
参考价格：
￥4 650

Dr.Martens

马丁大夫

绝对潮牌

英国老牌酷靴马丁大夫自 1960 年成立之初，凭借朴实的设计，以及独特的鞋印图案和鞋边黄色针步，成为街头流行文化的象征。马丁靴十分柔韧耐穿，而且耐油、耐酸、耐碱、耐腐蚀，被公认为是全世界十大最舒适的靴子之一，并且外形经典，是很多靴子爱好者的必备收藏品。众多好莱坞男女明星都是马丁靴的追捧者。发展至今，马丁大夫除了生产靴子之外，还推出服装、包袋、配饰等，它是时尚圈无人不知的经典品牌。

镇店潮款

Mie 1461 系列休闲皮鞋

喜爱粉色的潮男们千万不可错过这款。

参考价格：￥1 100

Vintage 1490 系列马丁靴

经典款式，深红色皮革，牛津鞋底耐磨防滑，不失帅气。

参考价格：￥1 300

Anthony 系列毛呢马丁靴

英伦复古雕花细节，搭配格纹图案毛呢材质，效果别致。

参考价格：￥1 800

Castel 系列马丁靴

染色设计，随性风格尽显。

参考价格：￥800

Castel 系列绒面马丁靴

绒面材质，强调了具有复古感的低调奢华。

参考价格：￥950

漆皮皮鞋

如果还担心西服正装无法穿搭出个性，这款鞋已经给你答案了。

参考价格：￥2 600

Triumph 1460 系列马丁靴

参考价格：￥1 000

买手必购榜

金属感皮鞋

金银两色相搭配，演绎全新英伦风格。

参考价格：￥2 600

Phina 系列马丁靴

涂鸦设计，呈现叛逆的朋克风格。可搭配同样涂鸦设计的牛仔裤。

参考价格：￥900

Pendleton 系列毛呢马丁靴

温暖的羊毛呢靴子可谓是秋冬的必备单品，格纹图案更是在温暖中增添了时尚感。

参考价格：￥1 200

Steed 系列休闲鞋

黑、白、咖三色拼色抽象图案，款式简单，可搭配多种风格服饰。

参考价格：￥2 900

搭配建议：

毛呢手提包

(参考价格：￥1 840)

Castel 系列马丁靴

白色皮革，靴面饰以风景印花图案，风格略显俏皮。

参考价格：￥900

Areli 系列皮鞋

黑色漆皮搭配彩色花朵图案，庄重中不失亮点。

参考价格：￥800

Spike 系列马丁靴

中筒设计，印有脚掌骨骼图案，绝对独一无二。

价格请店洽

漆皮皮鞋

黄、橙、粉三色相搭配，属中性款，建议搭配亮色系服饰。

参考价格：￥2 600

Pendleton 系列毛呢马丁靴

参考价格：￥1 200

搭配建议：

毛呢手提包(￥1 800)

Beckett 系列马丁靴

参考价格：￥1 100

Hincky 系列马丁靴

鞋面印有笑脸图案，十分俏皮有趣。

参考价格：￥800

Castel 系列马丁靴

荧光蓝色印花马丁靴，颜色另类，建议搭配纯色系服饰，亦可搭配同样色彩艳丽的服饰，打造撞色效果。

参考价格：￥1 000

Triumph 系列马丁靴

中筒设计，花卉图案内里。可将靴筒挽下搭配牛仔裤穿着。

参考价格：￥1 300

黑白花卉图案马丁靴

黑白配色，很好搭配时装。

参考价格：￥900

Ellis 系列马丁靴

白色皮革拼接羊毛呢，复古风格，可搭配风衣或薄棉外套。

参考价格：￥2 100

直通名店

北京	三里屯·新光天地
上海	K11 艺术购物中心
香港	尖沙咀
台北	崇光百货

Bvlgari

宝格丽 BVLGARI

绝对潮牌

意大利品牌宝格丽，是继法国卡地亚和美国蒂芙尼之后的世界第三大珠宝品牌。宝格丽在首饰生产中以色彩为设计精髓，独创性地运用多种不同颜色的宝石进行搭配组合，再运用不同材质的底座，以凸显宝石的耀眼色彩。均衡融合了古典与现代特色，突破传统学院派设计的严谨规条，以希腊式的典雅、意大利的文艺复兴及 19 世纪的冶金技术为灵感，创作出大胆独特、尊贵古典的宝格丽风格。自成立以来，一直备受名流贵族和大牌明星的青睐。

Astrale 系列 18K 白金钻石戒指

以闪耀的星河作为设计灵感，采用了 18K 白金材质，饰以半密镶钻石。

参考价格：￥42 000

镇店潮款

Serpenti 系列 18K 白金钻石戒指

白金密镶钻双环蛇形戒指，鳞片之间精细巧妙地相互扣合，形成优雅的螺旋形。

参考价格：￥148 000

Monete 系列戒指

18K 黄金材质，镶嵌古钱币。建议搭配复古设计感着装。

价格请店洽

Bvlgari Bvlgari 系列镶钻戒指

Bvlgari Bvlgari 系列戒指一经问世，便成为宝格丽拥趸的必备单品，得到众多明星和时尚人士的喜爱。

参考价格：￥49 000

B.zero1 系列云石戒指

宝格丽使用前所未见的技法，使用了玫瑰金与三种华丽耀眼的云石，在设计要素之间达致完美和谐，成为潮人们打造时尚品位的利器。

参考价格：￥9 100~￥10 000

Parentesi 系列大号戒指

18K 玫瑰金材质，镂空设计感，饰以密镶钻石。

参考价格：￥75 000

B.zero1 系列玫瑰金戒指

宝格丽 B.zero1 系列实现了玫瑰金与精密陶瓷的创新组合。雕刻有 BVLGARI 经典字样的玫瑰金材质，与螺旋形的白色或黑色精密陶瓷色彩对比鲜明，整款戒指更显华美时尚。

参考价格：￥7 900

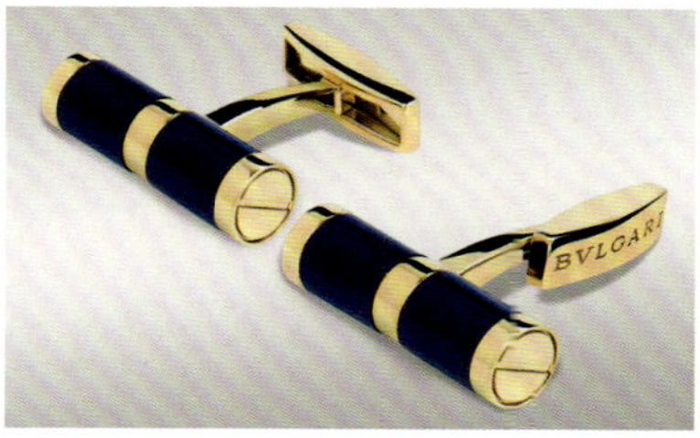

18K 黄金袖扣

柱形袖扣更显修长简洁，宝蓝色青金石华贵大气，建议搭配蓝色或黑色系西服套装。

参考价格：￥15 000

Monete Antiche 系列 18K 黄金袖扣

镶嵌印有人像的古币，若搭配白色衬衫则会非常出彩。可佩戴同样复古设计的戒指与之相配。

参考价格：￥29 000

Monete 系列手链

18K 玫瑰金手链，镶嵌珍珠贝母和古币，复古奢华。建议搭配休闲时尚类服饰。

参考价格：￥82 000

Monete 系列项链

18K 黄金项链，镶嵌青铜古币，搭配黑色链绳。古币上的图案是希腊神话水神的侧影，别具一格。

价格请店洽

Serpenti 系列手镯

18K 玫瑰金镶嵌黑色缟玛瑙，饰以密镶钻石。玫瑰金与黑色缟玛瑙的华丽组合十分惊艳，再现其恒久魅惑。

参考价格：￥310 000

Lucea 系列十字架项链

十字架造型本身就是独特个性的标志符号，饰以密镶钻石，整体感觉更加时尚耀眼。

参考价格：￥49 000

B.zero1 系列 18K 玫瑰金手镯

这款镶嵌黑色或白色陶瓷玫瑰金手镯百搭性极强，可随意搭配各类色彩和风格的着装，款式低调却不影响它的大气之美。

参考价格：￥38 000

直通名店

北京	新光天地·国贸商城·首都机场·王府半岛酒店·乐天银泰百货
上海	恒隆广场·东方商厦
广州	丽柏广场·太古汇
沈阳	卓展购物中心·万象城
杭州	杭州大厦
武汉	国际广场购物中心
南京	德基广场
苏州	美罗商场
天津	友谊商厦
成都	仁和春天
哈尔滨	卓展购物中心
无锡	大东方百货
西安	中大国际
香港	时代广场·铜锣湾·海港城

Marc Jacobs
马克·雅可布

粉红色豹纹上衣

建议搭配豹纹背包或其他装饰物。

参考价格：¥1 400

MARC JACOBS

绝对潮牌

马克·雅可布品牌在男装的设计上注入了设计师本人“浪人时尚”的设计哲学，将反叛态度和浪漫主义时尚运用到服装系列中，以都市风格、完美细节和无暇结构为主要特点，保有品牌一贯的贵族休闲风格。如今，马克·雅可布已经成长为一个几乎包含所有类别的时尚奢侈品牌，在全世界拥有多家精品店和众多粉丝。

镇店潮款

Dempsey 印花衬衫

明亮的橙黄色，搭配夏威夷风情印花，呈现了悠闲的度假风格。

参考价格：¥1 200

别针开合羊毛衫

浅灰色前幅和衣袖，深灰色后幅设计。袖口和下摆边为螺纹针织，大号金色金属别针另类独特。

参考价格：¥5 200

搭配建议：

刻花系带皮鞋（参考价格：¥8 600）

海军蓝纽扣衬衫

纯棉面料，多色十字图案印花，卷袖袖口，易打造个性混搭风格装扮。

参考价格：¥1 220

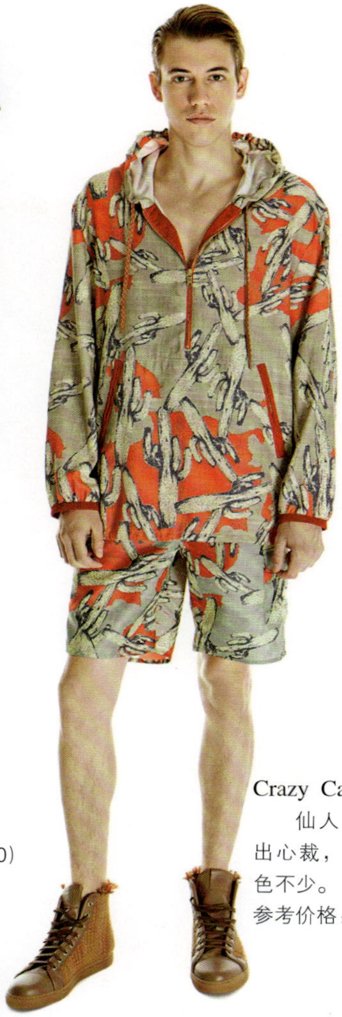

Crazy Cacti 帽衫

仙人掌图案别出心裁，为帽衫增色不少。

参考价格：¥5 700

搭配建议：

青铜色系带皮鞋

（参考价格：¥4 200）

黑色纹理皮革黄金别针棒球帽

帆布衬里，后有可调节束带，亮点在于帽子上超大独特的别针装饰物。

参考价格：¥3 300

Moritz 条纹上衣

红色和蓝色条纹相搭配，时尚中不乏儒雅。

参考价格：¥8 000

复古风太阳镜

复古方形镜框一直是潮人们的热爱款式。

参考价格：¥2 400

直通名店

北京	国贸商城·新光天地
上海	恒隆广场·新世界百货·上海商城
哈尔滨	卓展购物中心
苏州	泰华商城
杭州	杭州大厦
南京	德基广场
广州	丽柏广场

飞行员太阳镜

参考价格：¥750

Dolce & Gabbana
杜嘉班纳

D&G

绝对潮牌

意大利品牌巨头杜嘉班纳创立于 1985 年，至今坚持自己制版、裁缝所有服装和配件，并将意大利式狂放的激情融入传统的裁缝和成衣制作工艺当中。该品牌男装将悠闲与庄重完美融合，讲究颜色和质地的挑选，注重细节修饰，受到众多好莱坞明星、商务人士和时尚达人的青睐。

镇店潮款

印花圆领T恤

领口采用对比色，简单又时尚。

参考价格：￥4 200

印花V领T恤

参考价格：￥3 600

圆点府绸棉衬衫

经典衬衫领，圆点给人青春活泼又不失气度的印象。

参考价格：￥3 400

搭配建议：
Taormina 鸵鸟皮系带皮鞋
（参考价格：
￥8 900）

珍珠母贝纽扣牛仔衬衫

棉质牛仔，洗白效果时尚前卫。

参考价格：￥5 300

圣母像圆领T恤

参考价格：￥3 600

印花外套

羊毛缺口领，真丝内里，双扣前襟设计。

参考价格：￥27 800

方巾印花短裤

单褶短裤，印花风格十分前卫，有零钱袋设计。

参考价格：￥12 300

大理石花纹长裤

棉质整体染色，洗涤大理石花纹效果，后口袋上有品牌 Logo 的金属牌。

参考价格：￥4 500

买手必购榜

米老鼠 T 恤

棉质和人造丝材质，V 领设计。米老鼠图案有强势回归之势，喜爱它的潮人们千万不可错过。

参考价格：￥2 600

字母印花 T 恤

参考价格：￥2 900

条纹帆布德比鞋

采用英国 Blake 加工技术，真反鞋底舒适讲究。

参考价格：￥4 200

可口可乐印花 V 领 T 恤

参考价格：￥2 600

短靴

橡胶鞋底，圆头设计。

参考价格：￥8 400

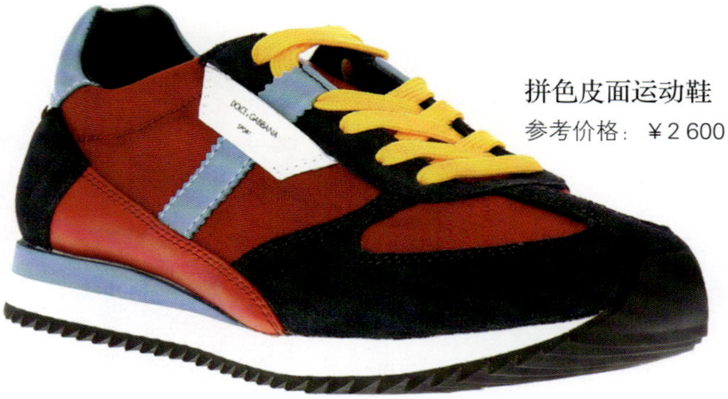

拼色皮面运动鞋

参考价格：￥2 600

复古印花皮鞋

参考价格：￥5 400

蜥蜴压花皮钱包

褶皱风格，内置多层卡槽。

参考价格：￥2 300

穿孔系带皮鞋

鹿皮材质，穿孔设计，英伦范儿十足。

参考价格：￥3 600

Logo 皮质腰带装饰

亚光复古金属扣装饰，优雅时尚。

参考价格：￥2 100

皮质纯色腰带

参考价格：￥3 400

皮革拉链公文包

参考价格：5 400

豹纹纹理 PVC 护照夹

这款豹纹纹理 PVC 护照夹可让你在旅行时彰显个性魅力。即使在最杂乱的手提包中，其标志性图案都能确保你一眼就找到它。

参考价格：￥1 500

直通名店

北京	王府半岛酒店·银泰中心
上海	高岛屋百货·恒隆广场·国金中心·K11 购物艺术中心
沈阳	万象城·卓展购物中心
大连	时代广场
济南	恒隆广场
杭州	湖滨国际·杭州大厦
深圳	万象城
广州	丽柏广场
香港	海港城·太古广场·历山大厦
澳门	壹号广场
纽约	百老汇

Gloverall

绝对潮牌

Gloverall 是英国知名的军品时尚大衣品牌，其时尚和文化元素的一部分来源于军事和工业遗产，是英国最受欢迎的品牌之一。在 20 世纪 50 年代初 Gloverall 在英格兰制造了粗呢大衣，从此声名大噪，可谓是粗呢大衣的始祖。Gloverall 品牌的经典之作就是驼色牛角扣大衣，设计感简约大气，又极其实用。此后，Gloverall 品牌不断进步，在细节方面不断创新，平衡于传统与现代之间。在潮流急速发展的今天，Gloverall 的粗呢牛角扣大衣仍是无法淘汰的经典之作。

沙漠踝靴

Gloverall 与 Clarks Originals 这两个英国经典品牌合作推出这款沙漠踝靴，以 Clarks Originals 旗下最具代表性的沙漠靴作为轮廓发想，将 Gloverall 享誉盛名的粗花呢羊毛材质融入其中，以常见于大衣上的牛角扣作为鞋带细节，采用优质柔软皮革作为内里，并搭载绉胶底呈现。

参考价格：￥900

镇店潮款

短款粗呢夹克

Gloverall 与 YMC 两大品牌合作推出的这件粗呢夹克，款型更加笔挺利落。搭配不同风格的裤装或配饰便可呈现出不同的穿衣风格。

参考价格：￥4 200

拼色粗呢大衣

经典红黑搭配，符合大多数男士的审美标准，木质纽扣更添复古贵族感。

参考价格：￥4 700

驼色羊毛粗呢牛角扣大衣

这件驼色粗呢牛角扣大衣可谓是 Gloverall 品牌的经典之作，剪裁利落，设计简单却不失硬朗挺拔气质，更是欧美明星秋冬出行的常备款式。

参考价格：￥3 900

搭配建议：

羊绒格子围巾（参考价格：￥400）

新款亮黄色粗呢大衣

Gloverall 品牌在 2013～2014 秋冬季推出的新款亮黄色粔呢大衣，打破了传统粗呢大衣的沉闷色调，紧跟近些年亮色系大热的趋势。

参考价格：￥3 300

粗呢格子大衣

咖色给人不花哨又别有味道的感觉，是 30 岁以上型男的首选颜色。建议随意系上一条格子围巾，再穿上一双牛皮踝靴，想必在冬季也同样帅气迷人。

参考价格：￥3 200

深绿色羊毛粗呢牛角扣大衣

绿色系在今年已有大热的回归趋势，这款及膝长度的外套可以为下半身带来更好的保暖度。建议搭配深色系裤装和鞋履。

参考价格：￥3 100

搭配建议：羊绒格子围巾（参考价格：￥400）

羊毛混纺粗呢大衣

Gloverall 与 YMC 品牌合作推出的这款绿松石色粗呢大衣清新别致，木扣设计与大衣整体散发出自然舒适的气息。

价格请店洽

羊毛外套

军绿色羊毛外套，双排扣设计，剪裁利落挺括，展现英式军装格调。

参考价格：￥3 300

直通名店

Gloverall 品牌目前在中国的专卖店设在香港。

香港 尖沙咀米兰站

英国 Earls Barton·Baron Avenue

Boucheron
宝诗龙

绝对潮牌

宝诗龙以其大胆的尝试，不拘一格的设计，不断打破传统的审美观成为法国顶级珠宝的图腾，更力求将尊贵，时尚，张扬，奢华集于一身。它设计创作的每一款珠宝都引领着潮流。著名的多层次镶嵌方式，精细到完全看不见的镶嵌底座，无论采用多少宝石缀饰，首饰都能自由轻盈地如关节般的起伏，如此奇妙处，数不胜数。

宝格丽的设计灵感来源广泛，装饰、舞蹈、绘画、非洲艺术甚至动物世界和自然界都是创作灵感的渊源。因其风格复杂多变，从而受到了包括印度巴脱亚拿邦大公、印度国王、保加利亚国王、威尔士王子在内的众多显贵名流的青睐。

镇店潮款

黑色蓝宝石 Cypris 戒指

黑化白金戒指，铺镶黑色蓝宝石、钻石和两颗凸圆形红宝石。戒指耗用黑色蓝宝石 174 颗，重 3.62 克拉；圆形钻石 9 颗，重 0.14 克拉；圆形红宝石 2 颗，重 0.04 克拉；黑化白金 13.41 克。这一系列的戒指可以在手指上以相对方向组合佩戴。

价格请店洽

Quatre Follies 戒指

采用玫瑰金和棕色 PVD 宝诗龙金材质，经手工雕刻、抛光完成。宝诗龙的代表元素椭圆饰纹搭配巴黎钉纹图案。可以与 Quatre 系列其他戒指搭配作为婚戒使用。重 4.20 克。

参考价格：¥11 100

Quatre 大型款戒指

运用混搭理念，将白金、黄金、玫瑰金与棕色 PVD 宝诗龙金结合起来，是一款寓意吉祥的珍贵首饰。作为宝诗龙旗下的经典设计，每一个金质圆环都代表着宝诗龙的一个经典元素。重 12.45 克。

参考价格：¥28 800

Quatre 项链

白金、玫瑰金、黄金与棕色 PVD 宝诗龙金构成项链坠，项链坠表面铺镶 15 颗共计 0.23 克拉的钻石，黄金项链长 44 厘米，带调整环圈。

参考价格：¥39 000

Divine Rita 大型款铂金婚戒

样式简洁前卫，尤其是铂金的精细抛光更为戒指增添迷人光彩，厚 4 毫米，重 7.3 克。

参考价格：¥16 600

Quatre 大型款镶钻戒指

在黄金、玫瑰金与棕色 PVD 宝诗龙金间铺镶 26 颗共计 0.51 克拉的钻石，璀璨的钻石带来极强的视觉冲击力。戒指上装点的四个圆环精致华美，彼此相映生辉，彰显出强烈的个性。重 13.83 克。

参考价格：￥54 800

Quatre 小型款戒指

外形精巧，极具创新之美。颜色各异的两个圆环搭配在一起，展现出金饰品雕刻的精致工艺，适合日常佩戴，更适合作为订婚戒指，预示着美好姻缘。重 6.57 克。

参考价格：￥21 050

Quatre 小型款镶钻戒指

镶嵌 33 颗钻石，共重 0.25 克拉。镶嵌工艺细腻精致，使戒指光彩夺目，与众不同。 重 6.31 克。

参考价格：￥40 500

Quatre Follies 镶钻款戒指

采用黄金与白金铺钻并搭配 Gros-grain 罗缎带图案，将两个圆环搭配在一起，再现巴黎之城的光辉。耗用共计 0.25 克拉的 34 颗圆形钻石。重 3.40 克。

参考价格：￥28 300

飞马白金戒指

白金戒指表面铺镶白色钻石，马眼为两颗蛋面切割蓝宝石。以精密镶嵌工艺模仿出天马明快的动感。整只戒指共耗用 334 颗白色钻石，共重 2.73 克拉；2 颗蓝色蓝宝石，共重 0.03 克拉；白金 15 克。

价格请店洽

斑马戒指

蓝宝石和钻石组成绚丽迷人的斑马条纹，斑马的蓝宝石双眸中流露出脉脉温情，十分生动。

价格请店洽

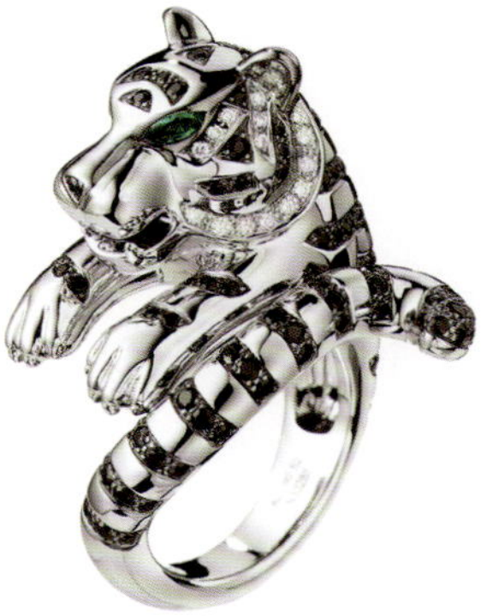

猛虎 Bagha 白金戒指

耗用 36 颗白色钻石，重 0.17 克拉；143 颗黑色蓝宝石，重 1.58 克拉；2 颗祖母绿，重 0.09 克拉；白金 23.80 克。

价格请店洽

Ava Poire 婚戒

白金戒指表面铺镶圆形钻石，突显出钻石的璀璨光芒，以四射的光彩和优雅的品质散发出独特的魅力，适合日常佩戴。

参考价格：￥19 800

Serpent Bohème 大型款戒指

细腻的线条勾勒出灵动的蛇形造型。珠宝上镶嵌的黄金经细心雕琢后，让蛇形造型栩栩如生。而戒面上镶嵌的 1.27 克拉 32 颗圆形钻石，更显得华美异常。

参考价格：￥114 400

Godron 大型款铂金婚戒

经过精细抛光打磨，对光线的反射性非常好，光彩度异常出色。重 7.5 克。

参考价格：￥18 400

Godron 大型款黄金婚戒

浑圆的造型及品牌的标志性图案，经精细抛光，闪耀着醇厚的金黄色泽。重 6.20 克。

参考价格：￥10 700

Facette 铂金婚戒

对铂金进行雕刻、切割和抛光，赋予婚戒丰富的层次感。重 4.80 克。

参考价格：￥11 300

Facette 黄金婚戒

多刻面造型充满几何美感，如同钻石般熠熠生辉，是永恒爱情的象征。重 3.70 克。

参考价格：￥9 700

Divine Rita 镶钻款婚戒

沿 950 铂金的环圈侧面轮廓镶嵌重 0.06 克拉的 13 颗钻石，在简约中流露奢华感。

参考价格：￥20 100

Pointe de Diaman 小型款黄金婚戒

金银匠精心雕刻了极具线条美的图案，使黄金散发出美妙的光芒。

参考价格：￥9 700

Pointe de Diamant 大型款铂金婚戒

婚戒的图案让人想起旺多姆广场上的方砖，雕刻师精湛娴熟的技艺，令戒指展现出如钻石般迷人的光彩。重 7.10 克。

参考价格：￥18 400

Quatre 时尚项链

采用了黄金、白金、棕色 PVD 宝诗龙金、水晶材质，搭配龙虾扣，无论是日常或正式场合都适合佩戴。

参考价格：￥32 900

Quatre Follies 白金与宝诗龙黑金戒指

融汇了椭圆饰纹和巴黎钉纹图案，带有宝诗龙的尊贵标志，做工精细，更体现出纯粹的摇滚精神。

参考价格：￥12 600

Quatre 白金与宝诗龙黑金大型款戒指

精纯黑金颜色将巴黎钉纹图案升华，透过精致的图纹，展示出精致的工艺，风格鲜明前卫，太空感十足。重 13 克。

参考价格：￥30 700

简约风黄金手链

环环相连是珠宝首饰设计中不会落伍的设计元素，适合搭配干练风格的服饰。

价格请店洽

18K 金镶钻袖扣

袖扣中心镶嵌圆形明亮式切割钻石，款式简洁独特而且百搭。

价格请店洽

简约风青金石袖扣

以青金石搭配黄金方式设计，在奢华之余又质感十足。

参考价格：￥28 000

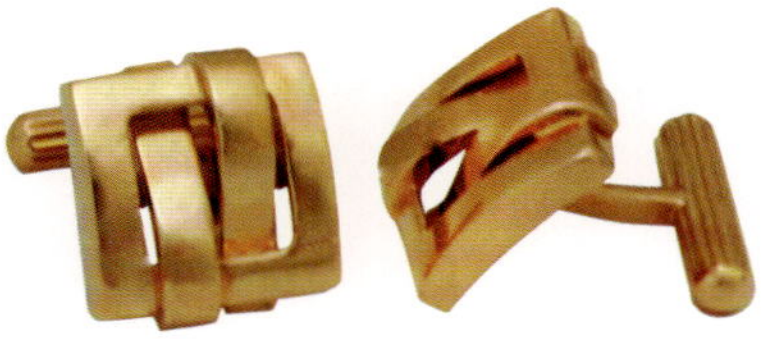

18K 几何造型玫瑰金袖扣

参考价格：￥13 400

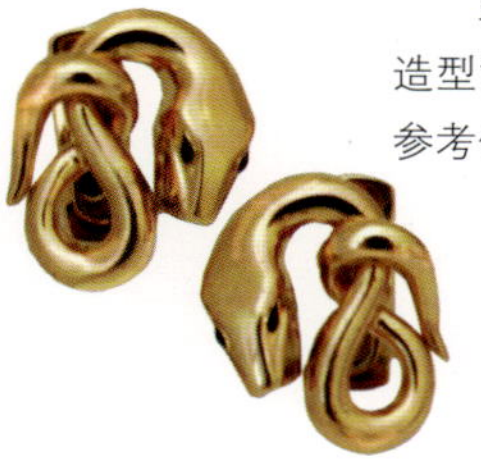

灵蛇黄金袖扣

蛇身为 18K 金，造型活泼前卫。

参考价格：￥16 400

Jaipur 男士香水

以印度贵族花园为设计灵感，同时保留了宝诗龙品牌所有珍贵标志：金色的椭圆纹装饰，以及蓝宝石色的凸圆形香水瓶盖。前调为丁香、佛手柑，中调为肉桂、肉豆蔻、紫罗兰，尾调为香草、琥珀。

价格请店洽

搪瓷猴袖扣

长 5 厘米，猴身为搪瓷制作，猴子的头部、前后爪镶嵌 18K 黄金。

参考价格：￥22 800

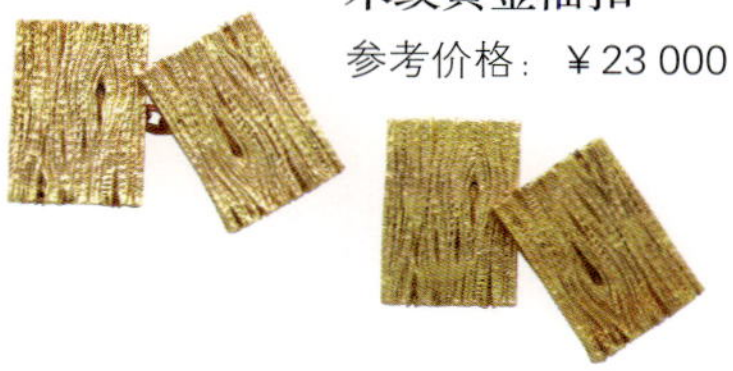

木纹黄金袖扣

参考价格：￥23 000

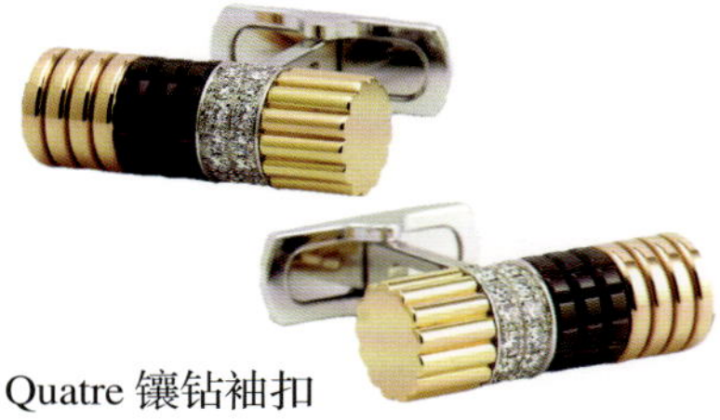

Quatre 镶钻袖扣

将黄金、玫瑰金与棕色 PVD 宝诗龙金、钻石巧妙结合，打造出此款奢华而前卫的袖扣，适合社交聚会时佩戴。

价格请店洽

编织图纹黄金袖扣

采用复杂工艺呈现华贵的编织图纹，配合黄金的材质，搭配任意衬衫，即可呈现型男的完美穿衣风范。

价格请店洽

宝诗龙同名男士香水

瓶身采用品牌标志性的椭圆纹图案，向富有传奇色彩的 Reflet 腕表致敬，彰显男士永恒的阳刚之美。前调为佛手柑、马鞭草，中调为芫荽、罗勒，尾调为广藿香、檀香

价格请店洽

Epure 白金腕表

传统的圆形造型搭配优雅的曲线，简洁的线条以及细腻精致的装饰，极具时尚感。

价格请店洽。

直通名店

现如今，宝诗龙已成为一个国际化品牌，在法国、俄罗斯、美国、日本、韩国和中国等国家开设了多家精品店。中国大陆开设的第一家精品店是外滩 18 号店。

北京 华贸中心

上海 恒隆广场•环贸商场

香港 中环店

台北 中山北路

Vivienne Westwood

维维安·韦斯特伍德

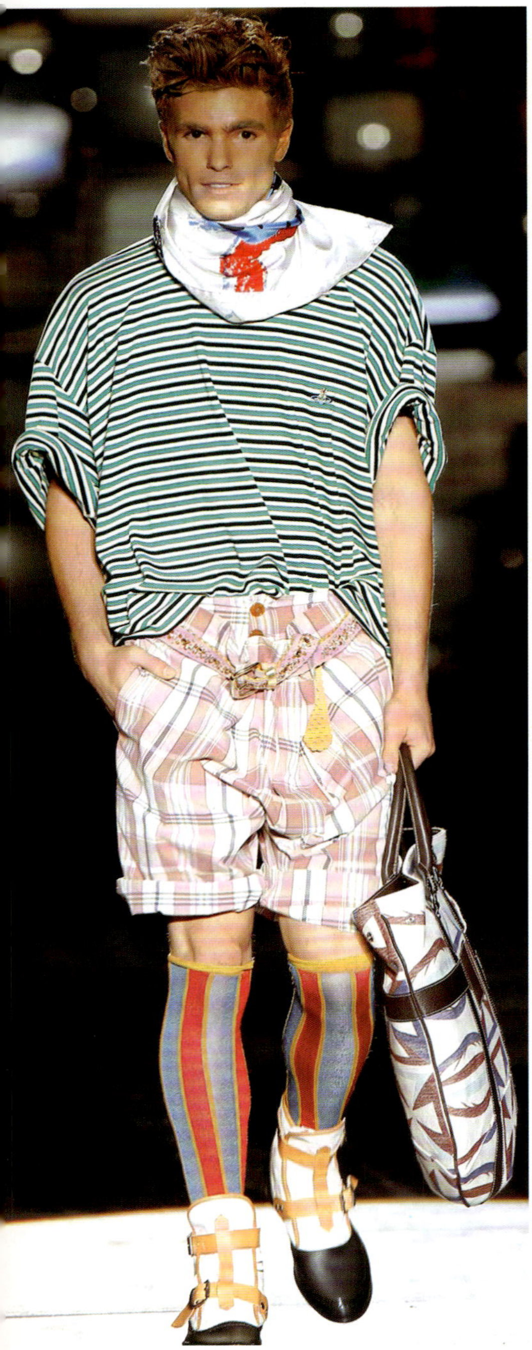

绝对潮牌

这个荒诞古怪的英国著名品牌成功地将街头流行文化带入时尚领域。该品牌在男装设计上，基于传统英伦格纹呢面料和西装款式，融入大量独特的非洲部落民族图腾、花卉图案、骷髅头图案等时尚前卫元素，加上明暗色彩、复杂剪裁和不同质感面料的大胆搭配，打造出诸多令人尖叫的潮流单品，例如，摇滚风格的金属色织物、彩色布条装饰的彼得潘小圆檐帽、黑色丝绒西装、金属涂层磨破牛仔裤，还有标志性的土星图案大纽扣，都受到了明星和时尚达人们的热捧。

镇店潮款

头像图案 T 恤

时尚教母头像图案是这件 T 恤的最大亮点。

参考价格：￥500

红唇图案 T 恤

参考价格：￥550

星球图案长款上衣

恶搞经典星球图案，加上宽松的版型，十分前卫。

参考价格：￥1 900

长袖印花T恤

圆形领口，图案灵感源自东方装饰艺术。

参考价格：￥2 700

拼色羊绒开衫

经典开襟羊绒衫设计，时尚又不失内敛气质，100%羊绒带来极度柔软触感。

参考价格：￥3 200

漆皮皮鞋

款式简洁，无论是搭配西装还是休闲套装，它都可以轻松应对。

参考价格：￥3 850

拼色短靴

配色对比度较强，建议搭配亮色系服装。

参考价格：￥3 300

超长款条纹衬衫

独特的法兰绒面料给你不一样的穿着体验，衬衫两侧的大口袋设计，更显随性时尚风格。

参考价格：￥3 650

木底松糕皮鞋

这双鞋子，绝对够抢眼了吧？建议搭配英伦风格子短裤和纯色T恤。

参考价格：￥3 600

骷髅星球吊坠项链

镀金星球环绕树脂打造的骷髅头骨，独具个性。

参考价格：￥800

纯银骷髅戒指

参考价格：￥2 500

钻石红心袖扣

红心为搪瓷材质，镶嵌施华洛世奇水晶和人造钻石。

参考价格：￥660

买手必购榜

星球印花衬衫

纯棉材质，深蓝色基调，星球印花图案颜色亮丽又不夸张。属百搭之选。

参考价格：￥1 200

格子西装外套

羊绒混纺面料，黑白灰格纹搭配简洁时尚。

参考价格：￥7 900

搭配建议：

羊绒格子长裤（参考价格：￥4 000）

骷髅荧光橙皮鞋（参考价格：￥3 850）

星球印花夹克

按扣设计，建议搭配浅色衬衫，形成色彩对比。

参考价格：￥3 500

Melton 外套

圆领处饰有可拆卸围巾，亮面效果袖子做工精良。

参考价格：￥7 700

条纹长裤

纯棉面料，简洁条纹设计。

参考价格：￥1 900

金色编织旅行包

每个潮男都该拥有一只这样华丽大气的旅行包袋。

参考价格：￥2 225

条纹帆布背包

参考价格：￥2 000

补丁设计牛仔裤

参考价格：￥2 000

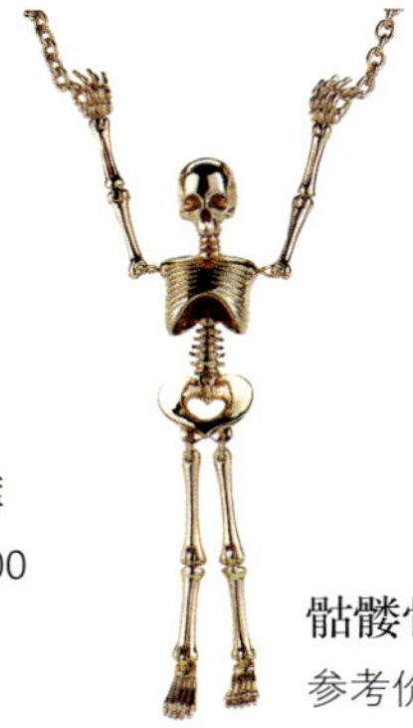

骷髅骨骼吊坠

参考价格：￥2 400

钻石骷髅袖扣

青铜材质，以人造钻石、施华洛世奇水晶和黑色珐琅装饰。

参考价格：￥900

纸币印花丝巾

参考价格：￥1 500

直通名店

在国内，维维安·韦斯特伍德品牌在北京、上海、杭州和香港有专门店，过季会有打折活动。

北京 新光天地

上海 久光百货·国金中心·恒隆广场

杭州 连卡佛

香港 置地广场

Versace
范思哲

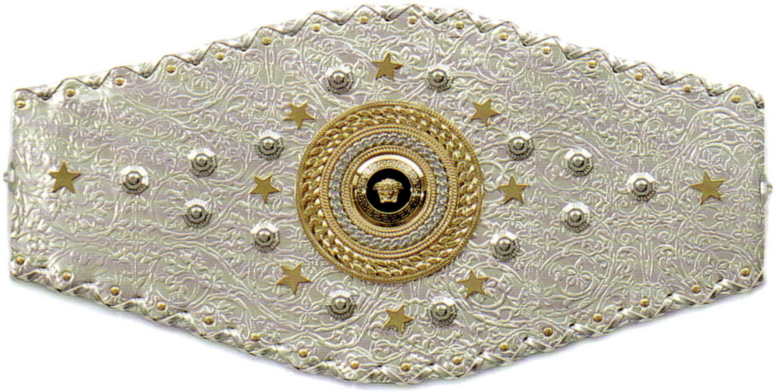

绝对潮牌

意大利品牌范思哲诞生于1978年，作为世界知名的时尚品牌，其设计风格始终彰显着颓废而迷人的艺术气息。在男装方面，范思哲从不吝啬运用大胆夸张的颜色和图案纹路，使男士着装在奢华沉稳与时尚个性之间达到完美平衡。

彩色喷漆外套

以希腊神话为灵感，将雄伟宫殿穿上身。

价格请店洽

棕色牛皮公文包

设有双带扣，配有肩带。

参考价格：￥5 800

Zebra Barocco 丝绸衬衫

黑白斑马纹与黄金色调相搭配，传统衬衫领设计。

参考价格：￥6 800

手工喷绘夹克

彩色喷绘加上大量的金属铆钉元素，让这款夹克充满了摇滚朋克范儿。

参考价格：￥28 000

Signature 高帮运动鞋

参考价格：￥8 500

铆钉皮质绕腕手环

绕腕手环镶有品牌标志性美杜莎头像图案的镀金铆钉。它既可单独佩戴，亦可与同类单品层叠佩戴，定将为你最爱的装扮注入迷人前卫的气息。

参考价格：￥4 620

印花牛仔夹克

参考价格：￥8 600

搭配建议：

印花牛仔长裤

(参考价格：￥6 900)

Big Barocco 牛仔服

这套牛仔服以稍显张扬的印花，表达出了一种极为自信的着装风格，十分适合个性潮人。

参考价格：上衣￥9 800

裤子￥7 800

印花丝绸衬衫

参考价格：￥5 800

手绘牛仔服上衣

以巴洛克风格的手绘纹样作为装饰，可以卷起裤脚，搭配浅口皮鞋。

参考价格：￥11 700

Memphis 西装外套

袖子上的几何图案打破了西装板型的正统与沉闷，可搭配 V 领衫。

参考价格：￥11 200

美杜莎标志图案毛衣

参考价格：￥4 400

宽手镯

价格请店洽

皮质腰带

参考价格：￥2 200

编织皮革休闲鞋

参考价格：￥2 600

手提包
价格请店洽

手提包
前部设有拉链，带扣式开合，编织效果手柄。
价格请店洽

真丝领带
深蓝色真丝面料上印有品牌标志性美杜莎头像图案，时尚大气。
参考价格：￥750

美杜莎头像戒指
价格请店洽

灰色漆皮休闲鞋
价格请店洽

麂皮休闲鞋
参考价格：￥4 200

格斗式风格金属感皮革运动鞋
价格请店洽

Hi Top 拼色高帮运动鞋
铆钉加拼色，绝对是潮款中的潮款。
参考价格：￥5 500

印花丝绸围巾
经典图案，建议搭配深色系着装。
参考价格：￥2 700

金属领带夹
价格请店洽

直通名店

北京	王府半岛酒店·国贸商城
上海	永安百货·港汇广场·时代广场
广州	丽柏广场
重庆	立洋百货
沈阳	中兴商业大厦
香港	太古广场·置地广场

Ambush

绝对潮牌

日本潮流品牌 Ambush 的配饰具有浓厚的 Hip-Hop 味道，设计另类充满玩心，颜色独特抢眼，除了金银亮色之外，还有红色和蓝色两个 Ambush 的招牌色。但品牌潮品无论款式、色彩如何夸张搞怪，都极具百搭性。如今，Ambush 品牌不但在日本本土具有较高人气，而且像 Lady Gaga 和 Rihanna 这样的国际巨星都是 Ambush 的拥护者。

AMBUSH

Pop Tut 项链

灵感源于著名的埃及法老黄金面具。吊坠亦可作为胸针佩戴。

参考价格：￥1 100

镇店潮款

Anarchy 项链

朋克感十足，潮男必备的百搭时尚款式。

参考价格：¥1 900

Spike 项链

建议搭配牛仔类着装，呈现随性欧美范儿。

参考价格：¥2 300

Gang Chain 项链

参考价格：¥3 000

Screw 项链

非常独特的一款项链，建议搭配深色系着装。

参考价格：¥5 800

King Crest 项链

参考价格：¥12 200

买手必购榜

Crest 手链

多种形状完美组合在一起，独特风格不言而喻。

参考价格：¥1 500

十字架装饰颈链

皮革材质镶嵌红竹石，可佩戴十字架戒指或手链与以相称。

参考价格：￥1 820

Crest 项链

艳丽的橙色调，可以给整套装扮带来活力。建议搭配休闲 T 恤和牛仔裤。

参考价格：￥2 220

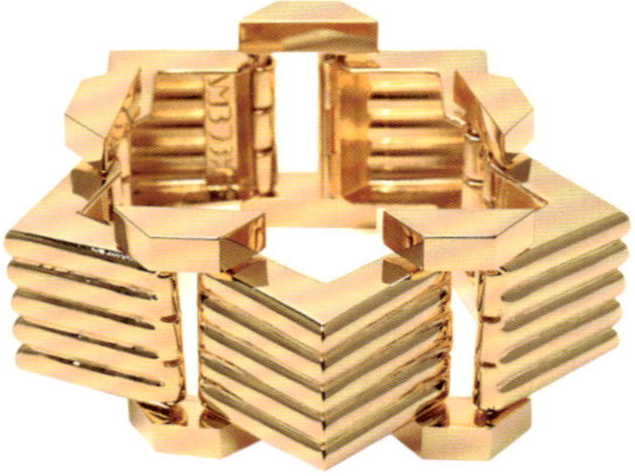

Grill 手镯

建筑感手镯，搭配不同服饰将呈现出各种不同风格的视觉效果。

参考价格：￥2 300

Crest 皮革手镯

100%皮革，镶嵌原始盾形图案，复古感和现代感巧妙地融合在一起。

参考价格：￥1 550

Pillar 手镯

重金属感设计，建议与嘻哈类服饰或牛仔外套相搭配。

参考价格：￥1 900

Screw 手镯

皮革材质，增加腕部佩戴时的舒适感。

参考价格：￥1 500

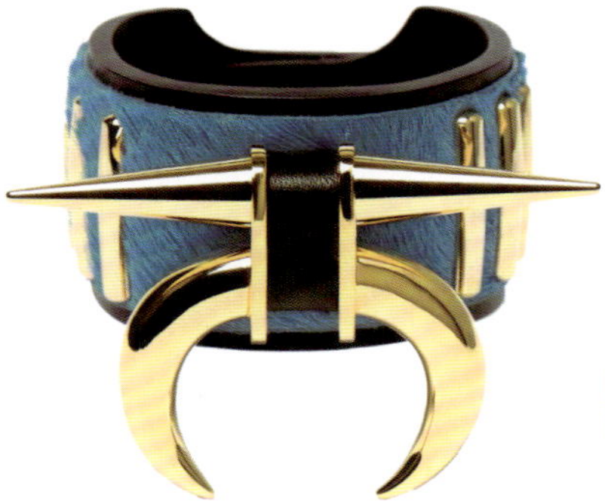

Horn 手镯

100%牛皮材质，建议搭配朋克风格服装。

参考价格：￥1 600

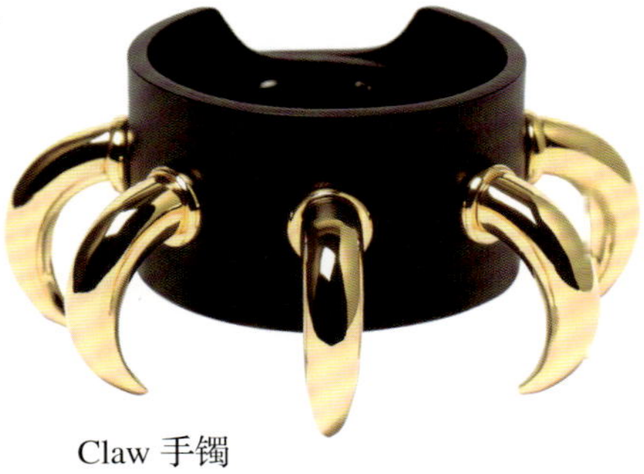

Claw 手镯

100%皮革手镯饰金色爪钉。想必喜爱另类风格的潮男们会对它爱不释手。

参考价格：￥1 600

Claw 手镯

多种颜色相间，可置于手腕或手臂处。

参考价格：￥1 400

Skull 手链

骨头拼接设计十分夸张又充满趣味感。

参考价格：¥1 200

Claw 戒指

三孔连接式戒指，个性到不能再个性了吧？

参考价格：¥1 550

Nomad Pin 项链

参考价格：¥1 200

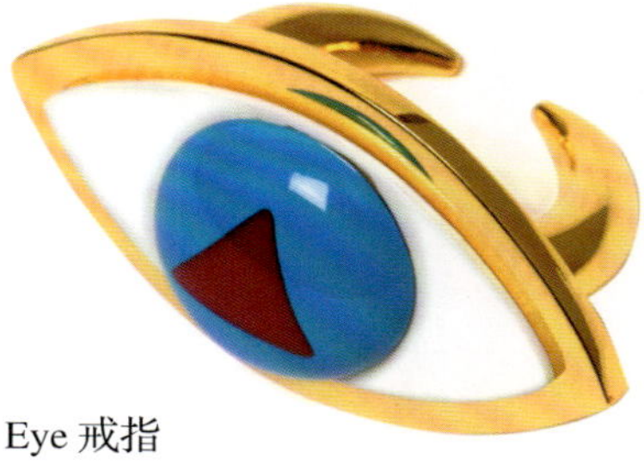

Eye 戒指

单眼设计，虽另类怪诞，却十分时尚百搭。

参考价格：¥770

Grill 戒指

适合手指修长的男士佩戴。

参考价格：¥800

Eye Got Ballz 戒指

这款足以令人尖叫的戒指，定会成为你众多饰物中的宠儿。

参考价格：¥1 400

Skull 戒指

骷髅造型一直是时尚达人身上的标志性符号。

参考价格：¥770

Fur 手镯

100%山羊皮皮革材质，装饰人造纤维，大小可调节。

参考价格：¥2 200

Pow 戒指

颜色十分醒目，造型夸张搞怪。

参考价格：￥800

Skull 项链

装饰骷髅头与骨头，充满幽暗原始气息。

参考价格：￥1 800

Eye Am Not Alone 戒指

双金字塔设计，可随心搭配各类服饰。

参考价格：￥1 300

Eagle 项链

以抽象鹰的形状作为吊坠，建议用它打造朋克造型。

参考价格：￥3 100

Beethoven 戒指

贝多芬雕像装饰，十分独特。

参考价格：￥1 100

Cone 尾戒

参考价格：￥2 700

护照包

非常实用的一款护照包，带有链条，可手拿或肩背，长链上饰“笑脸”和胶囊装饰物，充满童趣。

参考价格：￥1 500

Hot Rod 平沿帽

100%真皮，金属零件装饰。日常出行或旅行度假时佩戴皆宜。

参考价格：￥1 500

King Crest 平沿帽

平沿帽一直是明星们出行装扮的潮物之一。

参考价格：￥1 500

皮革帽子

100%皮革，款式独特，装饰金属色螺丝饰物更是一大亮点。

参考价格：￥3 300

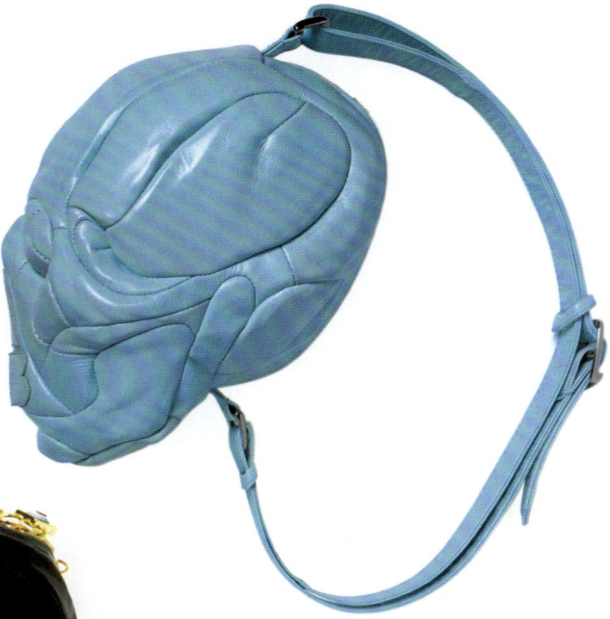

Skull 肩包

100%皮革材质，手工制造，肩带可调节。头骨造型极为惹眼，建议调整至胸部位置佩戴。

参考价格：￥5 100

Homad Crest 平沿帽

参考价格：￥3 600

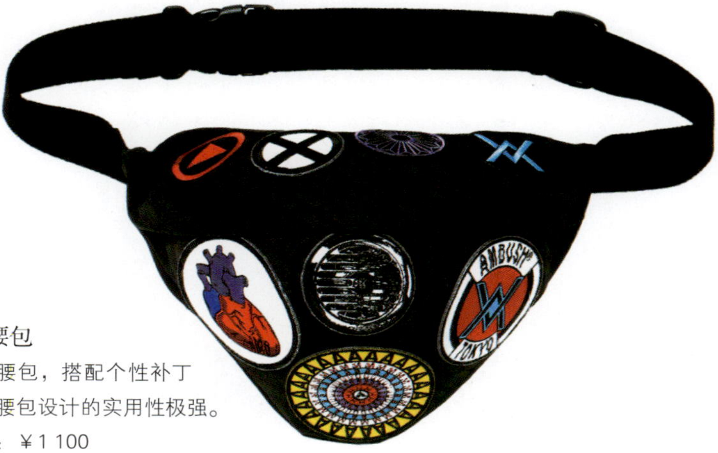

直通名店

上海	豪华精选酒店
香港	中环皇后大道

Homad 腰包

纯棉腰包，搭配个性补丁装饰物。腰包设计的实用性极强。

参考价格：￥1 100

Jeremy Scott
杰瑞米·斯科特

绝对潮牌

这个设计风格怪诞又充满喜感的品牌创立于 2000 年，创始人杰瑞米·斯科特的想象力永远突破常人极限，绝不落俗。不论是奇特的衬衫、T 恤，还是腕表，每一件潮品都透露着独一无二的个性和另类的时尚态度，正因为如此，国内外很多大牌明星都成为杰瑞米·斯科特品牌的拥趸。

Jeremy Scott × Swatch 系列腕表

模仿太阳镜样式的双表盘设计、如豹子尾巴一般的加长兽纹表带、复古感十足的精致“画框”与表盘上涂鸦头像的对比……每一款 Jeremy Scott × Swatch 腕表新品都新意十足。

价格请店洽

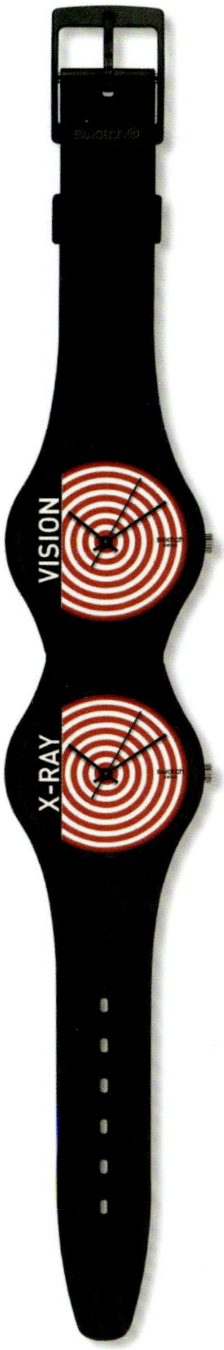

机枪造型太阳镜

杰瑞米·斯科特与琳达·法罗延续诙谐独到路线，全醋酸纤维材质缔造，色彩艳丽。灰色梯度透镜，迷彩印花图案与机枪造型镜腿设计完美结合。建议搭配皮夹克与无袖连身裤，打造休闲酷性造型。

参考价格：￥1 800

圆框翻盖太阳镜

杰瑞米·斯科特与琳达·法罗品牌联手打造，以迪士尼米奇形象为创意主题，将传统圆框与翻盖样式结合。全醋酸纤维材质打造，与 T 恤短裤搭配即可打造潮范儿造型。

参考价格：￥2 600

镇店潮款

手形太阳镜

凭借大胆创新设计，杰瑞米·斯科特一直为时尚界带来欢乐气象。这款眼镜以手指造型环绕脸部，意象大胆而带点诱惑意味，造型酷炫。它由杰瑞米·斯科特与英国奢华眼镜品牌琳达·法罗联手设计，采用醋酸纤维材质，镜腿处环绕式弧形，印有品牌 Logo。此款共两色：黑色，金色。

参考价格：￥1 400

姜黄色真丝复古印花男士长袖衬衫

复古的民族风情印花使这款衬衫看上去别有风味。

参考价格：￥5 700

金色机车夹克

独特双翼装饰与背部流苏设计相呼应，标准机车夹克翻领，带来前卫、帅气、硬朗质感。

参考价格：￥2 600

Oversize 宽松羊毛针织衫

图案夸张，针织螺纹袖口和收边设计。

参考价格：￥3 700

印花手提包

金色花纹印花，奢华优雅。按扣设计，提高包袋的安全性，属实用之选。

价格请店洽

买手必购榜

多色涤纶海报图案T恤

宽松板型，充满玩味戏谑的图案设计是品牌一贯风格。

参考价格：￥1 900

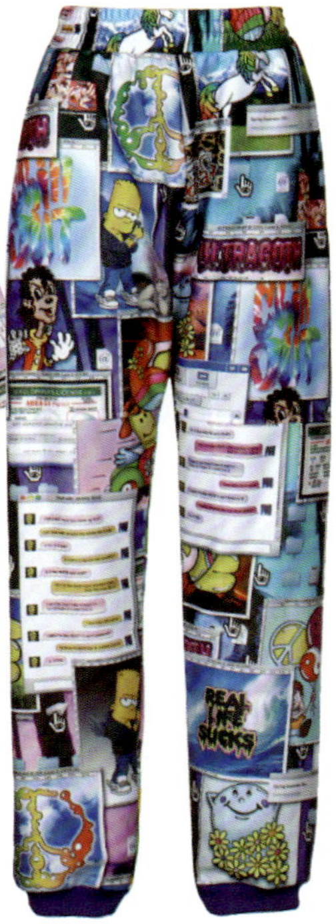

搭配建议：

多色海报图案休闲裤

(参考价格：￥2 100)

真丝长袖衬衫

真丝面料，机枪图案，将娱乐文化元素与时装艺术完美结合。

参考价格：￥5 700

LOVE 表情符号全棉针织衫

针织图案可爱搞怪，纯棉针织保证了衣服的保暖度。

参考价格：￥3 600

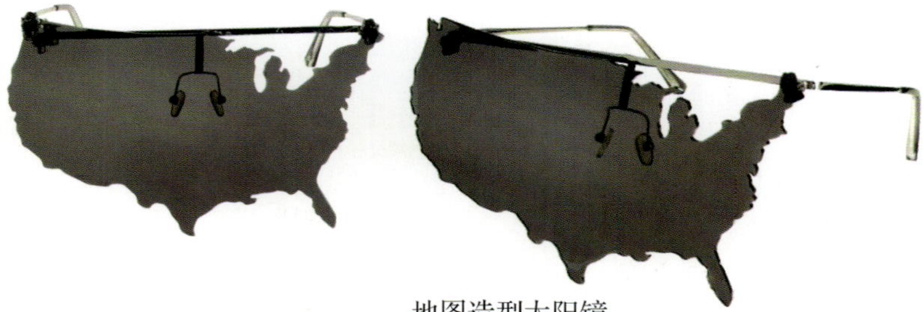

地图造型太阳镜

以北美地图作为镜面设计，经典逗趣，不锈钢金属边镜腿，造型打破眼镜一贯的对称形式，充满未来感。

参考价格：￥1 800

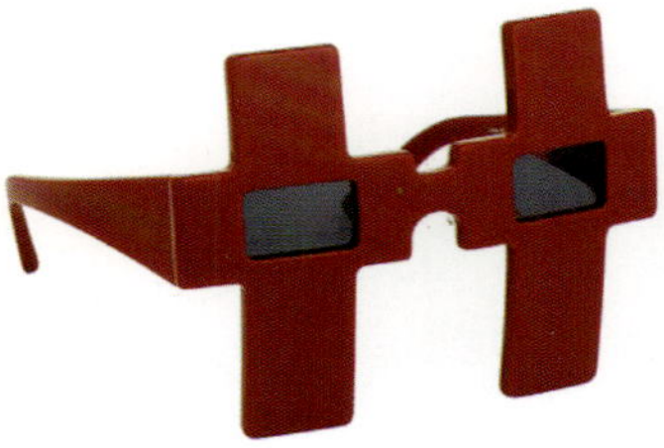

十字造型太阳镜

全醋酸纤维材质，造型夸张另类，适合想要表达独特个性又足够大胆的时尚潮人们。

参考价格：￥2 100

怪物造型围巾

怪物舌头、獠牙与手爪皆为真皮材质。

参考价格：￥3 700

圆框翻盖太阳镜

以激光切割出十字形眼睛和笑脸的造型，趣味中带点哥特色彩。醋酸纤维材质与金属镜腿拼接。

参考价格：￥1 800

印花短款夹克

长袖无领设计，款式利落简洁。

参考价格：￥2 600

搭配建议：

印花短裤(参考价格：￥2 400)

Pliage 手提包

灵感源自经典折叠手袋设计。适合日常出行或假日旅行使用。

价格请店洽

直通名店

在国内，熟知杰瑞米·斯科特品牌的人并不多，该品牌只在中国少数城市设有专门店。

北京 新中关购物中心

上海 久光百货

沈阳 大悦城

香港 铜锣湾

Yohji Yamamoto

山本耀司

绝对潮牌

山本耀司的设计风格一向都是不理常规、不分性别的。他以简洁而富有韵味、线条流畅、反时尚的设计风格著称，并以男装见长，设计出的服饰带有男性特有的慵懒与不羁。

山本耀司把麻织物与粘胶面料运用得出神入化，形成了别具一格的沉稳与褶裥的效果。不对称的领型与下摆设计屡见不鲜，服装穿在身上后也会跟随体态动作呈现出不同的风貌。在色彩的选择上多以黑色为主，沉闷呆板的黑色经山本耀司的巧妙演绎立刻变得张扬而狂放。

混纺针织长衫

采用不对称的底边设计，凸显了长衫的前卫风格。

参考价格：￥5 050

镇店潮款

几何图案印花T恤

纯棉面料，几何图案印花，白底红色菱形的点缀让T恤毫无沉闷之感。

参考价格：￥7 300

条纹长袖运动衫

以混杂图纹和灰色条纹搭配，宽松板型，适合搭配牛仔裤。

参考价格：￥7 800

Furashi 运动夹克

采用简约大方的翻领、三纽扣设计，呈现个性随意的自我着装态度，适合搭配其他休闲类服饰。

参考价格：￥10 650

米色长袖毛衣

羊毛混纺面料，袖口、下摆为螺纹针织面料，具有日式服饰风格。

参考价格：￥5 800

绿色拿破仑夹克

具有浓厚的军服风格，突显干练，肩部、袖口、胸前的纽扣强化了硬朗的时尚范儿。

参考价格：￥10 000

橙色格子花呢外套

羊毛混纺，大翻领、橙绿格子相间设计增加了时尚感。

参考价格：￥4 300

鳄鱼纹休闲裤

金色鳄鱼纹带给人强烈的视觉冲击力，只需搭配休闲鞋即能打造别样型男的狂野风格。

参考价格：￥12 050

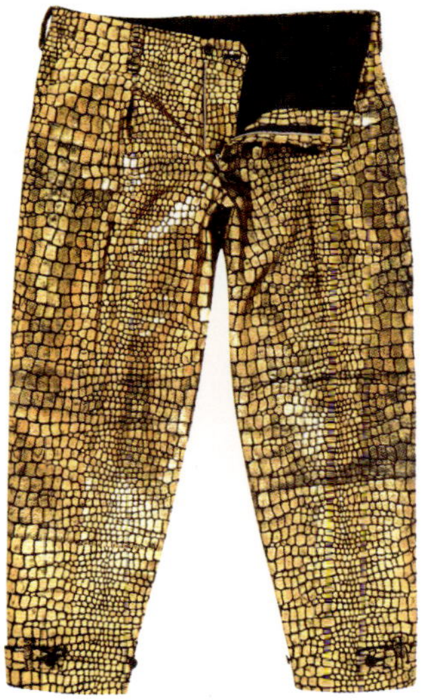

直通名店

作为一个全球著名的个性品牌，山本耀司的产品在法国、美国、日本等地都可购买到，而日本山本耀司专卖店的商品是比较全的。

东京 松屋百货•西武百货
巴黎 卢浮宫店•康明街店
伦敦 康迪街店

MCM

绝对潮牌

MCM 于 1976 在慕尼黑创建，风格炫耀华丽，国际超级名模辛迪·克劳馥曾担任过品牌代言人，已故国际天王巨星迈克尔·杰克逊等名流也是 MCM 的忠实顾客。

MCM 皮具最大的特点是采用纯手工制作，所有产品都采用最优质的材料，做工考究。皮革柔软、耐用、防水并且能够抵御紫外线的伤害，即便是内衬与装饰都是防水的，并且经过染色，可以防止褪色。更为难得的是 MCM 每一件皮具产品上都有一个铜牌，上面标有独一无二的编号。要知道，只有极少数国际大牌才会在自己的每一件产品上都标上不同的编码，所以由此可见 MCM 产品艺术品般的精致和珍贵。

镇店潮款

Capella 中号旅行手提包

以鳄鱼纹压花皮革手工制成，配有暗金色的黄铜饰件，呈现出高贵典雅的外观设计，适合于搭配任何场合的装扮。长 47 厘米，宽 13 厘米，高 27 厘米。

价格请店洽

Stark 背包

饰以铆钉，大胆而别致，强调了个性、华丽和时尚感。

价格请店洽

Stark 中号购物袋

包身带有 MCM 标志，并以铆钉装饰包身。长 35.5 厘米，宽 15 厘米，高 37 厘米。

参考价格：￥3 450

两口袋信使包

铆钉装饰打造出动感十足的时尚造型。长 36 厘米，宽 8 厘米，高 30 厘米。

价格请店洽

Honshu Tantris 中号购物袋

铆钉和几何纹样，象征着极繁主义的华丽之感，适合外出购物时使用。长 42 厘米，宽 17.5 厘米，高 38 厘米。

参考价格：￥6 050

Stark 大号背包

铆钉疏散地点缀在包身上面，既个性又不乏别致，适合出游时使用。长 38 厘米，宽 21 厘米，高 48 厘米。

参考价格：￥4 200

Armour 中号背包

以大量铆钉饰于蟒纹 Visetos 面料之上，融合 MCM 的经典字母图案。长 32 厘米，宽 16 厘米，高 40 厘米。

参考价格：￥7 000

城市风格公文包

牛皮包面，经手工加工而成。都市风十足，呈现出洗练的极简主义风格。长 35 厘米，宽 5 厘米，高 26.5 厘米。

参考价格：￥4 150

Vintage Visetos 中号背包

鳄鱼纹压花镶边与 24K 镀金配件相得益彰，适合所有年龄层。其焕然一新的鲜艳色调和经典的明暗对比相结合，适用于多种场合。长 31 厘兴，宽 15 厘米，高 35 厘米。

参考价格：￥4 500

Heritage Line 公文包

包身上的 MCM 和月桂树图案，让此款公文包的时尚个性凸显出来。长 38 厘米，宽 6 厘米，高 29 厘米。

参考价格：￥4 150

Safari Satchel 大号背包

帆布面料。亮眼的橙色让时尚感瞬间放大。长 30 厘米，宽 17 厘米，高 42 厘米。

参考价格：￥4 300

拉链帆布信使包

帆布包身、帆布肩带，搭配牛皮条装饰。长 36 厘米，宽 15 厘米，高 26 厘米。

参考价格：￥4 000

直通名店

MCM 在世界多个国家均设有品牌专卖店。其在韩国首尔最奢侈的品牌区清潭洞开设了全球第一家五层楼高的旗舰店，而中国市场同样得到 MCM 品牌的重视。

北京 国贸商城·老佛爷百货·新光天地·赛特广场

上海 外滩 3 号·香港广场

香港 海港城·太古广场

Stark 小号信使包

饰以铆钉，大胆而别致，强调了个性、华丽和时尚感。长 29.5 厘米，宽 8.5 厘米，高 31.5 厘米。

参考价格：￥2 700

Giuseppe Zanotti

朱塞佩·萨诺第

绝对潮牌

来自意大利的设计师同名品牌朱塞佩·萨诺第，在女鞋领域中颇负盛名，更被热爱者称为“仙履”，其时髦而缤纷的设计博得了太多的荣耀。而朱塞佩·萨诺第男鞋同样受到众多潮男的热捧并成为最近时尚圈的新宠儿，例如著名艺人坎耶·韦斯特、贾斯汀·比伯、Big-Bang天团成员、黄伟文等明星人物都对其推崇备至，这让其成为潮流男鞋界的又一匹黑马。

朱塞佩·萨诺第男鞋善于运用大量的铆钉与拉链元素，无论是运动鞋还是凉鞋，都极具吸引力，令人为之眼前一亮。而华贵出彩的硬底软皮休闲便鞋，更是善于运用华丽碎钻、跨性别的流苏，以及多种珍贵的装饰元素来装饰，展现出朱塞佩·萨诺第男鞋不输于女鞋的华贵与时尚。

镇店潮款

红色打蜡皮革高帮运动鞋

打蜡皮革鞋面，橡胶鞋底。

参考价格：￥4 200

豹纹小牛皮高帮运动鞋

黑色磨光皮革鞋面，带魔术贴装饰，脚后跟拉链装饰，圆头，橡胶鞋底。

参考价格：￥6 700

Moccasin 高帮运动鞋

鹿皮鞋面，圆头，带流苏装饰，黑色橡胶鞋底。

参考价格：￥5 100

多色块金属皮革高帮运动鞋

真皮鞋面，海军蓝、银色、黄色拼色，白色车缝线装饰，白色橡胶鞋底。

参考价格：￥5 000

黑色漆皮运动鞋

鳄鱼皮纹理漆皮鞋面，圆头，脚跟后带拉链装饰，白色橡胶鞋底。

参考价格：￥4 000

蓝色磨砂皮革拉链高帮运动鞋

真皮鞋面，橡胶鞋底，带尼龙搭扣和系带设计。

参考价格：￥6 100

铆钉镶嵌高帮运动鞋

黑色及蓝色漆皮鞋面，圆头，鞋身镶铆钉装饰，黑色橡胶鞋底。

参考价格：￥4 800

拼色中帮运动鞋

纯皮鞋面，鞋面用荧光橙色皮革装饰，白色橡胶鞋底。

参考价格：￥5 100

海军天鹅绒金属色高帮运动鞋

真皮鞋面，多色拼接款式设计，圆头，金色拉链，橡胶鞋底。

参考价格：￥8 000

橙黑真皮篮球鞋

真皮鞋面，橡胶鞋底。脚尖有蕾丝装饰，脚跟处用拉链装饰。

参考价格：￥8 000

荧光绿中帮运动鞋

黑色磨砂皮鞋面，荧光绿色皮革点缀，圆头，黑色橡胶鞋底。

参考价格：￥4 000

橄榄色棕色拼色低帮运动鞋

麂皮鞋面，以棕色皮革装饰，圆头，橡胶鞋底。

参考价格：￥3 400

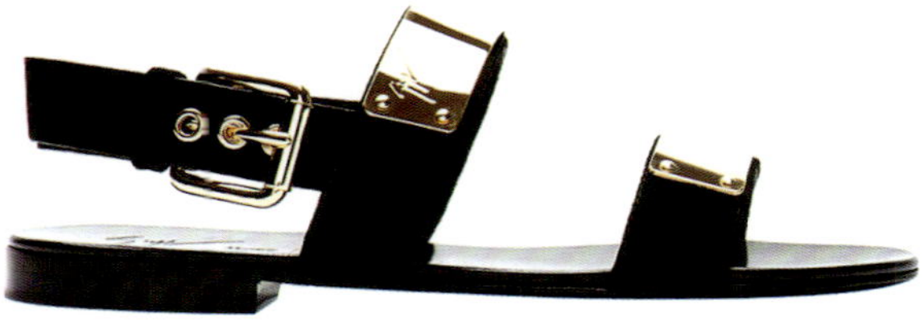

黑色麂皮金属装饰凉鞋

黑色麂皮鞋面，黑色皮革鞋底，带金属硬件品牌 Logo 装饰。

参考价格：￥4 900

黑色皮革铆钉凉鞋

皮革鞋面，带锥形金属铆钉设计。

参考价格：￥5 700

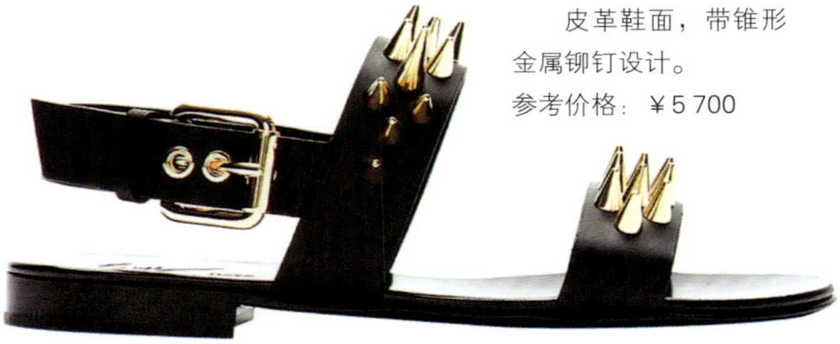

灰色小牛毛动物纹便鞋

小牛毛鞋面，圆头，真皮饰边，皮革鞋底。

参考价格：￥4 250

棕色麂皮便鞋

圆头，层叠木制鞋跟，前部带流苏装饰。

参考价格：￥3 700

施华洛世奇水晶便鞋

黑色麂皮鞋面，以施华洛世奇水晶装饰，圆头，皮革鞋底。

参考价格：￥8 000

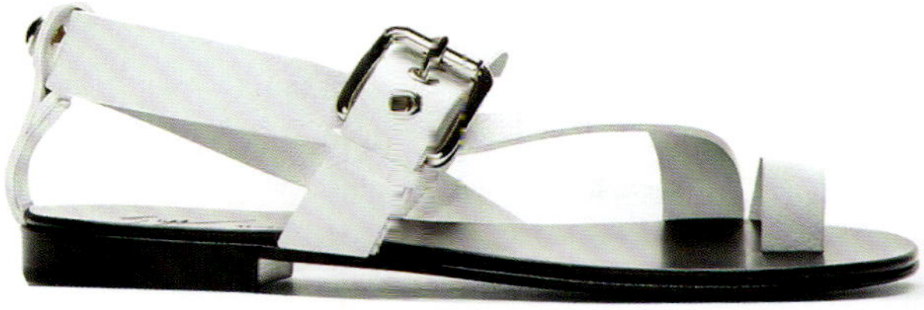

白色皮凉鞋

纯皮鞋面，脚踝带搭扣，长短可调，黑色皮革鞋底。

参考价格：￥4 300

黑色鳄鱼纹高帮运动鞋

皮革鞋面，带有鳄鱼纹装饰，圆头，黑色橡胶鞋底。

参考价格：￥5 400

红白双色条纹水晶便鞋

以色彩对比强烈的红白两色作为造型的主要配色，并缀满水晶，在时尚之余尽显奢华感。

参考价格：￥12 400

金属质感便鞋

醒目的金色提升了时尚感，皮革绲边，皮革鞋底。

参考价格：￥5 000

水晶蜘蛛侠便鞋

皮革鞋底，在鞋面上缀满了施华洛世奇红黄水晶，看起来既华丽又叛逆。

参考价格：￥9 200

迷彩缀水晶流苏便鞋

鹿皮鞋面，鞋面上有灰褐色和绿色迷彩印花，并缀金色水晶流苏装饰，圆头，黑色皮革鞋底。

参考价格：￥5 700

直通名店

朱塞佩·萨诺第的专卖店遍及纽约、巴黎、伦敦、莫斯科和迪拜等城市。现在，在中国也已经可以不出国门就能购买到朱塞佩·萨诺第的产品了：它在北京、上海、广州、香港等地均设立了专卖店。

北京 国贸商城·老佛爷百货·新光天地

上海 恒隆广场

广州 丽柏广场

重庆 时代广场

香港 圆方商场·海港城·Harvey Nichols 百货

台北 崇光百货复兴馆

首尔 Galleria 百货·现代百货

Evisu

绝对潮牌

Evisu 是日本设计师山根英彦于 1991 年创立的街头牛仔品牌，以裤后袋的“M”形图案作为品牌标志。品牌最大的特点是限量生产并始终在牛仔布编织及车线纹路等细节上完全手工制作，凭借其原汁原味的古典牛仔裤元素和时髦的街头风格迅速成为风靡日本和欧美的时尚牛仔裤品牌，其后推出的服饰、包袋等同样备受瞩目。

镇店潮款

圆领针织运动衫

非常实用的一款运动衫，100%纯棉材质，前卫舒适。可搭配牛仔裤或运动长裤，打造休闲运动型潮范儿。

参考价格：￥1 400

短袖 T 恤

纯棉材质，绿色波点设计尤为抢眼。

参考价格：￥700

搭配建议：

牛仔短裤（参考价格：￥2 000）

纯棉刺绣夹克

Evisu 的刺绣工艺十分精美，图案更是独具个性。

参考价格：￥2 500

搭配建议：

印花牛仔裤（参考价格：￥2 400）

荧光色纯棉短裤

可随意搭配纯色系或荧光色系 T 恤，呈现出充满活力的青春动感风格。

参考价格：￥1 350

牛仔手提包

容量很大，配有可拆卸、可调节肩带。牛仔材质时尚耐用，是日常通勤和旅行度假的上佳之选。

参考价格：￥1 500

纯棉夹克

背部印花设计独具个性，是春秋季节的时尚单品，且舒适实用。

参考价格：￥1 800

牛仔夹克

纯棉牛仔材质，背后是搞怪图案。适合 20~30 岁的潮流青年。

参考价格：￥2 100

搭配建议

印花牛仔裤（参考价格：￥2 400）

真皮腰带

设计简约，适合搭配各类颜色的裤装。

参考价格：￥950

拉链夹克

纯棉材质，建议搭配纯色裤装。

参考价格：￥1 500

背带牛仔裤

灵感源自工匠的工作服。建议搭配T恤和休闲鞋。

参考价格：￥2 900

羊毛针织开衫

黑色和米色的优雅搭配，适合在秋冬季节穿着。

参考价格：￥1 500

链饰皮夹

兼顾时尚感与实用性，是潮人们的必备之选。

参考价格：￥2 000

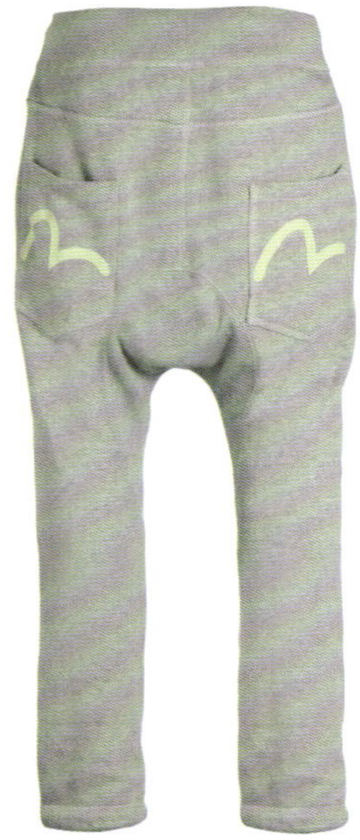

纯棉长裤

干净柔和的浅灰色纯棉材质，裆部独特设计，宽松版型。

参考价格：￥1 300

牛仔蓝衬衫

标准衬衫领及胸前口袋，纯棉材质。

参考价格：￥1 500

短袖t恤

正面印有个性图案，搭配休闲短裤或牛仔裤都非常适宜。

参考价格：￥560

搭配建议：

格纹短裤（参考价格：￥2 400）

棒球衫

传统棒球服设计，剪裁帅气利落。可搭配情侣装。

参考价格：￥920

牛仔裤

纯棉材质，靛蓝色牛仔裤。可随意搭配 T 恤或外套。

参考价格：￥2 800

尼龙腰带

参考价格：￥450

休闲长裤

建议搭配帆布鞋或运动鞋，再配上休闲类夹克外套，一定是不错的选择。

参考价格：￥1 800

真皮腰带

品牌 Logo 标志十分醒目，百搭实用之选。不建议搭配商务类服饰。

参考价格：￥950

皮革双肩包

棕褐色皮质，设计多个拉链袋，日常出行携带非常实用。

参考价格：￥5 000

多口袋牛仔裤

多口袋彩色 Logo 牛仔裤，充满趣味和青春活力。适合喜爱嘻哈风格的潮男们穿着。

参考价格：￥2 300

直通名店

北京 华贸中心·汉光百货
上海 新天地·久光百货·来福士·百盛
南京 德基广场
深圳 万象城
西安 巴黎春天广场
广州 世贸中心
大连 百年城
哈尔滨 远大百货
香港 国际金融中心·时代广场

Neil Barrett
尼奥·贝奈特

绝对潮牌

英国设计师尼奥·贝奈特于1999年创办同名时装品牌，以简洁利落的剪裁风格，呈现出前卫干练的廓形，展现了时尚简约的美感和潮范儿。其标志性单品包括图像感十足的拼接运动衫、夹克和简约的棒球帽等。

NEIL BARRETT

短袖 T 恤

V 领设计，骷髅图案印花不妨搭配正装西裤，体现个人独特穿搭理念。

参考价格：￥1 400

镇店潮款

短袖 T 恤

T 恤正面印有模糊的头像，极具特色。无论搭配运动裤还是修身牛仔裤都将十分出彩。

参考价格：￥1 100

格子牛仔衬衫

海军风格格子衬衫，纯棉材质，易于搭配。

参考价格：￥3 100

短袖衬衫

真丝棉材质，暗扣设计。

参考价格：￥3 200

搭配建议：

短裤（参考价格：￥3 210）

拼色运动衫

红、棕、白三色拼色，充满时尚活力。实用的运动衫是潮人们的秋冬必备款式。

参考价格：￥1 900

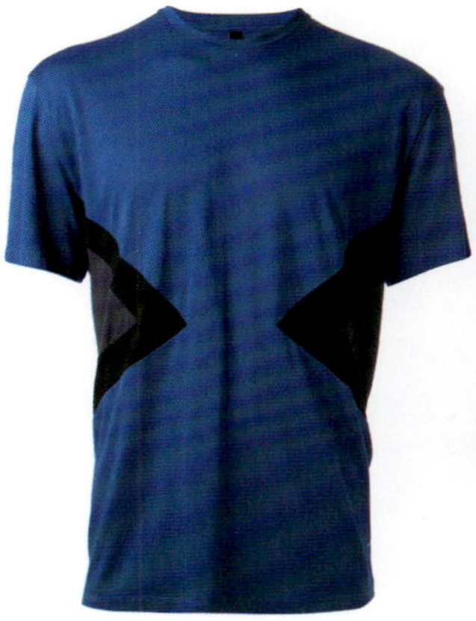

短袖 T 恤

参考价格：￥1 530

动物纹皮革高帮运动鞋

巧克力色皮革材质，动物纹压花设计时尚高档，橡胶鞋底。

参考价格：￥4 300

混羊毛横纹棒球外套

擅长将运动风格注入高级时装的尼奥•贝奈特，将优质的羊毛面料与休闲的设计大胆融合，使其服装倍添潮流酷感。

参考价格：￥12 100

搭配建议：

紧身牛仔裤（参考价格：￥3 700）

牛皮拉链夹克

帅气拉风的皮夹克，是潮男们在秋冬必不可少的潮物。

参考价格：￥18 500

麂皮短靴

建议用窄腿设计的裤装来搭配这款短靴。

参考价格：￥5 500

买手必购榜

短袖衬衫

不规则黑色宽条纹饰，修身剪裁，建议搭配修身牛仔裤或西服套装。

参考价格：￥1 500

皮革马甲

黑色光面皮革，白色人造羊毛领给人时尚感，又极具保暖性。

参考价格：￥14 700

横纹西服外套

不同层次的横纹灰调手袖设计是一大看点，四粒扣前襟，版型笔挺。

参考价格：¥11 500

皮革外套

螺纹针织领口和袖口，车缝线装饰很有特色。

参考价格：¥21 400

直通名店

上海	置地广场
香港	置地广场
东京	南青山
首尔	乐天百货

棒球帽

马毛与毛呢的组合呈现极富质感的效果。

参考价格：¥2 500

拼色运动衫

参考价格：¥2 200

搭配建议：

休闲裤（参考价格：¥3 400）

麂皮手提包

贯彻品牌一向的简约风潮，尼奥·贝奈特出品的麂皮提包时尚百搭，上班或休闲造型皆宜。

参考价格：¥10 250

军旅风格夹克

卡其绿棉夹克搭配皮革长袖，前卫帅气。

参考价格：¥11 210

麂皮皮鞋

海军蓝麂皮材质，搭配动物纹压花。

参考价格：¥3 800

Just Cavalli
卡沃利

男士手提包

牛皮材质，保险拉链设计。

参考价格：￥6 600

绝对潮牌

卡沃利品牌是意大利著名设计师罗伯特·卡沃利专为年轻人创立的世界知名服装品牌。卡沃利的时装在创作中处处可见不同材质的矛盾冲突。它将两种秉性迥异的材质融于一体、混合简单朴素与奢华贵气两种极端的气质、在正式典雅与随意嬉皮之间游走，彻底颠覆了人们刻板的配搭理论，呈现新生代的审美取向。

长袖印花衬衫

标准衬衫领设计，印花图案高雅时尚。

参考价格：¥2 900

长袖蟒蛇纹印花衬衫

少见的蓝绿色衬衫，个性十足，建议搭配同色系裤装。

参考价格：¥3 500

流苏装饰皮鞋

鞋面采用鳄鱼纹皮革，橡胶鞋底，可搭配西装或休闲裤。

参考价格：¥4 200

骷髅印花毛衣

纯羊毛材质，超大骷髅图案很是抢眼。

参考价格：¥2500

长袖印花衬衫

标准衬衫领，花朵图案别具风情。建议搭配浅色系裤装。

参考价格：¥3 600

牛仔衬衫

永不过时的纯棉牛仔面料，带给你既时尚又舒适的体验。

参考价格：¥3 800

买手必购榜

短袖 T 恤

参考价格：￥1 400

休闲长裤

参考价格：￥2 100

短袖 T 恤

纯棉材质柔软舒适，抽象图案颇具神秘色彩。

参考价格：￥1 600

牛皮双肩包

鳄鱼纹印花，低调奢华，是周末出游的必备法宝。

参考价格：￥5 330

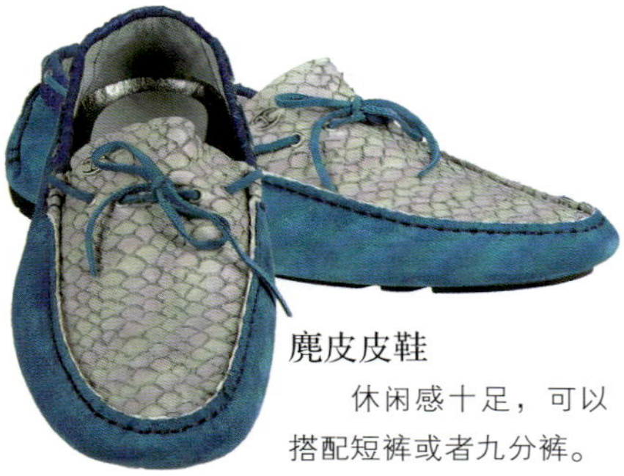

麂皮皮鞋

休闲感十足，可以搭配短裤或者九分裤。

参考价格：￥3 800

长袖 T 恤

数字印花图案，颇具朋克风格。

参考价格：￥2 300

连帽运动外套

参考价格：￥4 200

纯棉休闲短裤

参考价格：￥2 000

豹纹图案运动鞋

橡胶鞋底，带来更安全轻松的运动体验。

参考价格：￥2 500

系带纯皮踝靴

参考价格：￥3 600

马毛装饰腰带

腰带宽 2.5 厘米，人造皮革与马毛完美组合。建议搭配秋冬着装。

参考价格：¥2 200

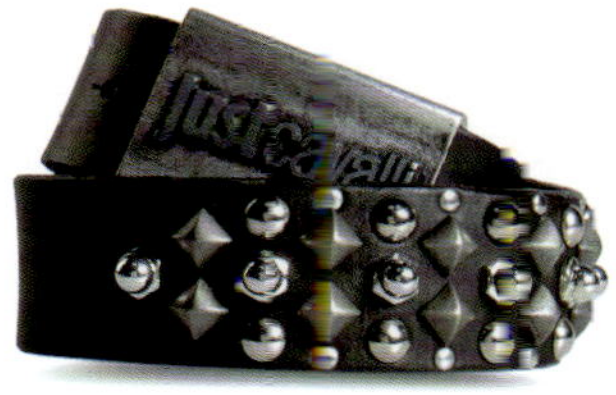

纯皮铆钉腰带

非常酷的一条腰带，建议搭配皮衣和牛仔裤。

参考价格：¥2 900

连帽运动外套

这款运动外套色彩活泼靓丽，适合秋季平日外出时穿着。

参考价格：¥2 100

运动卫衣

100%纯棉材质，插肩设计凸显男士硬朗轮廓。

参考价格：¥2 900

拉链羊毛衫

非常实用的一款羊毛衫，拉链设计随性自然，可任意搭配不同颜色裤装。

参考价格：¥4 400

皮质腰带

蓝色镂空骷髅腰带扣十分惹眼。

参考价格：¥1 900

拼色系扣羊毛衫

经典红、黑拼色，双排扣设计，简单时尚。喜爱英伦风格的男士，可搭配一条格子围巾。

参考价格：¥3 600

直通名店

北京	东方广场·国贸商城
上海	恒隆广场·奥特莱斯
杭州	杭州大厦
广州	广百百货
南京	德基广场
香港	太古广场

休闲皮鞋

惹眼的橙色，定能点亮你的整套装扮。

参考价格：¥3 400

J.W.Cooper

绝对潮牌

J.W.Cooper
BAL HARBOUR - NEW YORK EST: 1979

J.W.Cooper 品牌为追求时尚品位的潮人们提供了高端又充满个性的产品。品牌种类包括项链、手链、袖扣、腰带、钢笔、手工艺品等，制作材质涵盖了纯银、贵金属以及奇石等，每一件配饰都是独一无二的潮流艺术品。品牌还提供高级定制服务，为那些想要充分表达个性和自我的潮男潮女们提供更加符合他们心意的产品。

黑玛瑙串珠项链

纯银骷髅头和十字架造型吊坠，让这款项链很有朋克感。

参考价格：￥4 000

镇店潮款

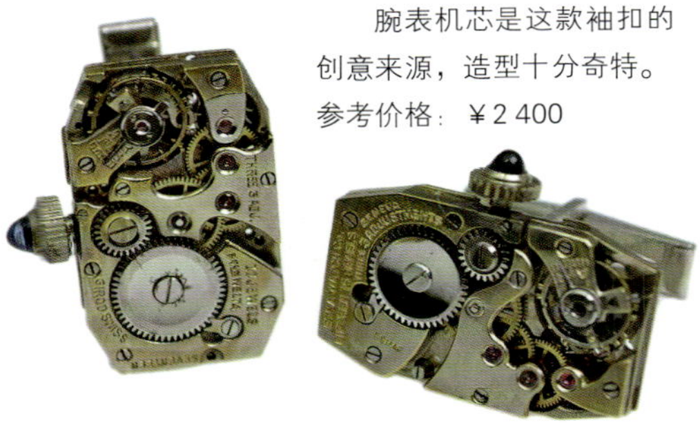

Inner Watch Works 袖扣

腕表机芯是这款袖扣的创意来源，造型十分奇特。

参考价格：￥2 400

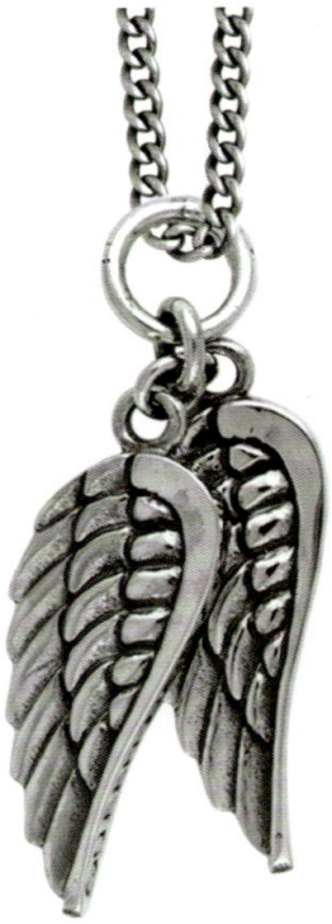

翅膀造型吊坠项链

做工精致，搭配各色T恤，都将十分出彩。

参考价格：￥2 100

耳机造型吊坠项链

纯银材质，耳机造型个性时尚。

参考价格：￥6 300

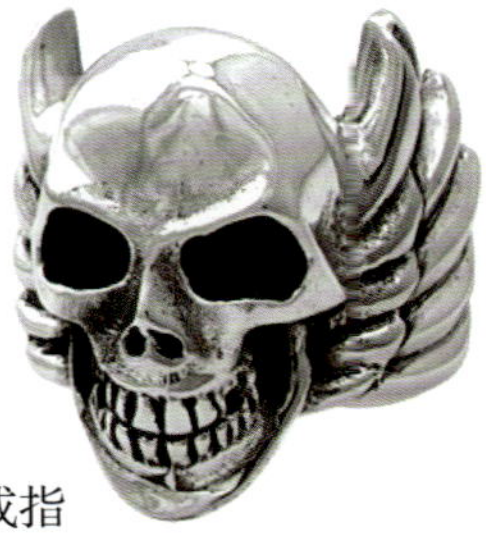

纯银骷髅造型戒指

若与骷髅造型项链同时佩戴，想必会更加拉风。

参考价格：￥2 800

尖晶石手链

黑色尖晶石串珠，饰以镶钻石的心形吊坠，属中性款手链。

参考价格：￥1 800

纯银戒指

造型别致，顶部镶嵌红宝石。

参考价格 ¥3 900

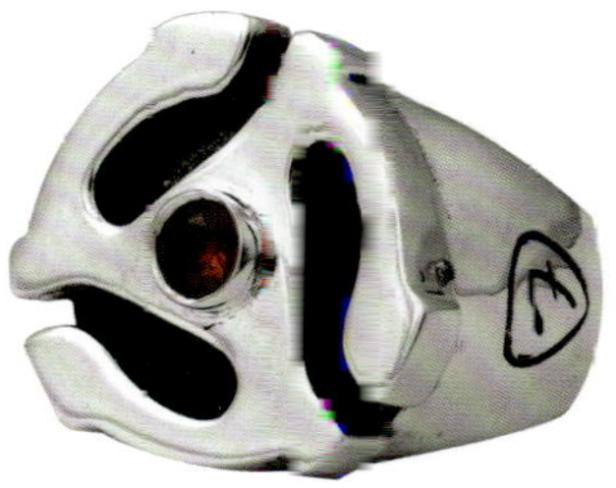

纯银手链

十字、王冠等六种造型坠饰于手链上，十分独特。

参考价格：¥4 250

Seeing Red 腰带

十字架造型与骷髅装饰的搭配很是帅气。

参考价格：¥13 200

买手必购榜

Ray Gun 吊坠项链

纯银与黄铜混合材质，酷酷的机枪造型十分独特。

参考价格：¥2 600

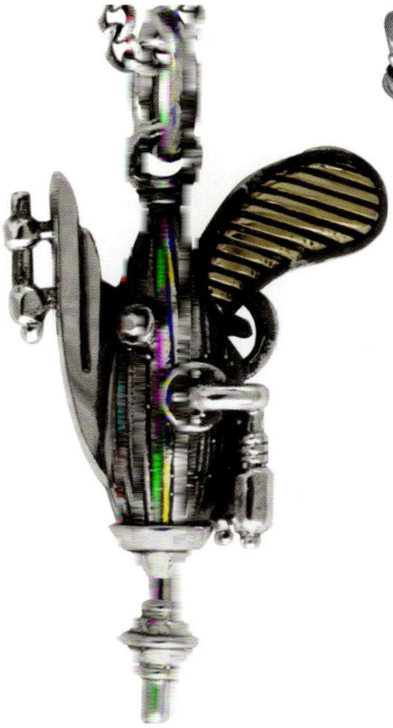

纯银手链

老鹰造型彰显男士独特气质，双头衔接设计对腕部尺寸有所要求。

参考价格：¥7 100

骷髅头吊坠项链

纯银打造的骷髅头带有精美的雕刻细节。

参考价格：¥3 100

One Dollar Bill 手镯

参考价格：¥8 000

子弹造型吊坠项链

参考价格：¥2 500

黑玛瑙串珠手链

款式简洁大方，与各类风格服装相搭配都很适宜。

参考价格：¥2 200

Kraken 吊坠项链

夸张海怪造型吊坠，纯银材质，实属百搭之选。

参考价格：¥6 900

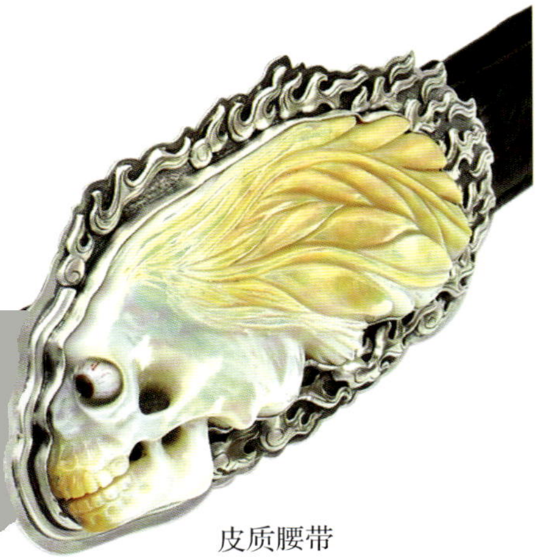

皮质腰带

纯皮材质，镶嵌珍珠贝母雕刻的骷髅造型腰带扣。

参考价格：¥26 000

纯银骷髅头袖扣

镶嵌璀璨棕色钻石，十分精美。

参考价格：¥5 800

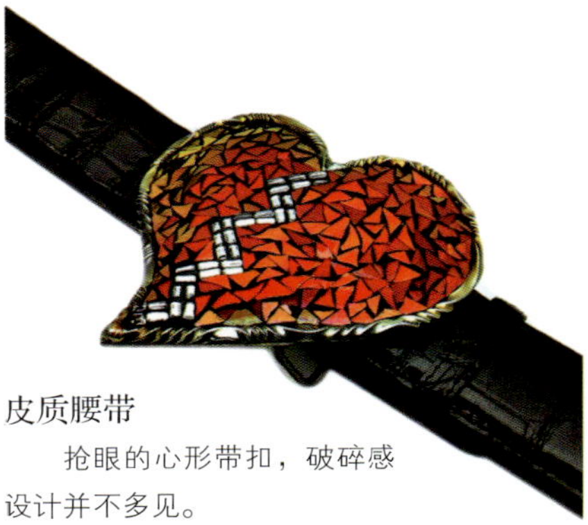

皮质腰带

抢眼的心形带扣，破碎感设计并不多见。

参考价格：¥11 000

火箭造型吊坠项链

纯银材质，镶嵌红宝石。

参考价格：¥3 000

骷髅造型红宝石戒指

可戴于食指之上，十分抢眼。

参考价格：¥7 200

皮质腰带

适合钟爱摇滚朋克风格的潮流人士佩戴。

价格请店洽

宝石手链

这款宝石手链延续了品牌一贯的百搭风格。

参考价格：¥2 100

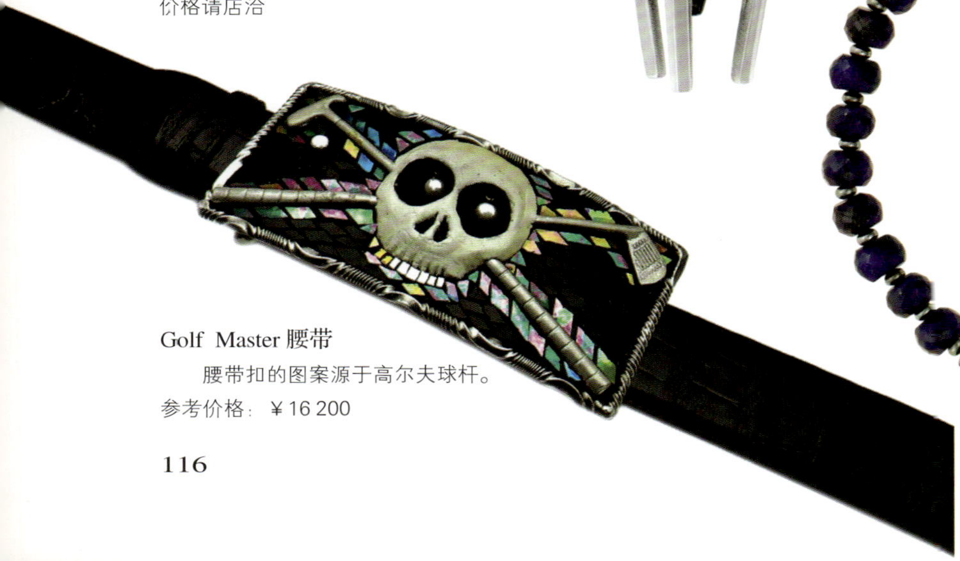

Golf Master 腰带

腰带扣的图案源于高尔夫球杆。

参考价格：¥16 200

皮绳骷髅手链

编织皮革手链，纯银骷髅头造型，镶嵌红宝石和蓝宝石。

参考价格：¥8 300

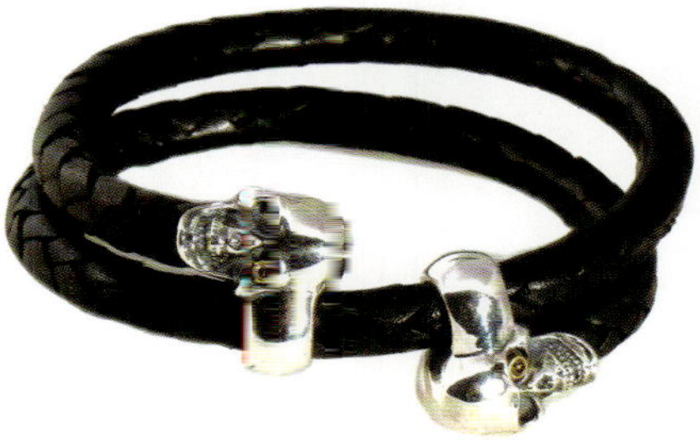

骷髅头吊坠项链

参考价格：¥4 140

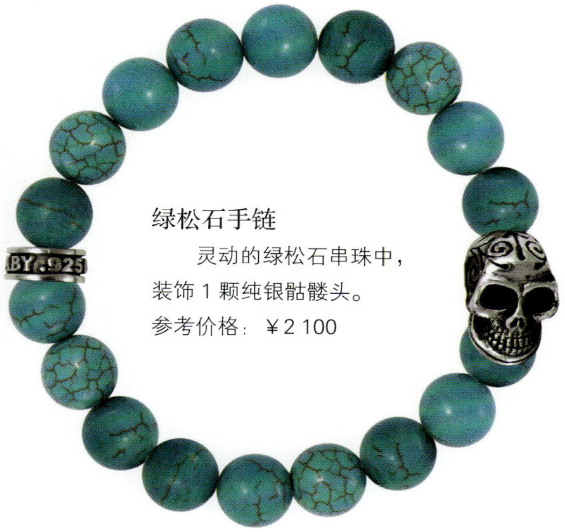

绿松石手链

灵动的绿松石串珠中，装饰 1 颗纯银骷髅头。

参考价格：¥2 100

皮绳编织手链

参考价格：¥4 200

纯银骷髅头手链

可与颜色鲜艳的手绳同时佩戴，打造多层次彩色效果。

价格请店洽

骷髅头手链

参考价格：¥1 200

纯银戒指

具有强烈的复古感，顶部镶嵌黑宝石提升奢华感。

参考价格：¥2 160

Heart 铆钉吊坠项链

纯银材质打造的这款心脏造型项链十分另类，它更是街头吸引眼球的一大法宝。

参考价格：¥3 000

Industrial Texture Link 手链

参考价格：¥1[illegible]000

皮绳编织手链

参考价格：¥4 200

Inner Watch Works 袖扣

设计灵感源于腕表机芯，适合男士用来搭配纯色系衬衫。

参考价格：¥1 300

直通名店

目前，J.W.Cooper 品牌只在纽约设立了专门店。

纽约 Columbus Circle

Daniel Palillo

丹尼尔·帕力罗

绝对潮牌

Daniel palillo

芬兰潮牌设计师丹尼尔·帕力罗有“时尚界的邪神”之称，他崇尚前卫夸张，充满北欧异国情调的设计理念。怪诞的剪裁、大尺寸比例、趣味感图案、极富立体感的结构，这些都是丹尼尔·帕力罗的美学理念和个人风格的直接体现。自 2006 年推出首个服装系列以来，丹尼尔·帕力罗一直被众多大牌明星所追捧。

镇店潮款

立体海绵铆钉装饰短袖 T 恤

搞怪的肩部立体设计标新立异，不规则下摆趣味十足、引人注目。

参考价格：￥1 700

平沿帽

纯棉材质，饰有搞怪头角装饰物。

参考价格：￥450

短袖 T 恤

参考价格：￥1 400

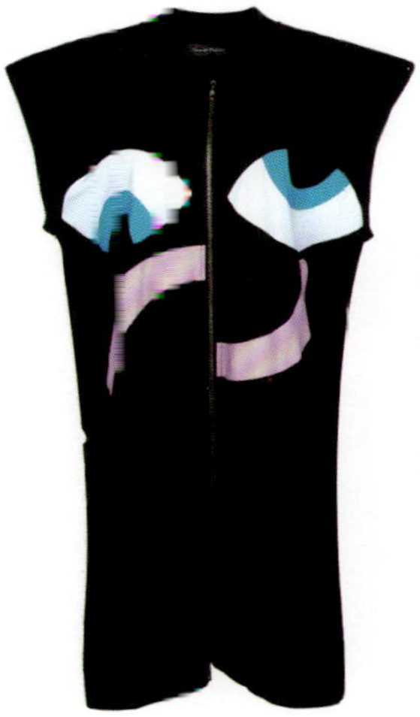

卡通印花长款马甲

黑色纯棉材质，多色卡通图案印花，前后各两个插袋。可在马甲内搭配短袖 T 恤穿着。

参考价格：¥1 300

卡通图案马甲

黑色纯棉材质，白色骷髅图案，可爱中带点小幽默。

参考价格：¥1 200

搭配建议：

纯棉休闲长裤

（参考价格：¥1 900）

短袖 T 恤

色彩艳丽，图案夸张并且充满趣味。

参考价格：¥1 200

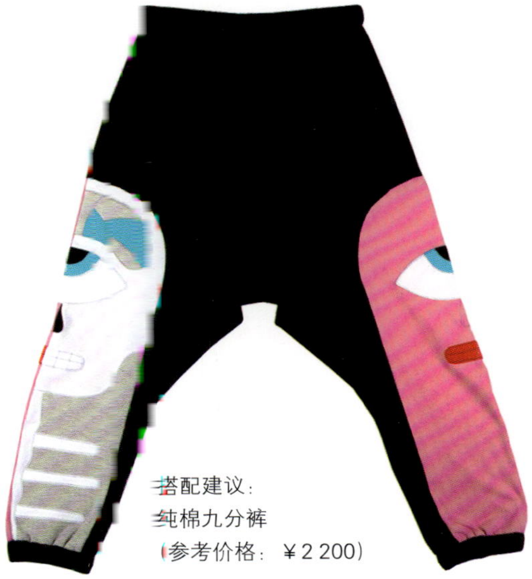

搭配建议：

纯棉九分裤

（参考价格：¥2 200）

买手必购榜

抽绳设计马甲

纯棉材质，四粒扣闭合，衣身两侧抽绳设计。背部街头风格的个性图案，令其轻易成为视线焦点。

参考价格：¥2 650

印花棉外套

蝙蝠袖设计，含棉层，适合秋冬季节穿着。

参考价格：￥5 100

纯棉外套

蓝白竖条清新干净，背部图案怪异另类。

参考价格：￥2 100

纯棉七分袖风衣

纯棉材质，左右两侧的袖子和插袋采用了非对称设计，金属按扣闭合，松紧袖口，背面带有个性骷髅图案。

参考价格：￥3 000

纯棉外套

条纹长袖，背部印恶搞骷髅头图案。

参考价格：￥2 700

纯棉长袖上衣

黄灰条纹纯棉材质，戏谑感的笑脸个性十足，是一款可爱的时尚单品。

参考价格：￥2 100

连帽卫衣

纯棉材质，卡通恶搞图案十分夸张。

参考价格：¥2 800

针织长袖开衫

纯棉针织材质，正面是黑底白色波点，V领设计，背面印有趣味小鸭图案。

参考价格：¥2 500

休闲印花外套

无论正面如何波澜不惊，背后却常常别有新意。

参考价格：¥[illegible]950

平沿帽

纯棉材质，头围可调节。

参考价格：¥485

搭配建议：
九分裤
（参考价格 ¥[illegible] 400）

直追名士

北京	三里屯
上海	港汇广场
首尔	明洞
香港	铜锣湾

纯棉印花风衣

黑白竖纹纯棉材质，背面饰以彩色抽象人物拼布。

参考价格：¥3 000

Raf Simons
拉夫·西蒙

绝对潮牌

RAF SIMONS

该品牌成立于1995年，目前只推出男装系列，并以前卫时髦的设计风格而备受关注。其设计深受欧洲音乐影响，并融合插画、几何等设计元素，经常以颠覆性的创意给时尚界带来震撼，被誉为比利时第二代时装先锋。

镇店潮款

针织毛衣

豹纹图案，螺纹针织袖口和下摆，是休闲西装的完美搭档。

参考价格：¥2 140

提花针织背心

红、黑色人物图案，无袖背心，可在外套内穿着。

参考价格：¥2 140

印花无袖T恤

参考价格：¥1 500

高帮运动鞋

白色皮革搭配彩色绑带，清新亮丽。

参考价格：¥2 600

高帮运动鞋

永不过时的黑白格纹，搭配荧光色绑带。

参考价格：¥2 900

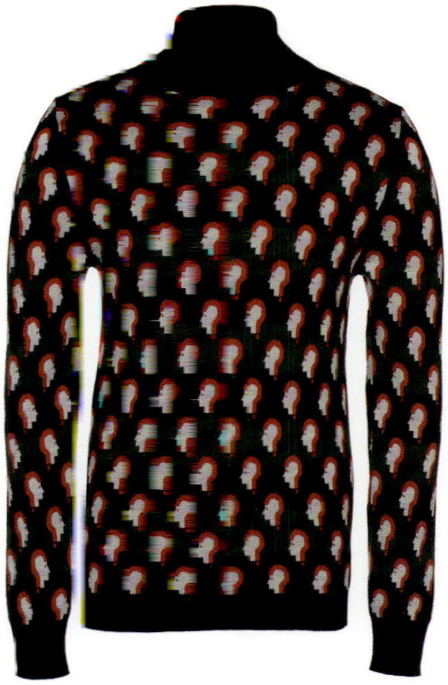

高领针织毛衣

适合在秋冬季节，搭配外套或马甲穿着。

参考价格：￥4 500

棉质衬衫

独特交叉领设计，无疑成为瞩目的焦点。建议搭配短款裤装及皮鞋。

参考价格：￥2 100

针织围巾

100% 美利奴羊毛，艳丽的颜色打破秋冬带来的沉闷感。

参考价格：￥4 200

运动卫衣

双色拼接效果，绝对是纯色休闲西装的穿搭之选。

参考价格：￥2 200

长袖T恤

全衬里，千鸟格纹图案，属百搭之选，可搭配印花围巾。

参考价格：￥5 300

高帮运动鞋

高帮设计，彩色纯棉面料鞋面衬托白色鞋底。

参考价格：￥3 400

长袖外套

圆领外套更显利落硬朗之感。

参考价格：￥5 700

直通名店

拉夫·西蒙品牌目前在中国未开设专门店。

纽约　Hudson Street

巴黎　Rue Provence

James Long
詹姆斯·龙

绝对潮牌

英国新生代品牌詹姆斯·龙虽然至今才不过 5 年历史，却已经是各大时装周的常客和瞩目的焦点。创始人詹姆斯·龙总是能将自己的独到品位和创造力与潮人的需求相融合，完成兼具审美价值和商业价值的设计。该品牌引以为傲的针织衫和皮夹克，早就成为明星和时尚买手们共同追逐的热门潮品。无论是纵观整体或是细节，詹姆斯·龙总能带给男士们更加完美的时尚形象。

镇后潮款

针织羊毛衫

纯手工针织打造，高领对襟设计。

参考价格：¥7 000

搭配建议：

牛皮系带短靴

(参考价格：¥17 000)

针织开衫

混棉条纹针织开衫，螺纹针织高领设计，更加保暖舒适。

参考价格：¥7 100

针织毛衣

纯手工针织打造，圆形套头领口，大波点图案时尚又充满趣味。

参考价格：¥7 000

印花T恤

抽象印花图案，颜色亮丽。

参考价格：¥1 400

针织毛衣

棕色针织羊毛毛衣，装饰刺绣点缀，螺纹针织袖口、领口和底边。

参考价格：¥6 000

搭配建议：

金属感长裤（参考价格：¥3 700）

马毛踝靴（价格请店洽）

针织毛衣

保暖实用之选，刺绣工艺精美绝伦。

价格请店洽

直通名店

香港	半岛酒店·I.T 精品店
伦敦	Harvey Nichols 百货
东京	Fake 精品店

Gucci
古驰

绝对潮牌

GUCCI

从 1921 年创立之初，意大利时装品牌古驰一直走的是贵族风格路线，作风奢华且略带硬朗气质，高雅与时尚并存，衬以红绿饰带的帆布包成为品牌不可替代的经典之作。

古驰的男士包袋工艺精湛、低调奢华，是成功男人的顶级首选，高档的皮质腰带更是男士们搭配着装的上选佳品。如今，古驰已成为时尚人士彰显个性的标志性符号。

Helmut 粗粒真皮旅行包

棕色纹理真皮，天鹅绒衬里，双项部拉链扣，配以真皮流苏。

参考价格：￥17 400

Bordeaux 真皮旅行包

双拉链设计，手提带配有带品牌标志的皮质挂件。

参考价格：￥16 800

银色 GG 人造皮革手提包

参考价格：￥4 900

经典 GG 手提包

参考价格：￥6 100

经典 GG 帆布公文包

时尚大方的简约设计，配可拆卸肩带。

参考价格：￥9 500

墨绿色皮质手提包

米色棉亚麻衬里，压花 GG 细节，尽显奢华个性。

参考价格：￥14 400

Bordeaux 真皮背包

经典竹节形手提设计，在美观的同时增加了实用性。

价格请店洽

大号尼龙手提包

明亮的大红色与棕色手提带相搭配，独特而华丽。

参考价格：￥3 900

软皮质手提包

独家复古颜色，前端商标压花设计。

参考价格：￥10 400

多色条纹织物手提旅行包

多色条纹织物包身，配以棕色真皮绲边和黑色边缘，正面和标志牌上饰有古驰浮雕盾牌。

价格请店洽

蓝色皮质手提旅行包

天鹅绒衬里，穿孔装饰细节，在复古的同时又不失时尚。

参考价格：￥15 000

GG 帆布手提包

天然棉亚麻衬里，棕色皮革修边。配可拆卸肩带。

参考价格：￥6 100

铆钉装饰皮鞋

古铜色铆钉装饰，马衔扣设计。

参考价格：￥5 800

GG 帆布双肩包

参考价格：￥6 100

黄色漆皮皮鞋

参考价格：￥3 400

豹纹真皮皮鞋

真皮内里，带来极度舒适的奢侈享受。

参考价格：￥5 700

棕色系带皮鞋

棕色手工二色皮革，饰以雕花细节。

价格请店洽

马衔扣轻便皮鞋

酒红色真皮材质，银色马衔扣配饰。

价格请店洽

荧光绿皮革高帮运动鞋

参考价格：￥4 300

金属光泽皮革高帮运动鞋

参考价格：￥3 800

桦木棕真皮腰带

宽 4 厘米，配以古铜色金属盾牌扣。

参考价格：￥1 930

浅顶软呢帽

配以红、绿色标志织带装饰。

参考价格：￥1 800

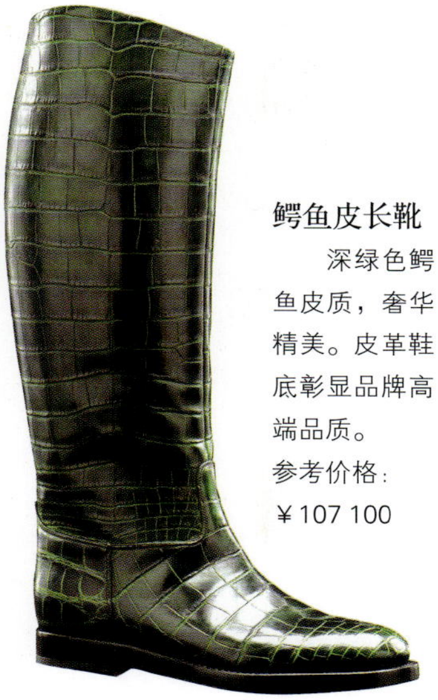

鳄鱼皮长靴

深绿色鳄鱼皮质，奢华精美。皮革鞋底彰显品牌高端品质。

参考价格：￥107 100

I-Gucci 系列红色 GG 橡胶腕表

参考价格：￥3 300

绿色鳄鱼皮 iPad 保护套

参考价格：￥34 900

直通名店

北京 金融街购物中心·金宝汇·国贸商城·新光天地·都汇天地
上海 时代广场·上海商城·金鹰国际购物广场·锦江迪生商厦
天津 海信广场
石家庄 先天下购物广场
大连 时代广场
沈阳 卓展购物中心
郑州 丹尼斯百货商场
南京 东方商城
西安 巴黎春天广场
哈尔滨 卓展购物中心·秋林国际购物中心
长沙 友谊商店
成都 美美百货
深圳 万象城
香港 置地广场
台北 微风广场

Swear London

绝对潮牌

来自英国的鞋履潮牌 Swear London 自 1994 年成立以来，便吸引了时尚界以及音乐界人士的目光，更以其独到的设计风格很快在英国走红，不论是创意非凡的尖头运动鞋，还是充满潮范儿的休闲皮鞋，Swear London 总能带给世人更多惊喜。

镇店潮款

Logan 皮鞋

仿麂皮皮革材质，艳丽的红色鞋底是点睛之笔。

参考价格：￥1 400

Jimmy 皮鞋

编织风格皮鞋，是演绎秋季复古风格的不二之选。

价格请店洽

Jimmy 斑马纹皮鞋

红色斑马纹并不多见，出彩指数很高，建议搭配同色系着装。

价格请店洽

Logan 踝靴

麂皮材质，米色鞋底，整体感觉优雅、轻松、低调。

参考价格：￥1 700

Dean 漆皮运动鞋

低帮绑带设计，红色鞋底别具新意。属百搭之选。

价格请店洽

Logan 金属皮革皮鞋

银色金属质感皮革与棕色橡胶鞋底形成对比，可搭配条纹元素时装。

参考价格：￥1 300

Chaplin 皮鞋

蓝色和黑色拼接设计颇具混搭风格，可搭配浅色系时装。

参考价格：¥1 600

Earl 休闲皮鞋

橙色仿鹿皮材质，白色鞋底更添青春活力，是牛仔短裤的绝配。

参考价格：¥1 590

Mod 1 运动鞋

蓝色金属感皮革，加厚橡胶鞋底，带来更加舒适的运动感。

参考价格：¥1 300

Chaplin 皮鞋

棕色和白色相间的经典牛津皮鞋，深邃的英伦风格，建议搭配休闲西装。

参考价格：¥1 500

直通名店

北京	国贸商城
上海	新天地·恒隆广场

Olly 高帮运动鞋

仿鹿皮材质，电光蓝色醒目时尚。

参考价格：¥1 530

Logan 皮革短靴

棕色皮革质感卓越，堆叠橡胶鞋底更添个性。

参考价格：¥2 100

Duke 高帮运动鞋

金属色皮革材质，搭配蓝色鹿皮鞋面，加大覆盖面积的绑带设计十分与众不同。

参考价格：¥1 500

Logan 皮革短靴

极绅士的蓝黑搭配，英伦风格镂空细节，适合秋季穿着。

参考价格：¥1 500

Logan 羊毛皮革短靴

米色羊毛搭配棕色皮革饰边，款式低调却潮味十足。

价格请店洽

Burton
伯顿

搭配建议：
滑雪手套（参考价格：￥380）

滑雪夹克

迷彩风格，双层保暖面料滑雪夹克。

价格请店洽

绝对潮牌

伯顿是美国著名滑雪运动品牌，同时也是世界上最好的单板制造商。作为单板滑雪第一大品牌，伯顿已经引领市场多年，品牌产品从单板、固定器到服装都有涉及，旗下还拥有护具品牌 R.E.D、雪镜品牌 Anon、滑板鞋品牌 Gravis、服装品牌 Analog，深受极限运动爱好者和潮流人士的喜爱。

滑雪夹克

图案非常特别的一款夹克。

价格请店洽

镇店潮款

Social 滑雪板

色彩艳丽，属于中性款滑雪板。是伯顿畅销款滑雪板之一。

参考价格：￥2 900

搭配建议：
固定器（参考价格：￥1 400）

Easy Livin 滑雪板

边缘全轮驱动技术，大大增强了滑雪板的稳定性。

参考价格：¥4 400

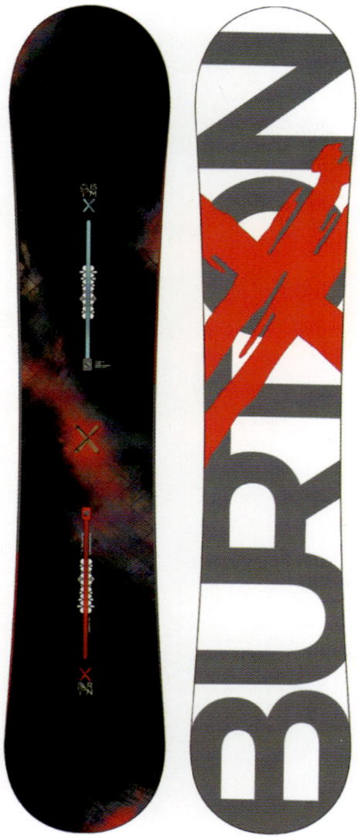

Custom X 滑雪板

性能上比较专业的一款滑雪板，适合作为专业玩家的运动型潮男。

参考价格：¥5 520

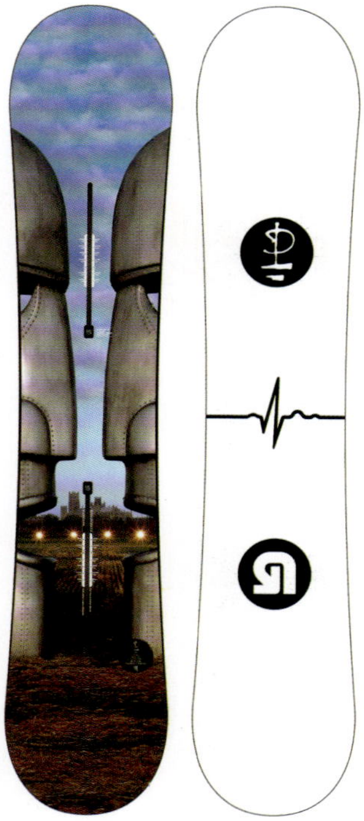

Whammy Bar 滑雪板

三重软木材质，弹性极佳。图案别具一格，是热爱滑雪运动的大男孩们的心仪之选。

参考价格：¥3 330

Livin 滑雪板

与以往滑雪板相比，Livin 滑雪板的稳定性有了较大的升级，而且印有滑雪板中少见的可爱图案。

参考价格：¥4 400

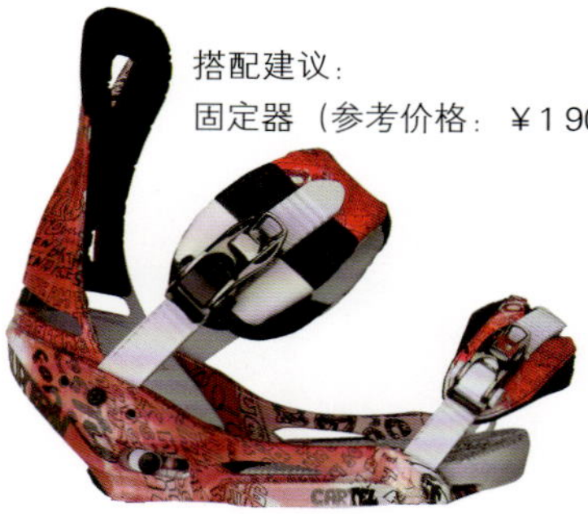

搭配建议：

固定器（参考价格：¥1 900）

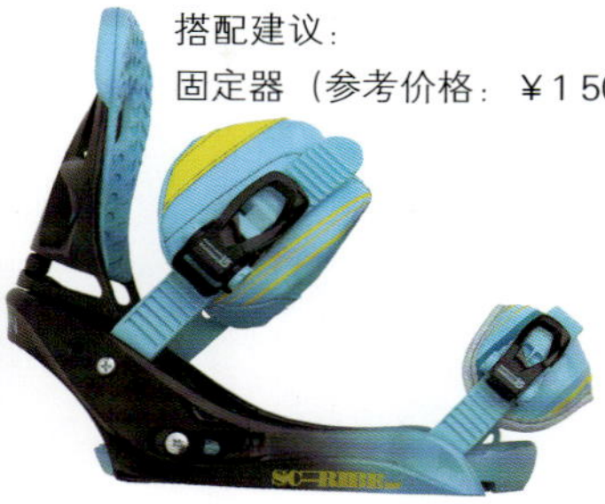

搭配建议：

固定器（参考价格：¥1 500）

Chopper 滑雪板

以弹性较佳而出名的 Chopper 滑雪板，再印上卡通动漫图案，定是潮男们不可错过的心爱之物。

参考价格：¥1 200

Feather Wide 2012 滑雪板

价格非常亲民，但却十分吸睛的一款滑雪板。

参考价格：￥2 600

Feather 滑雪板

Feather 滑雪板的性能、板材以及价位，满足了多数滑雪爱好者的需求。

参考价格：￥4 300

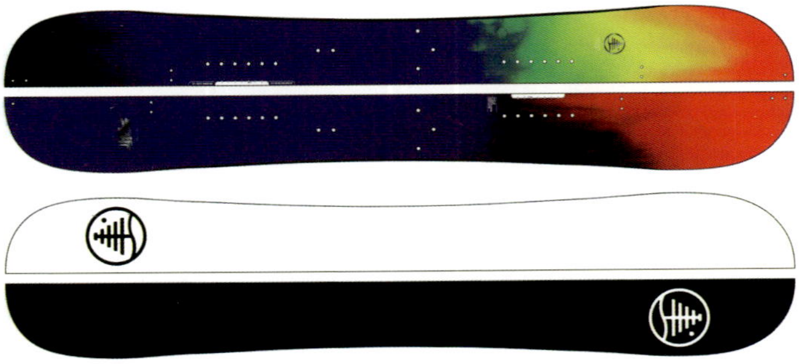

Splitboard 滑雪板

属全能型板，这种雪板在国内用得比较多，速度和硬度均为中等。

参考价格 ￥5 700

Custom X 2013 滑雪板

伯顿新款高性能优质滑雪板。

参考价格：￥5 400

搭配建议：

固定器（参考价格：￥1 700）

搭配建议：

固定器（参考价格：￥1 400）

Mister Nice Guy 2013 滑雪板

对于童心未泯的潮男来说，拿到这款滑雪板之后肯定迫不及待要试一试了吧。

参考价格：￥4 200

Nug 滑雪板

弹性与稳定性俱佳的一款短板。原始森林图案，属中性款。

参考价格：¥3 520

搭配建议：

固定器（参考价格：¥1 140）

Restricted 滑雪板

材质弹性较佳，颜色和图案也十分独特。

参考价格：¥2 700

搭配建议：

固定器（参考价格：¥1 140）

Restricted Lip-Stick 滑雪板

这款滑雪板的特点在于板尾较短、较窄、较厚，速度很快。

参考价格：¥3 620

搭配建议：

滑雪靴（参考价格：¥1 600）

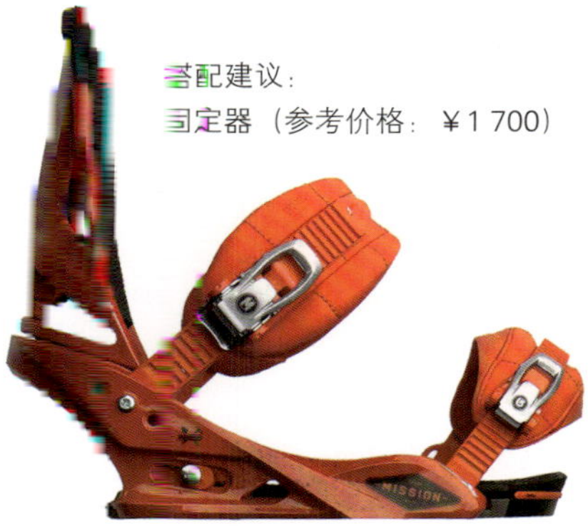

搭配建议：

固定器（参考价格：¥1 700）

Super Hero 滑雪板

双向板头，适用于平地花式。

参考价格：¥3 610

Lipstick 滑雪板

新款中性滑雪板。

参考价格：￥3 700

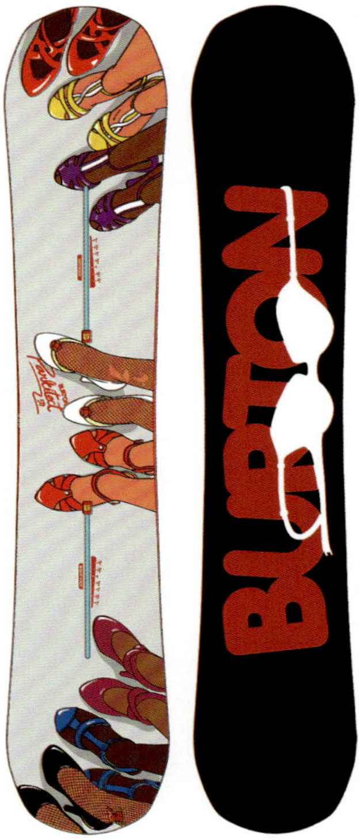

Restricted Parkitect 滑雪板

图案非常有趣，带上它，想必滑雪时刻也定能吸引众多羡慕的目光。

参考价格：￥4 200

The White Collection Pro 滑雪板

参考价格：￥4 100

搭配建议：

固定器（参考价格：￥2 400）

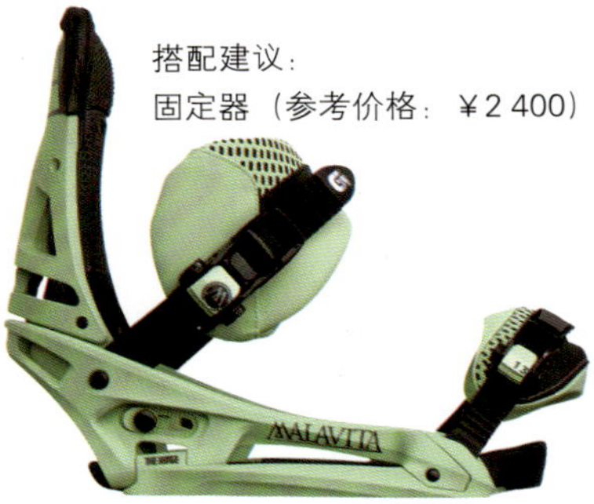

搭配建议：

固定器（价格请店洽）

搭配建议：

固定器（参考价格：￥1 500）

Clash 滑雪板

参考价格：￥2 700

搭配建议：

Hail 滑雪靴（参考价格：￥2 100）

滑雪夹克

棉缎衬里，拉链与袖扣为可调整设计，属轻量级保暖滑雪夹克。

参考价格：¥2 100

Restricted Easy Livin 滑雪板

印有人物头像图案，个性十足。

参考价格：¥3 000

搭配建议：

滑雪靴（参考价格：¥1 500）

搭配建议：

滑雪手套（参考价格：¥300）

滑雪靴（参考价格：¥1 500）

Zipline 滑雪靴

参考价格：¥1 100

直通名店

伯顿总部设在美国的伯灵顿，它在奥地利和日本等国家都设有分公司。

伯灵顿 Industrial Parkway

芝加哥 East Walton Street

纽约 Spring Street

东京 涩谷

Dries Van Noten
德赖斯·范诺顿

绝对潮牌

Dries Van Noten

品牌创始人德赖斯·范诺顿出生于一个世代相传的裁缝家族。德赖斯·范诺顿相信，灵感来自不停地创新。他善于在单纯与复杂等强烈的对比之上运用各种技巧，形成自己的独特设计，更惯于结合各种不同材质、布料及图案，加以混合之后再创造出专属于个人的设计风格。

除出众的女装以外，品牌男装也颇为出色。怀旧、自然、具有民族感的休闲风格正好与多姿多彩的服装相互呼应。大自然的色彩和材质造就了其别具一格的品牌风格。

搭配建议：
条纹提花领结（参考价格：¥1 040）
太阳镜（参考价格：¥2 200）
鳄鱼纹皮鞋（价格请店洽）

条纹衬衫

真丝衬衫，米色基调搭配红蓝条纹，优雅时尚，适合在多种场合穿着舒适。

参考价格：¥5 300

自然元素印花衬衫

将自然元素融入服饰之中，是品牌的一贯风格。这款印花衬衫色彩丰富，风格独树一帜，建议搭配深色系裤装。

价格请店洽

搭配建议：
带扣皮鞋（参考价格：¥6 000）

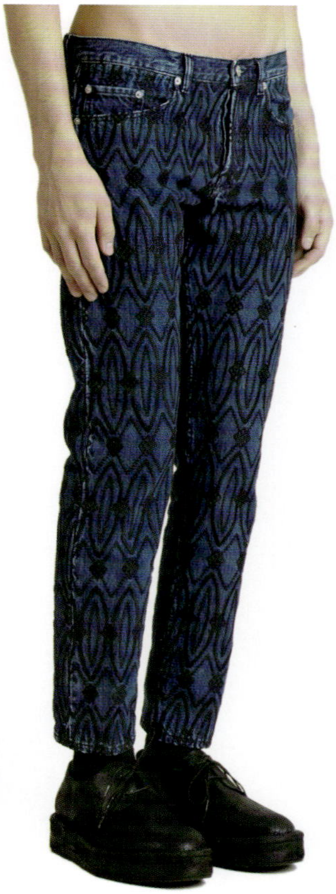

Vegas夹克

靛蓝色牛仔夹克，黑色绣花装饰，搭配黑色纽扣。

参考价格：¥7 500

搭配建议：
Pike 长裤（参考价格：¥4 800）
太阳镜（参考价格：¥1 800）

Chilas 羊毛上衣

柔软的羊毛上绣有民族风格花卉图案，以流苏装饰底边。

参考价格：¥5 200

Venturo 夹克

羊毛和亚麻混纺外套，串珠刺绣工艺，金属色拉链，整体风格独具匠心。

参考价格：￥10 900

搭配建议：
羊绒长裤
（参考价格：￥5 900）
Leather Derby 皮鞋
（参考价格：￥3 500）

Titan 羊毛毛衣

驼色羊毛混纺面料制作而成，无拉链和纽扣设计，适合秋冬穿着。

参考价格：￥5 000

羊毛刺绣毛衣

圆领设计，图案繁而不乱。

参考价格：￥6 000

搭配建议：
Freman 流苏围巾
（参考价格：￥3 000）

印花帆布手提包

容量较大，拉链开合，大面积印花设计比较适合搭配素雅一些的时装。

参考价格：￥2 200

Tapestry 外套

羊毛材质，长度及膝，保暖性极佳，属实用款外套。

参考价格：¥11 000

搭配建议：

鹿皮皮鞋（参考价格：¥4 100）

皮革长裤（参考价格：¥4 000）

斜纹长款外套

丝绸面料，优雅印花设计，单粒扣设计更显随性自然风格。

参考价格：¥5 500

搭配建议：

带扣皮鞋（参考价格：¥7 500）

皮革长裤（参考价格：¥14 300）

羊毛针织衫

V领设计，可单独穿着或在内搭配衬衫。

参考价格：¥4 500

串珠棉质衬衫

米色棉质衬衫，装饰精美橙色和银色串珠，款式优雅大方，整体感觉清新利落。

参考价格：¥6 500

印花棉质衬衫

复古民族风印花设计，标准衬衫领，可单独穿着或搭配外套。

参考价格：￥2 200

搭配建议：

印花棉质九分裤（参考价格：￥4 300）

天鹅绒皮鞋（参考价格：￥3 500）

Vebster 夹克

亮橙色丝绸材质，演绎了别出心裁的机车夹克风格，时尚夺目。

参考价格：￥7 000

搭配建议：

太阳镜（参考价格：￥2 200）

羊毛夹克

黑色羊毛夹克，传统翻领设计是一大亮点。

参考价格：￥7 700

搭配建议：

毛呢长裤（参考价格：￥3 400）

太阳镜（参考价格：￥2 300）

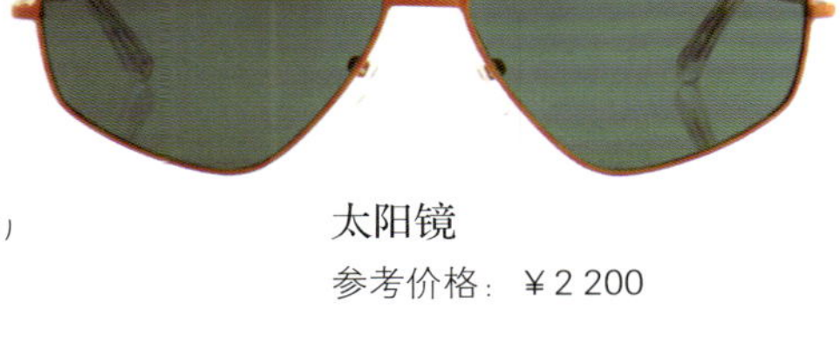

太阳镜

参考价格：￥2 200

棉外套

板型简洁利落，但整体印花效果十分抢眼。

参考价格：￥8 600

搭配建议：

皮革背包（参考价格：￥9 000）

皮革短靴（参考价格：￥4 600）

羊毛夹克

棕色羊毛呢面料，搭配可拆卸毛领，实用性强，十分适合比较低调的潮男。

参考价格：￥7 800

搭配建议：

牛皮背包（参考价格：￥14 900）

皮革短靴（参考价格：￥7 500）

皮革手提包

参考价格：￥9 500

直通名店

目前，德赖斯·范诺顿品牌在国内的专卖店设在香港。

香港 中环皇后大道·东翼商场

纽约 第五大道

伦敦 Knightsbridge 区

Juun.J

绝对潮牌

JUUN.J

韩国时装设计师郑旭俊于 1999 年创立 Juun.J 品牌。由于受到青年人群和街头文化的影响，品牌设计师善于运用现代设计打破旧观念，将古典系列服饰加以变身并与街头风格相配合，展现一种韩式时尚美学。你可以在 Juun.J 品牌的男装上看到很多时尚元素的缩影，比如动物印花、飞行夹克、复古风格的盆帽等，还有 Juun.J 最擅长的模糊上下身比例的连身剪裁设计。总之，Juun.J 总能带给男士们更多意想不到的新意。

印花夹克

老虎、鹦鹉、蝴蝶等动物形象的出现，令这款夹克十分抢眼。

参考价格：￥5 400

镇店潮款

印花 T 恤

纯棉材质，个性人物图案，舒适时尚。

参考价格：￥1 300

Tiger T 恤

参考价格：￥1 200

Robot T 恤

彩色机器人印花图案，模糊的视觉效果。

参考价格：￥2 400

Queen Mirmouse 运动衫

螺纹针织衣领、袖扣和下摆，插肩设计。

参考价格：¥2 540

印花上衣

正面带有老虎印花，圆领套头设计。

参考价格：¥2 300

羊毛外套

黑色的羊毛夹克，结合切口翻领、长袖与褶饰。

参考价格：¥8 600

搭配建议：

休闲皮鞋（价格请店洽）

买手选购榜

Animal prints 上衣

大圆领设计，时髦的动物印花元素。可单独穿着或搭配外衣。

参考价格：¥5 800

羊毛外套

黑色的羊毛夹克在领口内侧加入皮革衬里。

参考价格：¥9 960

Stretch 运动衫

弹力针织运动衫，叠加的印花图案呈现 3D 视觉效果。

参考价格：￥3 400

搭配建议：

皮革短靴（参考价格：￥6 000）

羊毛长款外套

风衣式设计，前襟双排纽扣，搭配腰部束带，款型更显利落。

参考价格：￥12 500

金属色压花男士手拿包

参考价格：￥5 600

Queen 运动衫

正面图案十分特别，象牙色本身很有质感，可搭配一款色彩明艳的背包。

参考价格：￥2 940

印花上衣

水手领设计，抽象图案给人极大的视觉冲击。

参考价格：￥2 300

搭配建议：

尼龙夹克（参考价格：￥11 300）

印花夹克

这款绿色夹克以色彩斑斓的鸟和星系作为装饰图案，街拍出彩指数很高。

参考价格 ￥7 000

搭配建议：

印花上衣（参考价格：￥2 300）

机车夹克

男人秋冬怎能少了前卫又实用的皮质夹克，这款机车夹克采用斜拉链设计，简约帅气，与袖扣拉链相映衬，肘部补丁绗缝细节更是十分独特。

参考价格：￥14 300

印花上衣

颜色和图案都颇具个性，适合在秋冬季穿着。

价格请店洽

金属色皮革短靴

参考价格：￥5 900

平沿帽

参考价格：￥1 300

长款棉衣

参考价格：￥16 100

直通名店

北京 国贸商城
上海 恒隆广场
香港 中环皇后大道·海港城

Colnago
梅花

M10 公路车

采用单体车架，使用新层压技术和复合材料，更具轻量化。

参考价格：￥60 000~￥80 000

绝对潮牌

1952 年，意大利著名自行车车手埃内斯托·可纳哥在米兰的一个小村庄里创办了一家工厂，这间面积仅 25 平方米的工作间成为梅花自行车的起源地。随后，这个对骑行充满热情、对机械制造颇具天赋的年轻人引入了轻量化的设计原则，在材质上追随法拉利的碳纤维材料，并在科技上更加注重制动系统的研究。梅花自行车的工艺的主要特色就是对新技术要求极其严格，尤其表现在碟刹技术上。梅花将安全性能视为自行车装备的重中之重，因此它的碟刹装置在任何情况下都能实现安全制动的效果，再加上轻量化的材质和先进的设计，使得制动装备既耐用，又表现出色，同时不会给整车重量带来负担。经过半个多世纪的发展，梅花已经成长为世界一流的自行车生产商，以出色的性能和时尚的设计成为世界自行车赛的冠军之选。

镇店潮款

Master 公路车

属于长盛不衰车型。采用 DT15V 钢材，设计、制造和镀铬都在意大利完成。车架采用 Colnago Master 30TH 车架。

参考价格：￥50 000~￥60 000

C59 Disc 公路车

轮组系统采用 Artemis Disc，同时采用全液压圆碟式刹车，安全系数更高。此款C59碟式刹车与电子和机械套件兼容，是其一大特点。

参考价格：¥90 000~¥140 000

CX Zero Disc 公路车

具有 CX Zero 标准车架的同样效能，外加高端的碟刹技术，采用 Shimano Ultegra Diz 变速套件。

参考价格：¥50 000~¥80 000

CLX 3.0 公路车

单体前三角具有后刹线内部走线，新的一字截面的 C-HS 碗组系统及卓越前叉等明显特色。

参考价格：¥25 000~¥40 000

K.Zero 计时赛车

采用 K.Zero Carbon 车架，Colnago artemis CW32S ALU 轮组。K.Zero 拥有的正是一辆梅花自行车应有的性能，在提供折中性能的同时还能增强空气动力性能。

参考价格：¥33 000

Prestige 越野型山地车

采用 Colnago Prestige Disc 车架，以及 Shimano Ultegra 变速套件。单体前三角使其更为坚韧和轻便，套管式后上叉和后下叉则使其轮胎能够最大限度地摆脱泥浆。它是你参加越野赛的绝佳拍档。

参考价格：￥28 000~￥35 000

Arte2.0 公路车

依照 CLX2.0 的车架外形设计，再加上新的 C–HS2 半隐藏式车头碗组，以及梅花独家的梅花管，打造出的这款 Arte2.0 是同级别车款中的贵族。

参考价格：￥15 200

MC27 越野型山地车

MC27 碳纤维一体成型车架是对世界高性能山地车的最新贡献 。新的 27.5 英寸车轮，在滚动效率及操作灵敏度上提供了完美的平衡。梅花发展出这个令人兴奋的新技术，可以说它是目前世界上最先进的越野比赛自行车。

价格请店洽

AC–R 公路车

2014 年新款车型。采用著名的 M10 一体成型车架，AC–R 将梅花传奇的高性能带给大众。它让你在面对陡峭的爬升和恶劣道路时享受同样的高性能与舒适骑乘感。

价格请店洽

Twenty HT 越野型山地车

凌厉成形的 6000 系列铝制管材、混合轴承碗组系统、后碟刹选项、禧马诺压入式中轴及 Rock Shox Reba RL 前叉让这款车型稳而快速。

价格请店洽

Strada SL 公路车

铝合金再次成为重量轻、高性能车架的首选材料。梅花再一次领先业界推出全新的 Strada SL，超轻铝合金配上特制锥形管方形技术的车架。 Strada SL 超轻车架选项中包含有碳纤维前叉，供您打造一个超轻的火箭般速度的赛车。这绝对是任何车手在追求轻便灵敏、高性能，而且价格实惠时的最佳选择。

价格请店洽

World Cup2.0 越野型山地车

采用 Colnago World Cup SL 车架和 Shimano 105 变速套件。

参考价格：￥11 000～￥15 000

直通名店

意大利 Cambiago (Mi) Viale Brianza

台北 走诚路·大雅区松田单车·高雄明城

SOREL

绝对潮牌

来自加拿大基奇纳的 SOREL 是户外鞋履品牌的代表。散发着的休闲时尚气息与其发源地的气质如出一辙。冰熊的制鞋技术历史久远，专业研发精致的手工橡胶制品设计简约，其做旧皮料的工艺独具特色。1962 年，SOREL 能挡风挡雨的传奇系列 Caribou 首次问世，作为首个将橡胶鞋底及真皮鞋面与可拆除的毛毡衬里结合的品牌，SOREL 鞋子不但舒适，而且时刻温暖而干爽。拥有百年制鞋经验的 SOREL，将最厚重的制鞋历史与最温暖舒适的穿着感受以最时尚的外观设计表现出来。

Cody Insulated 休闲鞋

皮革面料经防水处理，羊毛衬里。

参考价格：¥920

镇店潮款

Reserve Pac 短靴

极富设计感的一款短靴，是户外运动潮人的首选。

参考价格：¥1 840

Chipahko Blanket 中筒靴

非常特别的一款靴子，毛呢搭配粒面皮革，鞋底采用耐磨橡胶鞋底。

参考价格：¥1 400

Winter Pac 中筒靴

设计灵感来自北极勘探鞋类，防水尼龙面料搭配可调节绑带。

参考价格：¥1 100

Brogue 皮鞋

麦草衬里，可根据个人喜好随意搭配鞋带。

参考价格：¥850

Caribou 短靴

防水皮革与印花磨砂材质，保暖性与干燥性突出，在恶劣的冬天带来更好的保护。

参考价格：¥920

Tivoli Camp 短靴

参考价格：¥1 000

Sentr 鞋靴

与以往靴子的设计有所不同，这款靴子采用绒面皮革搭配尼龙材质，靴筒的拉链设计使人们可以根据个人喜好选择靴子的高度。

参考价格：¥1 100

Mad 短靴

粒面皮革，搭配橡胶鞋底，款式简洁、风格复古。

参考价格：¥1 200

Tivoli 中筒靴

中筒交叉系带设计充满摩登味。

参考价格：¥850

Cozy Cate 中筒靴

仿皮草修边，防潮内里，带来柔软舒适的温暖体验。

参考价格：¥800

Caribou 短靴

接缝密封真正的骆驼皮，搭配可拆卸羊毛衬里。

参考价格：¥2 800

直通名店

上海　恒银中心

巴黎　Rue Saint-Honoré

Bjorg

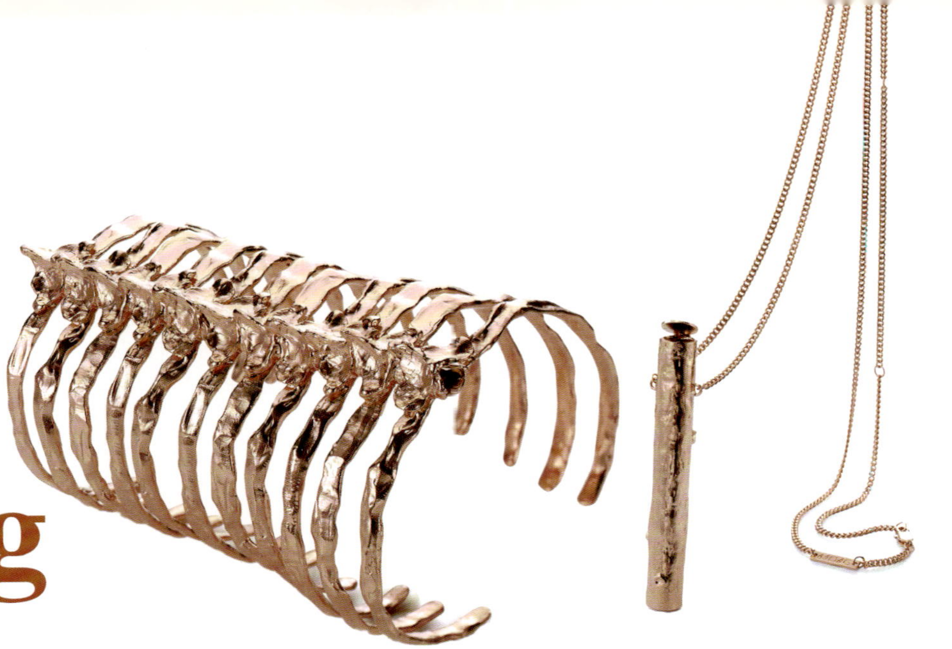

绝对潮牌

挪威珠宝品牌 Bjorg 素以夸张的异域风格著称。其珠宝系列包含两大主题：精致的经典系列和沉重的冒险系列，前者主要运用银、钻石和珍贵宝石等材质，而后者主要以青铜为基调，颇显异域情调。Bjorg 品牌试图将自然元素包含在每一件单品中，追求一种原生态的感觉，满含着古老神秘感与野性气息，当这种感觉到了造型时尚的潮人身上，就更能起到锦上添花的作用了。

BJØRG

镇店潮款

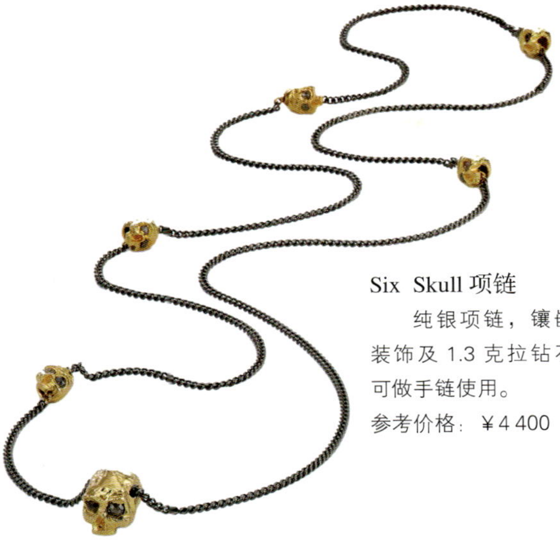

Six Skull 项链

纯银项链，镶嵌骷髅装饰及 1.3 克拉钻石。也可做手链使用。

参考价格：￥4 400

Adventure Awaits 项链

18K 玫瑰金材质，镶嵌紫水晶。

参考价格：￥2 700

Nest 钻石戒指

参考价格：￥3 000

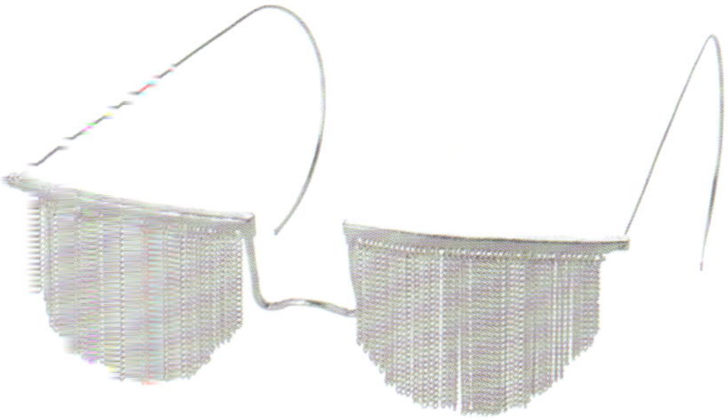

Moon Shades 眼镜

流苏设计新颖独特，绝对可以将你打造成独一无二的街头潮人。

参考价格：￥2 000

Drip Drop 项链

参考价格：￥1 000

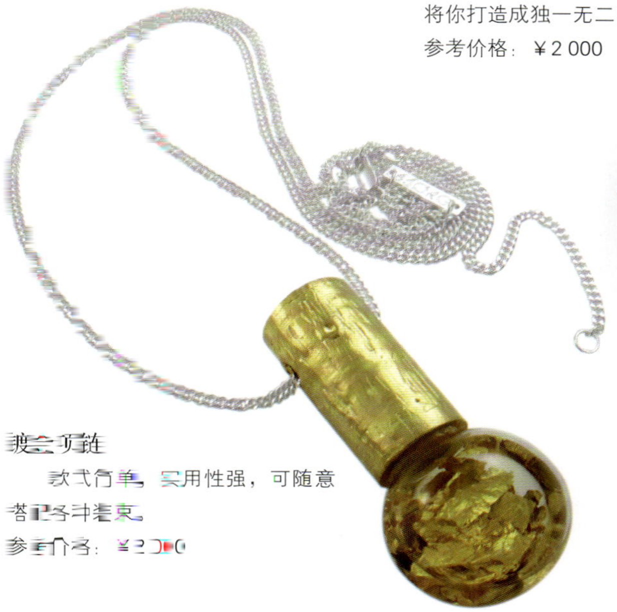

镀金项链

款式简单，实用性强，可随意搭配各种装束。

参考价格：￥2 000

蛋白石戒指

青铜材质，镶蓝色蛋白石。

参考价格：￥2 950

镀金钻石戒指

参考价格：￥2 600

买手店写真

Gold Arrow 项链

十分具有层次感，金色箭头是其点睛之笔。

参考价格：￥1 920

Up And Away 项链

18K 镀金材质，坠以通透水晶。

参考价格：￥2 000

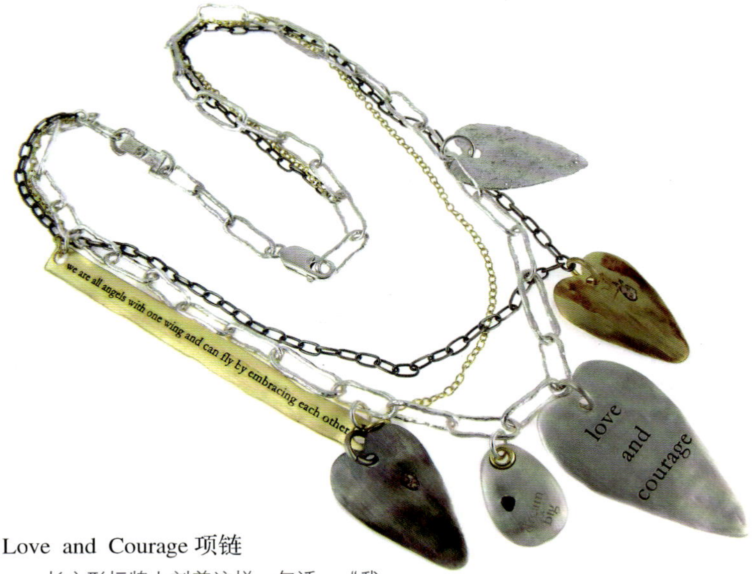

Love and Courage 项链

长方形标牌上刻着这样一句话：“我们都是单翼天使，拥抱彼此才可飞翔。”

参考价格：￥3 500

Feather 项链

羽毛造型一直深受时尚潮人的喜爱，这款项链的设计简单清雅却不落俗套。

参考价格：￥2 200

Three Raven 戒指

手工制作双管戒指，乌鸦眼睛为钻石镶嵌。

参考价格：￥3 500

All I Want 项链

参考价格：￥1 400

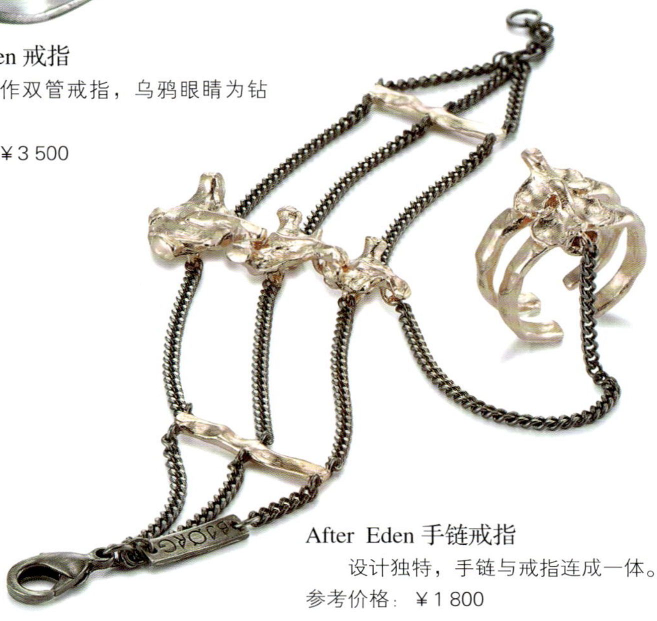

After Eden 手链戒指

设计独特，手链与戒指连成一体。

参考价格：￥1 800

Arrow Link Chain 手链

Bjorg 的经典款式，看似低调却将潮男的品位展现出来。

参考价格：￥1 700

心脏造型项链

心脏造型可谓独一无二，够大胆就把它买回家吧。

参考价格：¥2 [illegible]00

搭配建议：

Nest 钻石手镯

（参考价格：¥4 200）

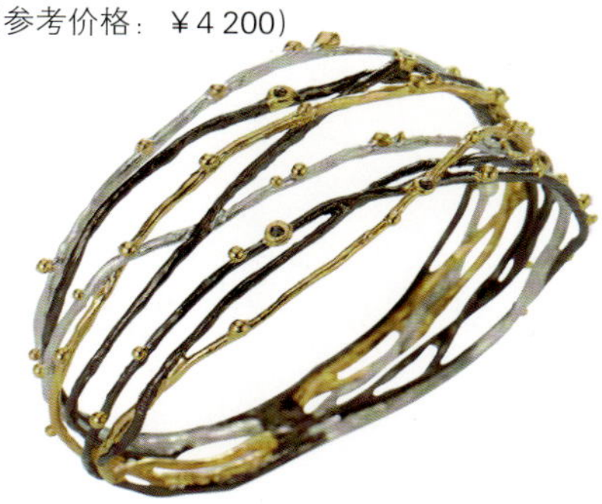

Nest 钻石项链

交叉树枝造型，体现品牌一贯追求自然气息的设计风格。

参考价格：¥3 000

尖爪型戒指

青铜镀金材质，手工制作，可调节大小，不妨搭配穿着同样别致的服饰。

参考价格：¥1 960

骷髅戒指

镀金骷髅头戒指，眼睛为钻石镶嵌，可调节大小。

参考价格：¥2000

Tide And Time 眼镜

参考价格：¥3 500

玫瑰金戒指

月亮形戒指，独特别致，搭配性极强。

参考价格：¥[illegible] 200

Tide And Time 眼镜

戴上它出现在街头，大概想不拉风都难吧。

参考价格：¥3 000

直通专店

Bjorg品牌目前在中国没有设立专卖店，可通过品牌官网进行在线购物。

Paul Smith
保罗·史密斯

亮黄色绑带皮鞋

皮革鞋面加上了大量镂空元素的修饰点缀，复古中带着一丝强硬的气势感，别有一番独特的风韵。

价格请店洽

绝对潮牌

来自英国的世界知名时尚品牌保罗·史密斯崇尚时尚、自然、真挚而充满激情的创意理念。品牌服饰剪裁精致，讲究英式传统的细腻缝制技巧，融入现代感的设计风格，注重穿着上的实用性，完全符合绅士的派头和庄重，但在细节上却隐藏着许多值得玩味的元素。不盲目追随于流行的独特款式和风格，使保罗·史密斯的成衣拥有权威而又亲和的魅力，奠定了品牌在英国和全球时装界的地位。

镇店潮款

皮革印花手袋

参考价格：￥3 900

Polka Dot 衬衫

渐变染色设计，搭配近年大热的波点元素。

参考价格：￥1 100

搭配建议：

羊毛开衫（参考价格：￥1 720）

搭配建议：

Marble 印花长裤（参考价格：¥2 500）

格纹衬衫

紫罗兰色与绿松石色相搭配，独特时尚。可随意搭配裤装，呈现不同风格。

参考价格：¥1 200

Marble 印花衬衫

参考价格：¥2 820

Mini Car 袖扣

参考价格：¥400

针织毛衣

羊毛混纺，犬牙花纹设计，可单独穿着或在冬季搭配外套。

参考价格：¥3 500

搭配建议：

棉质长裤（参考价格：¥2 000）

鹿皮休闲皮鞋（参考价格：¥2 800）

印花短袖衬衫

纯棉质地，鹦鹉图案十分独特，可以搭配马甲。

参考价格：¥1 100

埃及风情印花短袖T恤

参考价格：¥600

针织拼色毛衣

参考价格：¥1 500

条纹针织开衫

休闲又帅气十足的开衫，是潮男们的必备之选。

参考价格：¥1 400

买手必购榜

编织礼帽

参考价格：¥940

印花运动卫衣

灰色混棉运动卫衣，图案别致艳丽，可随意搭配牛仔裤或休闲棉质长裤。

参考价格：¥900

搭配建议：印花手提包

(参考价格：¥3 100)

条纹休闲鞋

参考价格：¥2 800

针织毛衣

设计简约、款式宽松舒适、图案搞怪时尚，充满趣味。

参考价格：¥1 200

搭配建议：皮质踝靴
(参考价格：¥5 400)

牛仔夹克

参考价格：¥2 200

印花短袖T恤

涂鸦设计，时尚随性。建议搭配休闲风格的背带裤装。

参考价格：¥1 000

防水运动夹克

轻质尼龙面料，高密度防水。外出旅行，别忘了将它装进你的行李箱。

参考价格：¥1 300

休闲西装

休闲翻领设计，颜色非常适合肤色较白皙的男生。

参考价格：¥6 600

搭配建议：
犬牙花纹长裤
(参考价格：¥2 400)

金属色皮鞋

效果很炫，适合个性比较张扬的潮男。

参考价格：¥3 600

天鹅绒夹克

紫色天鹅绒材质，给人神秘又高贵的感觉。无论是日常生活，还是社交聚会，它都能吸引很多羡慕的目光。

参考价格：¥6 600

搭配建议：
卡其色踝靴
(参考价格：¥2 700)

皮草马甲

皮草可不是女人们的专属，这款马甲款式简单，颜色深沉低调。

参考价格：¥13 100

搭配建议：
棉质长裤（参考价格：¥1 100）

羊皮猎人帽

参考价格：¥1 410

印花围巾

参考价格：¥1 410

皮革踝靴

红棕色皮革奢华大气，羊毛衬里更是带来极致舒适体验。

参考价格：¥3 200

条纹皮革腰带

条纹效果与纯色裤子是很和谐的组合。

参考价格：¥1 200

麂皮皮鞋

富有质感的麂皮绒面材质，扣带设计使一向庄重感的皮鞋有了一点休闲的味道。

参考价格：¥2 900

Gold Scarab 袖扣

甲虫造型，抛光金属镶嵌紫色绿松石。

参考价格：¥760

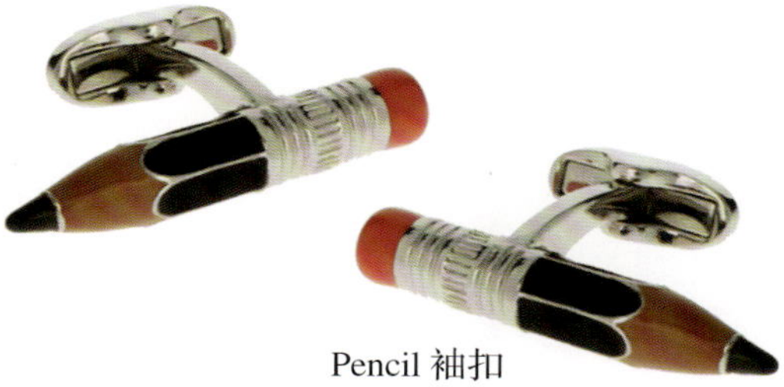

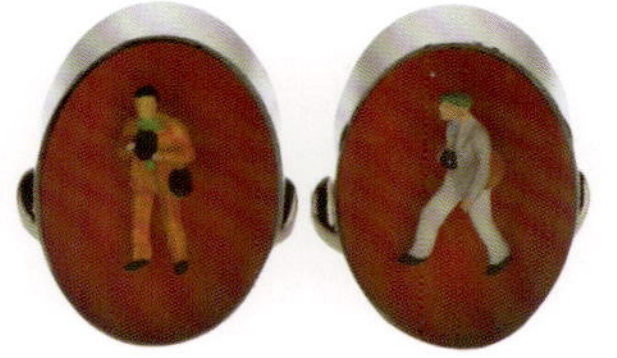

Gentleman 袖扣

充满绅士气质又别具一格的袖扣。

参考价格：¥850

Pencil 袖扣

参考价格：¥700

骷髅吊坠钥匙扣

参考价格：¥1 100

Signature Stripe Ray 袖扣

价格请店洽

Nodding Dog 袖扣

黄铜材质，小狗造型可爱别致。

参考价格：¥800

仿麂皮踝靴

参考价格：¥2 700

豹纹休闲鞋

豹纹鞋是潮男鞋柜中的必备之物，建议搭配休闲短裤。

参考价格：¥3 800

直通名店

北京	三里屯
上海	静安嘉里中心
天津	乐天百货
香港	置地广场
伦敦	Albemarle Street
纽约	Greene Street·第五大道

Purpose

绝对潮牌

奢华牛仔品牌 Purpose 是由前耐克的设计师 Donwan Harrel 创立的，品牌牛仔裤最显著的几个特点就是裤子腰牌上写着“Prps（紫制品）”、五颜六色的裤扣和津巴布韦的有机棉。Purpose 的水洗牛仔裤是用最传统的手工水洗及染色工序，精密的做工加上津巴布韦的优质棉，运用了李维斯 20 世纪 60 年代的古董织布机的极高品质，加上紧跟潮流的做工，在追求时尚的同时，也极力追求自然。品牌所呈现出的每款裤子的水洗效果和面料敷料都完全不同，这大概也是吸引贝克汉姆、布拉德·皮特等众多明星的一个重要原因。

棉质牛仔裤

经典牛仔裤板型，橙色亮丽活泼。

参考价格：￥6 950

镇店潮款

Slim Tapered 休闲裤

白色油漆溅点与磨白处理非常自然，锥形裤腿剪裁更显利落大方。

参考价格：￥1 500

Straight 牛仔裤

直筒牛仔裤一直是欧美大牌明星们的出街必备单品。

参考价格：￥1 810

搭配建议：

牛仔衬衫（参考价格：￥2 200）

搭配建议：

Herringbone Field外套（参考价格：¥6 300）

Cargo 长裤

工装裤设计，随性舒适，不妨搭配一款图案怪诞的T恤或者一双豹纹运动鞋。

参考价格：¥1 300

棉质牛仔裤

参考价格：¥6 950

搭配建议：

Chopstick 衬衫（参考价格：¥1 990）

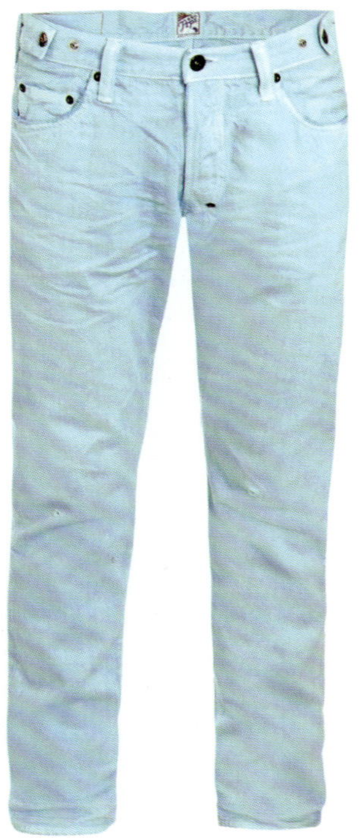

Barracuda 牛仔裤

超级自然的复旧感，只需搭配一件简单的白T恤就可以出门了。

参考价格：¥[illegible]

搭配建议：

牛仔衬衫（参考价格：¥2 200）

Slim Tapered 牛仔裤

样式看似常规，却是个性T恤、衬衫的最佳拍档，潮男人手必备单品。

参考价格：¥3 100

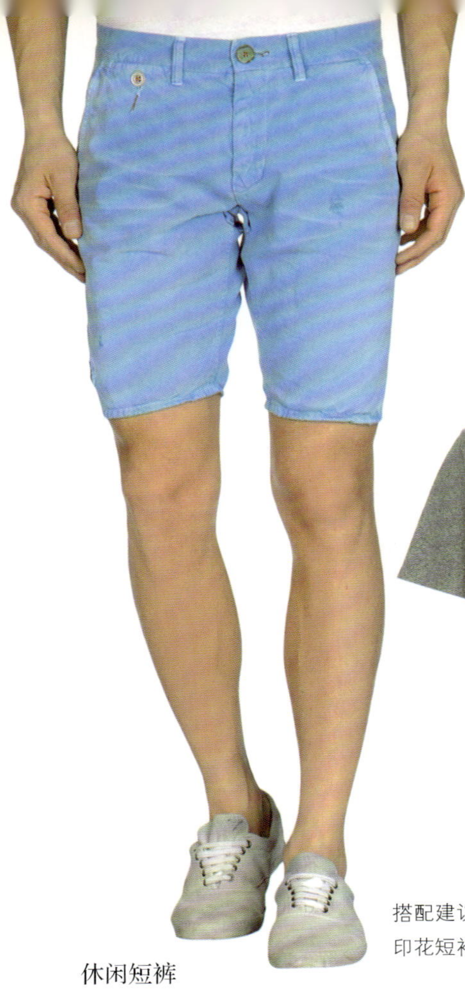

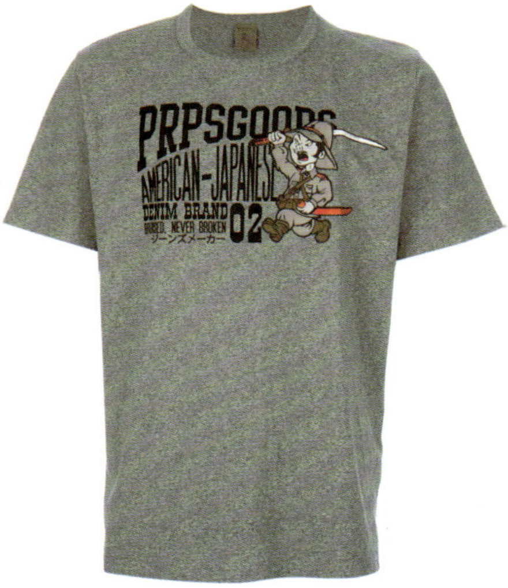

搭配建议：

印花短袖 T 恤（参考价格：￥560）

休闲短裤

个性 T 恤、短裤加上一只带有搞怪图案的背包，潮范儿尽显。

参考价格：￥760

Slim Fit Washed 休闲裤

休闲类裤装是衣橱中必不可少的百搭单品，可搭配个性 T 恤和休闲鞋。

参考价格：￥1 300

搭配建议：

牛仔衬衫（参考价格：￥2 300）

印花短袖 T 恤

参考价格：￥680

Cargo 长裤

收腿设计，呈现了一款别具风格的长裤。建议搭配个性连帽衫或休闲类夹克。

参考价格：￥2 100

Pi ar Savoy 牛仔裤

可随性挽起裤脚搭配运动鞋，彰显个人独到审美品位。

参考价格：¥ [illegible]000

搭配建议：

羊毛开衫（参考价格：¥2 320）

搭配建议：

羊毛开衫（参考价格：¥1 700）

Goods 牛仔裤

浅灰色棉质牛仔裤，修身板型，是球鞋的完美拍档。

参考价格：¥2 400

搭配建议：

牛仔外套（参考价格：¥1 300）

Barracuda 牛仔裤

随性休闲的直筒剪裁和酷劲十足的破洞感，都会令潮人们爱不释手。

参考价格：¥1 600

直通名店

北京 金融街购物中心
上海 恒隆广场·新天地·时代广场

Harley-Davidson

哈雷戴维森

绝对潮牌

1903年，威廉·哈雷和戴维森三兄弟在美国密尔沃基创立了著名的哈雷戴维森品牌。一个多世纪以来，作为世界顶级休闲摩托车品牌，哈雷戴维森一直是自由大道、原始动力和美好时光的代名词。哈雷摩托车金属的质感、优美的线条、令人着迷的颜色搭配以及电镀和黑漆的对比，还有那烫人的排气管、"如音乐般"的轰鸣声，无一不符合一个男人在梦中对力量和自由的物化的想象。哈雷戴维森摩托车公司生产的包括重型摩托车及全系列摩托车零部件、配件、服饰等多样化产品深受全球摩托车消费者的青睐。哈雷戴维森正在将世界领先的摩托车运动休闲生活方式引入中国，将摩托车运动重新定义并发展为一种充满乐趣、激动人心、享有盛誉的休闲活动。

镇店潮款

Touring 旅行车系至尊滑翔 CVO

骑手车座采用吊索式悬挂系统，风冷式 Twin Cam 103 发动机，带集成油冷却器，是外出旅行的绝佳拍档。

参考价格：￥340 000

Touring 旅行车系路王 110 周年纪念款

专享 110 周年纪念版喷漆方案、徽章、装饰及条纹，十分独特帅气。

参考价格：￥338 000

Touring 旅行车系旗舰滑翔

黑色粉末喷涂引擎带镀铬盖板，仪表器采用钛金属色表盘。整体设计感很是拉风。

参考价格：￥425 000

Softail 软尾车系软尾司令

采用风冷式 Twin Cam 96B 发动机，窄版后轮轮胎搭配短款后挡泥板。

参考价格：￥23[illegible]000

Softail 软尾车系夜行者

这款拥有众多粉丝的“夜行者”，排气系统采用镀铬上下错位式排气管，带斜切式消音器。

参考价格：￥[illegible] 000

Softail 软尾车系豪雅软尾

采用镀铬直筒式上下猎枪式排气管，带双锥形消音器，标准配置 ABS 防抱死制动系统。

参考价格：￥346 900

Dyna 戴纳车系戴纳定制版

采用风冷式 Twin Cam 96 发动机，排气系统为镀铬交错式短排气管，带双消音器，适合日常出行。

参考价格：￥346 900

Dyna 戴纳车系戴纳远翔

采用风冷式 Twin Cam 96 发动机，镀铬冲锋枪式 2-1-2 典藏级排气管，带双消音器。

参考价格：￥229 000

Softail 软尾车系肥仔定制版

想用摩托车来展现自己的独特个性吗？那这款肥仔定制版摩托车定能满足你的要求。它采用风冷式 Twin Cam 96B 发动机，排气系统为斜纹黑色及缎面镀铬，上下猎枪式排气管，带双消音器。

参考价格：￥292 000

Softail 软尾车系经典版继承者 110 周年纪念版

采用风冷式 Twin Cam 96B 发动机，排气系统为镀铬交错式短排气管，带双消音器。相信它的独特魅力，可以让潮男们瞬间自信爆棚。

参考价格：¥33[illegible]500

Dyna 戴纳车系肥霸

作为哈雷[illegible]款摩托车，肥霸的排气系统为镀铬冲锋枪式 2-1-2 典[illegible]排气管，带双消音器。

参考价格：¥[illegible]000

Dyna 戴纳车系街霸

全黑色传动系统，采用风冷式 Twin Cam 96 发动机。

参考价格：¥199 000

直通名店

北京	十三[illegible]
大连	[illegible]
夏门	[illegible]
苏州	[illegible]一号
青岛	[illegible]三城

Vilebrequin

绝对潮牌

Vilebrequin 诞生于 1971 年的法国，该品牌主要专注于设计和制作男款沙滩装及游泳短裤、冲浪运动短裤等，并以充满创意、色彩斑斓的图案闻名，兜袋设有防水钱包。该品牌在成立后不久，便推出了“父子泳装”概念，且深受追捧。

现在 Vilebrequin 品牌还提供运动装系列，包括男士亚麻衬衣、短裤、长裤以及精棉高尔夫球衣，整体设计上具有十分明显的海滨沙滩度假风格。Vilebrequin 产品的价位普遍偏高，整体在 1 500 元人民币以上，这主要是由于其在印花、刺绣、缝制等相关步骤中结合了大量的手工制作。而且，如果带有兜袋，那么你就会发现，兜袋与其周围的整体图案通常都会产生严丝合缝的拼接效果。

镇店潮款

亚麻印花衬衫

亚麻材质，休闲板型及印花图案让它成了海滩短裤的绝好搭档，即使搭配日常短裤或者休闲长裤也很合适。

参考价格：￥1 500

Where's Waldo 亲子装短裤

Vilebrequin 的很多款泳裤既可以单独购买，也可以配成亲子款式，比如这款，印花图案充满了热带海岛风情。

参考价格：￥2 500

Gazelles 印花短裤

草原和动物印花图案使这款短裤十分别致，有不同的配色可选。

参考价格：￥1 300

斑马刺绣短裤

Vilebrequin 短裤普遍使用聚酰胺纤维材质，这款短裤分为三种颜色，并刺绣了数个不同姿态的斑马形象进行装饰，设有防水手袋钱包。

参考价格：¥4 000

狮子印花亲子装短裤

具有非洲草原风情的印花图案，是 Vilebrequin 短裤上经常会出现的主题。

参考价格：¥3 500

入手必购

珊瑚印花短裤

深蓝底色，与蓝色珊瑚和红色游鱼的图案相映成趣。

参考价格：¥1 300

Les Geckos 印花短裤

如果稍加留意就会发现，这款短裤的印花图案中藏着几只小蜥蜴，后部设有贴兜。按照一贯的传统，后兜图案与其周围图案拼接得严丝合缝。

参考价格：¥1 500

小海龟刺绣短裤

俏皮的小海龟形象出现在了 Vilebrequin 的品牌 Logo 上，而这款短裤通过运用刺绣元素，让小海龟的形象更加生动可爱。

参考价格：¥4 300

纯色亚麻衬衫

亚麻材质，在下角衣襟上有小海龟图案。以美丽的蓝天碧海作为背景，也许你所需要的其实就是这样一款简单的纯色亚麻衬衫和一条白色短裤。

参考价格：¥1 300

搭配建议：
白色亚麻短裤
(参考价格：¥1 400

Camouflage 亲子装短裤

侧面设有兜袋，迷彩印花图案上出现了大象的图案。

参考价格：￥2 400

亚麻短袖衬衫

亚麻材质，有黄色、白色、红色等多种不同颜色可选。

参考价格：￥1 500

搭配建议：

纯棉短裤

(参考价格：￥1 400)

海胆刺绣短裤

参考价格：￥4 000

Tiare Flower 印花短裤

Tiare 是一种奇妙无蕊的花，常见于热带岛屿。它的五片花瓣一片叠一片，散发出淡淡的清香，常被女士戴于头上。

参考价格：￥1 500

鸵鸟印花短裤

参考价格：￥1 600

海星亚麻长袖衬衫

舒适的亚麻面料，表面以海星图案作为装饰。这款衬衫有白色、浅绿、蓝色等多种不同颜色可选。

参考价格：￥1 900

海狮刺绣短裤

参考价格：￥4 300

TAG 短裤

字母印花图案之中出现了小海龟和夹脚拖鞋的图案。

参考价格：￥1 600

Tohora Stretch 短裤

黄蓝配色本身已经十分显眼，只需搭配一件简单的白色T恤就可以了。

参考价格：￥2 200

粉色短裤

在男装服装中，粉色算是十分与众不同的一种颜色，但搭配起来其实十分出彩。这款短裤还有橘色、蓝色等多种不同颜色可选。

参考价格：￥2 000

海景印花短裤

参考价格：￥3 200

EAI 印花短裤

这款蓝色短裤带有花朵和鱼的印花图案。

参考价格：￥1 [illegible]00

Pai Pai 短裤

别致的水母印花图案，腰部采用抽绳设计，金属纽扣上是小海龟形象，后部为弹力松紧。

参考价格：￥1 700

马赛克亚麻长袖衬衫

高级意大利亚麻面料，马赛克风格印花图案，两对袖扣。

参考价格：￥1 600

直通名店

目前 Vilebrequin 的全球店面多达数十家，但主要集中在北美及中东地区，亚洲地区的专卖店设于香港和澳门。

香港 太古广场·国际金融中心·海港城

澳门 大运河购物中心

Burberry
博柏利

绝对潮谱

BURBERRY
LONDON

博柏利这个极具标志性的时尚品牌于 1856 年由 Thomas Burberry 创立，是精致优雅风格以及英国传统设计的象征，更毋庸赘言其经典风衣的时尚地位。

博柏利服装给人一种奢华高雅的气质，却不失现代感。皮具方面的设计沿袭了严谨的英伦风格，在细节处加以创新，满足了不同年龄层消费者的需求，平衡于沉稳与时尚之间。众多好莱坞男星都是博柏利的拥趸，它更是时尚人士和贵族名流彰显身份的标志性品牌。

镇店潮款

黏合棉质 Trench 风衣

传统设计元素包括喉部锁扣、半腰饰带及袖口束带，无不彰显博柏利 Trench 风衣最初的独创风格。

参考价格：￥25 000

半透明橡胶卡班大衣

修身款卡班大衣选用柔滑的橡胶材质专业裁制而成，大衣边缘未经修饰，未附加衬里以保留半透明的视觉效果。袖口束带、扣式背部开衩及调节式半腰饰带，彰显传统卡班大衣的设计风格。

参考价格：￥28 000

动物纹小牛皮卡班大衣

这款雕塑曲线卡班大衣选用触感柔滑极富光泽的丝网印花小牛皮，与橡胶材质相结合的创新面料专业裁制而成，隐藏式手工缝制按扣设计彰显简约的设计风格。

参考价格：￥68 000

搭配建议：

简约图案领带（参考价格：￥2 400）

结合棉质嘎巴甸 Trench 风衣

选用棉质嘎巴甸与羊毛相结合的创新面料专业裁制而成，风衣无衬里以现露羊毛材质贴边，搭配对比翻领。防护型密合缝骨及手工缝制的隐藏式按扣使衣身彰显简约风格。

参考价格：￥28 000

搭配建议：

精美 V 领质感针织衫

（参考价格：￥14 500）

合身剪裁棉质夹克

紧身剪裁，搭配缺角型翻领和扣眼细节。现代感设计时尚新潮。

参考价格：￥9 500

功能性口袋蟒蛇皮短外套

轻松休闲的蟒蛇皮短外套，搭配别致的功能性超大口袋和双向拉链。

参考价格：￥180 000

动物斑点卡班大衣

翻领、衣袖及背部裁片设计有不同比例的动物纹，未经修饰的边缘经过手工涂漆处理为大衣板型勾勒出几何线条。

参考价格：￥86 000

心形印花亚麻衬衫

别致的心形印花亚麻衬衫，质地柔软，修身剪裁，搭配尖领和隐藏式门襟。

参考价格：￥6 250

棉质方格衬衫

修身方格衬衫，承袭传统工装服的设计风格。

参考价格：￥3 400

对比衣袖机车款夹克

柔软轻便的皮质机车款夹克，呈现低调奢华的光泽。对比衣袖、领内和后背，打造鲜明的时尚质感。菱形绗缝内衬、加衬肩部和手肘垫布，突显精致的细节和硬朗的板型。可搭配紧身黑色牛仔裤和矮帮皮鞋。

参考价格：￥22 000

多色菱形图案羊毛混纺针织衫

经典板型，V领设计，搭配柔软的羊毛与保暖与美丽奴羊毛混纺。

参考价格：¥4 700

House Check 格子高帮运动鞋

柔软的皮革和麂皮饰片，橡胶防滑鞋底。

参考价格：¥4 000

动物纹小牛皮短靴

精致的细长靴型，两侧为弹性松紧饰片。内衬柔软皮革，使穿着更舒适。工艺精湛的皮质鞋底，让设计更添风采。

参考价格：¥9 250

格子帆布双肩包

实用的棉质混纺格子双肩背包，光滑的皮革装饰。压型树脂涂层底衬。顶部翻盖搭配[illegible]开合设计，隐藏式拉绳，调节式加衬肩背带。

参考价格：¥[illegible]

动物斑纹托特包

这款托特包选用动物斑纹小牛皮和极具可塑性的皮革制作而成。手工轧制皮革手柄配有抛光五金配件，精美的手工涂漆边缘勾勒出托特包的几何线条。

参考价格：¥21 000

小号短吻鳄皮手提袋

轧制皮革手柄，可拆式皮质肩带，包口拉链设计，短吻鳄皮行李吊牌挂饰，抛光五金配件。

参考价格：¥310 000

[illegible]

混合羊绒卡班大衣

选用羊毛与山羊绒相结合的创新面料专业裁制而成。剪裁时尚简约，搭配隐藏式水牛角扣门襟设计，后饰半腰带。

参考价格：¥[illegible]

动物斑纹卡班大衣

包边设计使衣身彰显精湛工艺和简约风格。

参考价格：¥86 000

驼毛风雪大衣

别致的双面精纺驼毛斜纹风雪大衣，汲取传统灵感的设计，搭配防护型毛羊皮衬里连衣帽和皮草装饰。

参考价格：￥56 000

短吻鳄皮 Trench 风衣

特色鲜明的奢华短吻鳄皮 Trench 风衣，引人注目的高光质感，嵌入式直袖和腰部束带，塑造出立体板型。

价格请店洽

结合缩绒拼布口袋飞行夹克

军装拼布口袋及加长喉部锁扣为飞行夹克增添传统设计细节。

参考价格：￥17 500

功能性口袋小羊皮短外套

精致柔韧的小羊皮短外套，彰显轻松休闲的设计风格。汲取传统灵感的设计，搭配超大功能性口袋和前开门襟，缝骨和衣领采用加固缝线装饰细节。

参考价格：￥56 000

羽绒填充绗缝飞行夹克

紧身飞行夹克充填轻盈的鹅绒，搭配精致棱纹衣领、袖口和衣摆。

参考价格：￥7 750

羽绒连帽背心

抗撕裂面料结实耐穿，呈现饱满的色彩和质感。

参考价格：￥6 500

护卫图[illegible]羊绒衫

别致[illegible]护卫图[illegible]羊绒衫，选用柔软的羊绒面[illegible]，搭[illegible]水手领。

参考价格 ¥14 5[illegible]0

水貂皮衣领人字纹开襟外套

精致的美利奴羊毛混纺外套，采用别致的宽大人字纹设计，搭配可完全拆卸的水貂皮衣领衬里。

参考价格：¥28 000

领尖扣格子衬衫

别致的分解格子图案，打造轻松的周末休闲风。

参考价格：¥3 900

金属质感皮革高帮运动鞋

独特的金属质感皮革高帮运动鞋，搭配保暖的羊毛皮鞋里。

参考价格：¥5 000

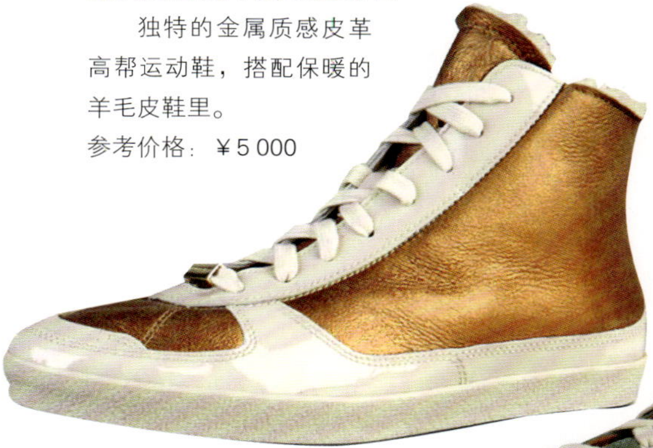

铆钉装饰格子高帮运动鞋

格子棉质黄麻高帮运动鞋，拼搭柔软的麂皮装饰。脚踝采用时尚的铆钉装饰。

参考价格：¥3 600

棉府绸军[illegible]衬衫

汲取军[illegible]灵感的棉府[illegible]衬衫，经典剪裁，搭[illegible]肩饰、[illegible]领[illegible]弧形衣摆。

参考价格 ¥3 40[illegible]

扣环细节[illegible]靴

加衬[illegible]鞋垫[illegible]传统的贴[illegible]构造，[illegible]胶防滑鞋底。

参考价格：¥[illegible] 75[illegible]

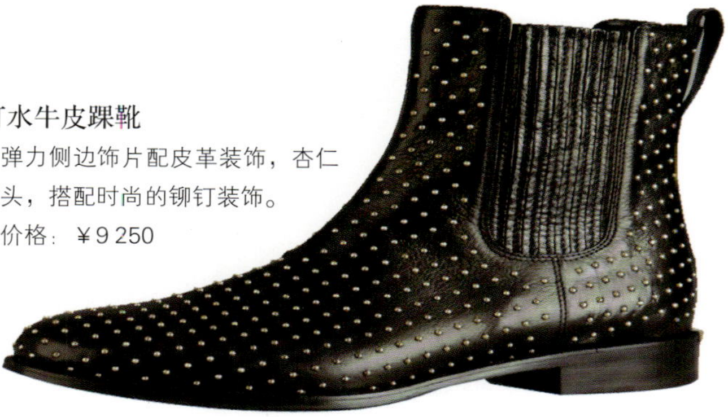

铆钉水牛皮踝靴

弹力侧边饰片配皮革装饰，杏仁形鞋头，搭配时尚的铆钉装饰。

参考价格：¥9 250

马术灵感漆皮靴

别致的拼色设计，灵感源自传统马术设计。杏仁形鞋头搭配抛光金属后侧拉链。

参考价格：￥7 750

格子饰片雨靴

格子棉质饰片，橡胶防滑鞋底，非常实用的雨靴。

参考价格：￥2 900

House Check 格子皮质波士顿手提包

灵感源自复古行李箱。对比裁片设计手提袋选用 House Check 格子棉质斜纹面料和极富质感的皮革精心制作而成，配有手工轧制皮革手柄、可拆式肩背带和对比动物纹小牛皮吊牌挂饰。罗缎衬里及手工涂漆边缘呈现极简的设计风格。

参考价格：￥15 000

动物条纹波士顿手提包

参考价格：￥26 000

Smoked Check 烟熏格子托特包

Smoked Check 烟熏格子托特包，搭配超大皮质拉链头，皮革裹覆的钥匙套。另配轧制皮革手柄和可拆式尼龙斜背带。

参考价格：￥10 250

褪色短吻鳄皮托特包

精致的短吻鳄皮托特包，两边扣带式设计，配有复古处理五金配件。

参考价格：￥117 000

小号动物纹格子学院风背包

时尚简约的学院风斜背包，选用动物纹小牛皮拼搭 House Check 格子棉质斜纹面料精心制作而成。背包设计有可放置 iPad mini 的外侧口袋，搭配双开拉链和调节式肩背带。

参考价格：￥11 250

短吻鳄皮公文包

包口全拉链设计，配轧制皮革手柄和可拆式皮质肩背带，内侧设有文件隔层。

参考价格：¥230 000

心形印花小牛皮腰带

腰带宽 3 厘米。

参考价格：¥4 000

抽象动物纹小牛皮腰带

极富光泽的小牛皮腰带，饰有别致的抽象动物纹，搭配拉丝金属腰带扣。腰带宽 3 厘米。

参考价格：¥4 000

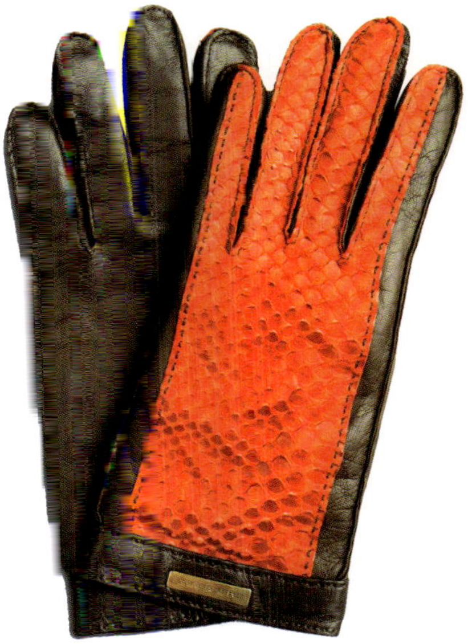

蟒蛇皮装饰皮革手套

传统工艺皮革手套，搭配磨绒蟒蛇皮对比裁片，羊绒衬里。

参考价格：¥13 000

英伦风尚系列动力储备自动腕表

英伦风尚腕表系列超凡演绎现代与传统的绝妙平衡，将英伦经典设计、瑞士精湛工艺和隽永的品质完美结合。表壳直径 47 毫米，蓝宝石水晶表镜，亚光黑色表盘，夜光涂漆四指针机芯。

参考价格：¥40 260

都市系列石英腕表

表壳直径 38 毫米，蓝宝石水晶表镜，格子压花阳光雕纹表盘，三指针机芯。Haymarket Check 格子装饰皮质表带，搭配金色镀层针扣。

参考价格：¥5 710

动物纹太阳眼镜

动物纹边框，简约时尚。

参考价格：¥2 300

Speak 系列折叠式飞行员太阳眼镜

设计灵感源自现场音乐的蓬勃能量和 Burberry 风衣系列。这款金属绿松石色飞行员太阳眼镜采用轻盈的铰链式镜架，可折叠成轻巧的尺寸。蓝色防划镜片，100%防紫外线。

参考价格：¥2 500

直通名店

知名度极高的博柏利品牌在中国各大城市均设有专门店。

北京 王府半岛酒店·东方广场·华贸中心·翠微广场·金宝汇·国金中心

上海 国金中心·久光百货·梅龙镇广场

天津 友谊商场

杭州 杭州大厦

重庆 时代广场·太平洋百货

广州 友谊商场·太古汇

香港 海港城

Cartier
卡地亚

绝对潮牌

世间大概没有几个女人可以抗拒卡地亚华丽珠宝的魅力，实际上，对于男人来说，卡地亚也是一个充满诱惑的名字，卡地亚 Love 系列自问世以来始终极受男性顾客的欢迎，而卡地亚 Juste un Clou 系列别致的钉子造型也一直是个性潮男的“标配”。除了饰品，从个性图案表盘腕表到造型别致的各式袖扣，从木质镜腿太阳镜到打火机、墨水笔以及香水，无一不展现着卡地亚的无限创意。

Cartier

镇店潮款

Rotonde de Cartier 狮子腕表

18K 玫瑰金表壳，直径 42 毫米，圆珠形表冠，镶嵌一颗凸圆形蓝宝石。18K 黄金表盘，细木镶嵌狮子图案，蓝钢指针。半哑光棕色鳄鱼皮表带，搭配 18K 玫瑰金 18 毫米折叠表扣，防水深度为 30 米。

价格请店洽

Panthère 猎豹装饰袖扣

纯银材质，镀钯饰面，黑色和绿色漆面，镶嵌凸圆形玉石。

参考价格：￥12 700

Cartier Transatlantique 木质袖扣

采用科特迪瓦雕刻木材，纯银配镀钯饰面。

参考价格：￥3 900

猎豹装饰高级墨水笔

黑漆饰面，沙弗莱石榴石豹眼，18K 金镀铑笔尖。

参考价格：￥62 800

Juste un Clou 系列 18K 白金镶钻手镯

于 20 世纪 70 年代问世的 Juste un Clou 系列，以别致的钉子造型，体现出时尚、特立独行的设计风格，一直广受追捧。

价格请店洽

18K 黄金猎豹装饰胸针

现在，胸针已不仅仅只是女性的专属装饰品。这款猎豹胸针以沙弗莱石镶嵌点缀豹眼，黑漆豹鼻，充满了男性不羁的魅力。

参考价格：¥33 700

螺旋装饰袖扣

纯银材质，镀钯饰面，镶嵌黑色缟玛瑙。

参考价格：¥3 900

虎纹装饰 K 金袖扣

18K 黄金材质，黑漆虎纹装饰，K 金及缟玛瑙圆球。

参考价格：¥31 700

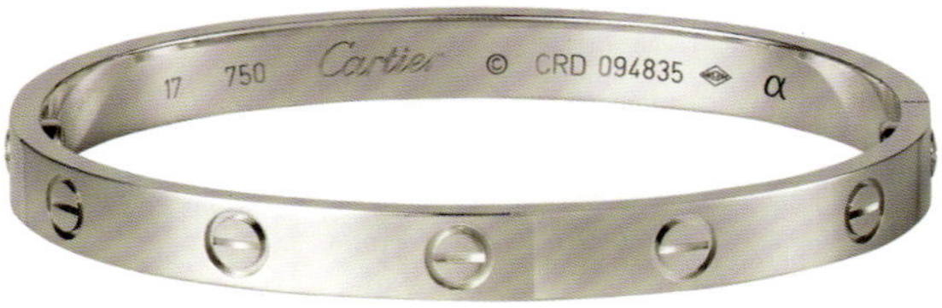

Love 系列 18K 白金手镯

手镯长 16 厘米，螺丝设计被视为永恒爱情的象征，需要使用特殊设计的螺丝刀进行佩戴。

参考价格：¥41 700

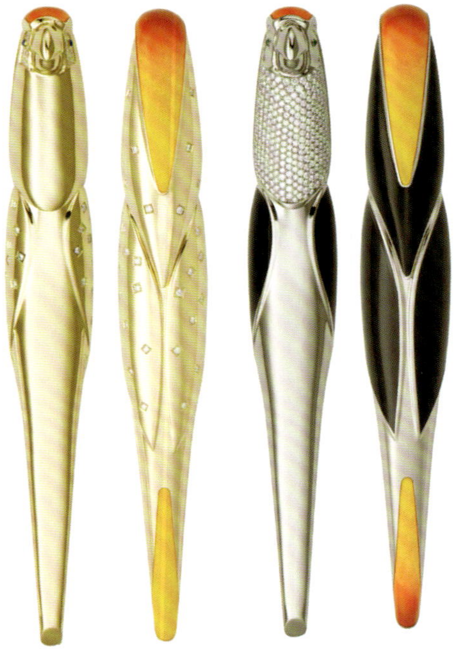

爱情鸟装饰高级墨水笔

雄鸟身上铺镶 338 颗钻石，祖母绿眼睛，雌鸟身上铺镶 84 颗钻石，蓝宝石眼睛，结合红色与黄色渐变色彩。

价格请店洽

Rotonde de Cartier 老虎腕表

18K 白金材质，表盘上以单色珐琅微绘工艺，呈现猛虎图案。单色珐琅微绘是一项古老的珐琅制作工艺，因采用黑、白、灰三种色调而得名。首先，将一层光亮的黑色珐琅涂层覆盖在表盘上并置于炉中焙烧，再用白色珐琅一步步地绘制出珐琅图案。这个步骤还需经过 6～8 次不同的焙烧过程，然后借助专用工具刮擦珐琅表面，使白色系渐渐呈现出细微的色调差异以及明暗对比和光影变化，最终呈现出猛虎图案。

价格请店洽

Santos Dumont 碳镀层镂空腕表

炫酷的钛金属材质，结合极具现代气息的黑色碳镀层工艺——ADLC 碳镀层，磨砂工艺表壳与镂空机芯表桥的深灰色镀铑涂层交相辉映。钛金属八角形表冠，剑形镀铑黄铜指针，黑色鳄鱼皮表带，防水深度为 30 米，动力储存约 72 小时。

参考价格：￥295 500

虎纹装饰打火机

卡地亚的小配件一直秉持着十分独特的设计风格，这款打火机采用镀钯饰面，带有黑漆虎纹装饰图案。

参考价格：￥6 450

买手必购榜

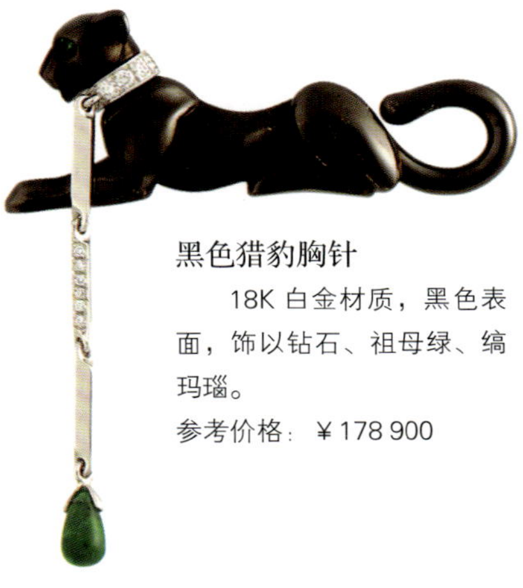

黑色猎豹胸针

18K 白金材质，黑色表面，饰以钻石、祖母绿、缟玛瑙。

参考价格：￥178 900

Juste un Clou 系列 18K 玫瑰金超大号手镯

参考价格：￥224 900

Juste un Clou 系列 18K 黄金戒指

参考价格：￥14 100

Trinity 系列三色金手链

路易·卡地亚先生于 1924 年设计出经典的 Trinity 戒指，三个环圈和谐地交织在一起：玫瑰金代表爱情，白金代表友情，黄金代表亲情。这款 Trinity 系列三色金手链以长度可调整的黑色软绳将戒指穿起，设计独特。

参考价格：¥3 600

Love 系列手链

棕色软绳穿起一个 18K 黄金环、一个 18K 玫瑰金环（镶嵌 4 颗钻石）以及一个巧克力色精密陶瓷环。

参考价格：¥9 600

Rotonde de Cartier 腕表

18K 玫瑰金材质，搭载卡地亚 9981 MC 型手动上链机械机芯，含 158 个零件及 27 枚红宝石轴承，表壳直径 42 毫米，圆珠形表冠，镶嵌一颗凸圆形蓝宝石。表盘采用神秘的偏心式设计，罗马数字时标，剑形镀铑精钢指针，搭配棕色鳄鱼皮表带，防水深度为 30 米。

参考价格：¥363 800

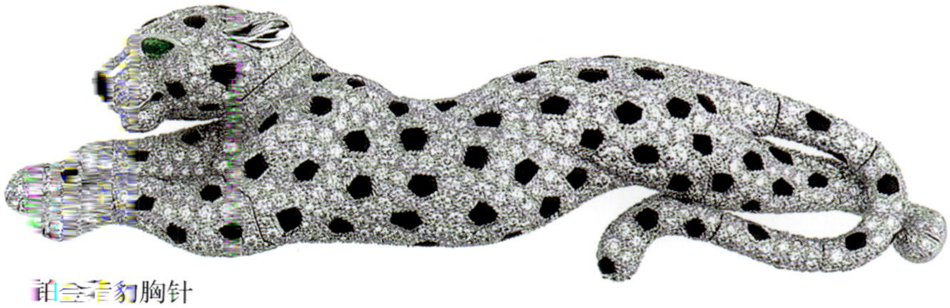

铂金猎豹胸针

猎豹是卡地亚的品牌象征之一，这款胸针采用 950 铂金材质并密镶钻石，祖母绿豹眼，缟玛瑙豹鼻。潮男的衣襟上如果出现这样一款充满野性的胸针，绝对是一大亮点。

价格请店洽

Roadster Sport 男士淡香水

卡地亚重温经典的馥奇香调（柑橘、薰衣草、木香），并添加令人惊喜的薄荷，提神的薄荷与柑橘的清香四溢相遇，充满了活力。

参考价格：¥450/50ml

Santos Dumont 镂空腕表

采用暖色调 18K 玫瑰金材质，搭载包含 138 枚零件的 9614 MC 型机芯，镂空表桥，剑形蓝钢指针，罗马数字形镂空表桥标示小时和分钟，从而代替了表盘的作用。八角形表冠上镶嵌一颗多面蓝宝石，鳄鱼皮表带，约 72 小时动力存储，防水深度为 30 米。

参考价格：¥307 500

Pasha 淡香水

经典的馥奇香调突显薰衣草的瑰丽、清新与明丽，与广藿香的深沉木调形成鲜明对比。

参考价格：¥450/50ml

Rotonde de Cartier 鳄鱼腕表

18K 白金材质，表壳直径 42 毫米，表盘上饰以鳄鱼浮雕图案，搭载浮动式陀飞轮，"C" 字形陀飞轮框架兼具秒钟指示功能。半哑光黑色鳄鱼皮表带，搭配 18 毫米的 18K 白金折叠表扣，防水深度为 30 米。

价格请店洽

Ronde Louis Cartier 骏马腕表

18K 白金材质，镀铑表壳，镶嵌明亮式切割圆钻，表盘以单色珐琅工艺，呈现了骏马造型，镀铑精钢苹果形指针，配半哑光黑色鳄鱼皮表带，防水深度为 30 米。

价格请店洽

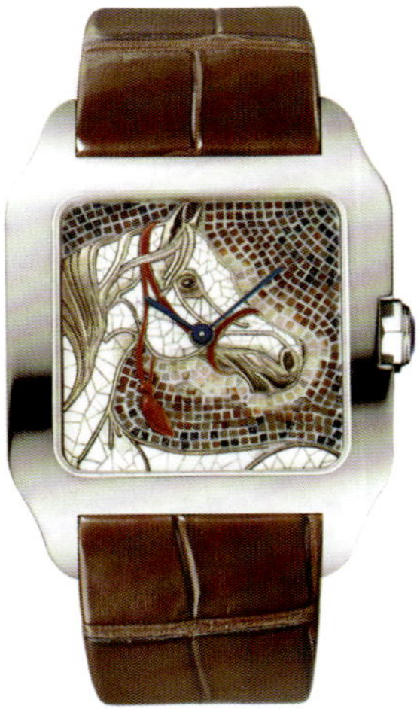

Santos Dumont 骏马腕表

18K 白 K 金材质，八角形表冠，方形表盘上以宝石拼镶和铺砌马赛克工艺，呈现骏马形象。剑形蓝钢指针，防水深度为 30 米。

价格请店洽

Sartos Dumont 老鹰腕表

18 白金材质，八角形表冠，镶嵌一颗多切面蓝宝石，表盘上装饰着以手工雕刻装饰及内填珐琅工艺呈现的猎鹰图案，镀铑精钢剑形指针。半哑光黑色鳄鱼皮表带，防水深度为 30 米。

价格请店洽

卧豹装饰 K 金袖扣

18K 金材质，黑色雕刻漆面卧豹装饰，每只猎豹的颈部均镶嵌 3 颗钻石，长度为 24 毫米，横杆 11 毫米。

参考价格：￥47 400

螺旋桨形袖扣

纯银材质，镀钯饰面，镶嵌凸圆形方钠石。

参考价格：￥3 900

表盖底部防水图案装饰袖扣

参考价格：￥2 600

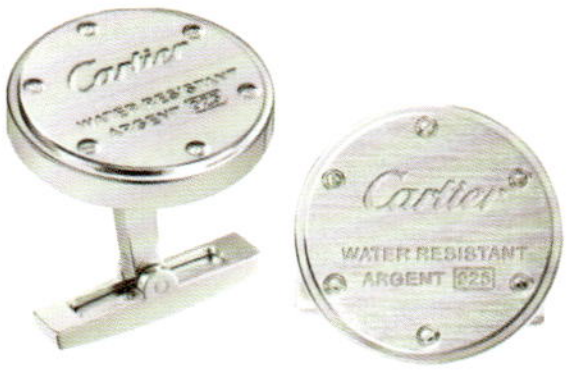

玉雕球装饰金质袖扣

18K 白金材质，两对软玉雕球，球体上方镶嵌一颗钻石。

参考价格：￥23 100

Love 系列 18K 玫瑰金手镯

参考价格：￥38 800

Louis Cartier Transatlantique 木质墨水笔

别具一格的木质材质，笔帽顶端镶嵌凸圆形黄水晶，18K 金实心镀铑笔尖。

参考价格：￥11 000

Roadster 驾驶手套点纹装墨水笔

设计灵感源于驾驶手套，采用黑色小牛皮，笔帽顶端镶嵌凸圆形缟玛瑙，18K 纯金镀铑笔尖。

参考价格 ¥8 150

Panthère de Cartier 袖扣

18K 白金材质，钻石铺镶豹头，祖母绿豹眼和缟玛瑙豹鼻。

参考价格：¥173 800

豹纹斑点装饰打火机

镀钯饰面，带有黑漆豹纹斑点装饰图案，长为60毫米，宽为29毫米。

参考价格：¥6 400

龙形装饰图案打火机

镀钯饰面，以黑色及红色真漆装饰，龙的形象栩栩如生，长为 60 毫米，宽为 29 毫米。

参考价格：¥8 500

豹头造型金质袖扣

18K 黄金材质，两颗沙弗来石豹眼，黑色漆面豹鼻。

参考价格：¥49 500

Santos de Cartier 有框太阳镜

合金材质，拉丝镀钌双色饰面，镀钌螺丝 卡其绿皮质装饰，飞行员片型，配绿色偏光镜片。

参考价格：¥5 900

Première Cartier 太阳镜

玳瑁效果色醋酸酯材质，抛光镀铂、镀金和镀钌不同饰面的三颗金属铆钉，圆形片型，配绿色偏光镜片。

参考价格：¥3 800

Santos de Cartier Sport 有框太阳镜

棕色醋酸酯材质，拉丝精钢饰面，长低形片型，配棕色偏光镜片。

参考价格：¥3 500

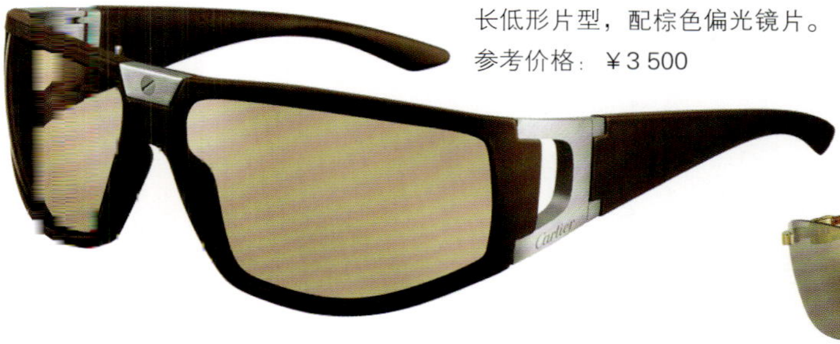

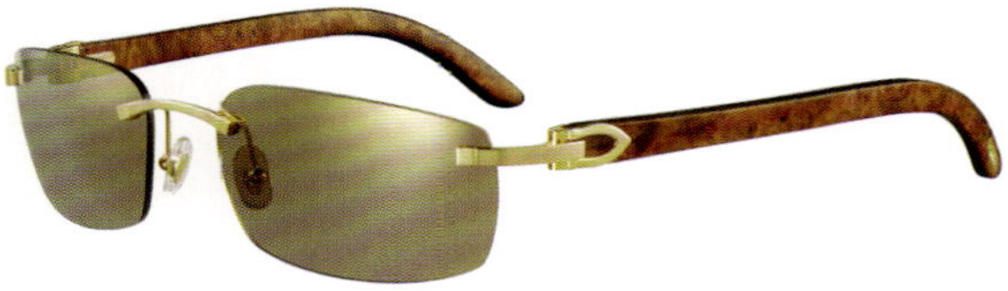

C 字装饰无框太阳镜

黄柏木树瘤珍贵木质镜腿，香槟色镀金饰面，长方形棕色镜片，带渐变金色镜面效果。

参考价格：¥14 100

直通名店

北京	国贸商城·王府半岛酒店·时代名门商场·百盛购物中心
上海	外滩 18 号·香港广场·国金中心·恒隆广场
南京	德基广场

MSPC

绝对潮牌

日本潮流包袋品牌 MSPC（Master-Piece）于 1994 年创立于大阪。它讲究强防磨、防水以及轻便的功能性，而且尤其擅长不同材质、不同颜色之间的拼接工艺。其牛皮配件更以手工的方式——以特制滚轮研磨皮革以产生自然的光泽感，并通过日本皮革技术协会 13 种有害物质检验认证。重点是，它通过与许多知名品牌、艺术家协力推出联名商品，特别是通过与日本图绘纺织布艺品牌 Nowartt 合作，融入了 Norwatt 原创的印染图案，使 MSPC 大大发挥了在功能性之上的时尚性和流行性。

MSPC × Nowartt 羽毛印花包款

结束了寒冷的冬季，动物随着换季长出新的羽毛，寓意新生。外部色调很深，而内衬则是与之对比强烈的红色系。价格请店洽

镇店潮款

MSPC × Nowartt 森林印花背包

MSPC 与 Nowartt 的合作系列是 MSPC 最知名的作品，而每幅图案其实并不是彼此完全独立的，可以依照季节概念，串连起一个架构完整的故事。

参考价格：￥3 300

Fedge 背包

不同材质、不同颜色之间的拼接是 MSPC 十分擅长的，就像这款大容量的背包。

参考价格：￥2 500

Surprise 托特包

[illegible]材质，双向拉链开合设计，外部设有直式拉链夹层。底部使用 3 毫米厚脂牛皮，配有两条肩带，双头皆以 D 型扣环设计，可方便拆卸使用。

参考价格：¥2 300

MSPC × Nowartt 动植物印花背包

主体采用 Nowartt 原创的喷墨印染帆布材质，双向拉链开合，正面有一个立体式口袋，底部设计有可调结长度的束带，方便收纳外套、围巾等小物件。

参考价格：¥2 400

MSPC × Nowartt 圣诞主题印花背包

图中描绘了圣诞老人准备圣诞礼物的情景，由六幅小图呈现。内部空间能够容纳一台笔记本电脑、一件外套等。

参考价格：¥3 300

Kitenge 托特包

Kitenge 为非洲地区常见的传统民族特色印花纺织材料，特点是配色大胆以及融入多层次的图形。这款包的外侧配备有一个防水拉链夹层。

参考价格：¥1 400

MSPC × Nowartt 海岛印花托特包

开口式设计，以按扣取代了拉链，内层有一个拉链夹层，包身前方也有一个小夹层，背带可调整长度。底部两侧使用 3 毫米厚脂牛皮，支撑包型且增加耐久性。

参考价格：¥2 800

DUO 拼色托特包

简约的托特包型搭配复古的对比撞色，使用原色牛皮增添了质感。

参考价格：¥1 400

MSPC × Tyler Warren 包款

MSPC 与艺术家 Tyler Warren 合作，推出此系列包款。图案以大量的花卉堆叠手法呈现，色调则采用大地色，沉稳而自然，其花纹被命名为“Under The Sea”。

价格请店洽

直通名店

MSPC 的绝大部分店面都设于日本本土，分布于东京、大阪、名古屋等城市，在中国台湾地区也可以买到。

台北 诚品信义店·忠孝东路店·新光三越百货南西店

Converse
匡威

绝对潮牌

对于能将帆布鞋搭配牛仔裤穿出潮范儿品位的潮人来讲，匡威花样百出的帆布鞋绝对是必不可少的经典潮流之物。匡威创立于 20 世纪初，而在创立百余年之后，从巨星到大众，年轻的时尚潮人们依然倾迷它的多彩炫变的设计风格。而且，匡威的价位一直十分亲民，性价比很高。

镇店潮款

2013 秋季新款

匡威与 John Varvatos 联名推出，前部系带结合侧面拉链，铆钉、蟒纹、做旧等元素的运用大大增添了时尚感，个别款式还可以通过拉开拉链，或去掉高帮变成低帮。

参考价格：￥1 000~￥1 500

匡威 Weapon 系列高帮运动鞋

Weapon 系列于 1986 年问世后即受到狂热追捧，这四款鞋是匡威与 John Varvatos 跨界合作、联名推出的鞋款，鞋型更为修长。

参考价格：￥1 100

Chuck Taylor All Star 辛普森特别款帆布鞋

图案选搭了经典的美国卡通人物辛普森一家，从踩线到 Chuck Taylor 圆形标识，每一个细节和设计都是经典中的经典。

参考价格：￥500

限量版镶嵌水钻帆布鞋

印有英国国旗图案，表面密镶闪亮的水钻。

参考价格：￥2 500

限量版手绘帆布鞋

表面绘有彩虹般美丽的条纹，并饰以彩色塑料铆钉。

参考价格：￥1 800

Chuck Taylor All Star 夏威夷印花特别款帆布鞋

融合了时尚的夏威夷热带印花，细节处使用了防撕裂的特质帆布，更采用棉线而非一般的橡胶踩线，并运用优质纯棉制作鞋舌。

参考价格：￥500

Chuck Taylor All Star 电子舞台帆布鞋

价格请店洽

Chuck Taylor All Star 狂野骷髅帆布鞋

醒目的骷髅头图案，加上文字的拼接印刷与独具个性的撞色，结合鞋面达到的做旧效果，尽显潮流摇滚范儿。

参考价格：￥2 500

限量版嵌尖钉纯棉帆布鞋

迷彩图案帆布上饰以银色尖形铆钉，橡胶部分经人工做旧处理。

参考价格：￥2 400

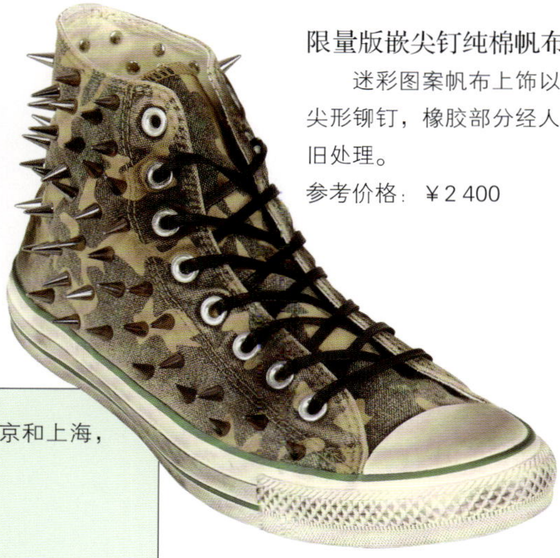

直通名店

匡威在中国各大城市的大型商场中设有实体店面，特别是在北京和上海，销售地点多达近百个，另外还可通过其官方网上商城购买。

北京 崇光百货·新世界二期·新光天地·西单大悦城

上海 港汇广场·汇金广场·世贸国际广场·金豫商场

广州 万国广场

Ksubi
卡苏比

绝对潮牌

近年来，澳大利亚的潮牌日渐受到追捧，卡苏比便是其中之一。卡苏比成立于2000年，其T恤以及眼镜的设计十分出彩，十分具有街头风格。卡苏比常常将颓废、古旧、摇滚味道混入其中，通过故意撕磨处理，以及骷髅、铆钉、幽灵等元素的运用，表达另类文化和视觉效果，叛逆之中又带着一些怪诞的艺术感和幽默感，很个性、很街头，但也很国际。从麦当娜、维多利亚·贝克汉姆到奥兰多·布鲁姆，卡苏比拥有很多巨星级别的粉丝。

[illegible]款

Flaming Crown 套头衫

[illegible]式休闲款型，前部印有倒[illegible]图案。

参考价格：￥1 100

Bandana Placement T 恤

沉稳的上海军蓝色与白色的搭配，淡化了花朵图案原本的花哨感，花丛中隐匿着链环和锚的图案。

参考价格：￥550

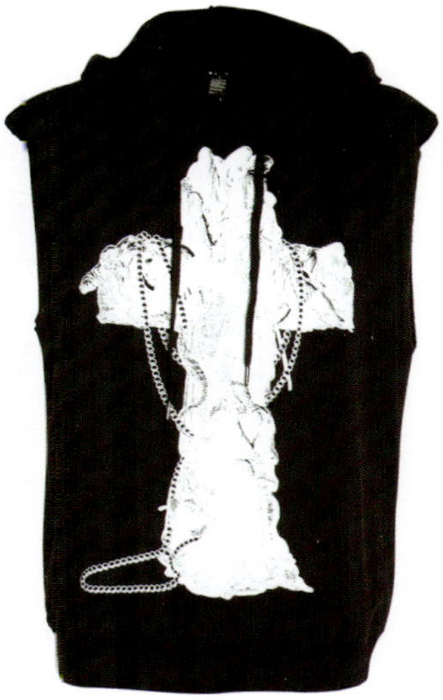

十字架无袖连帽衫

黑白控潮男们的衣橱中，一定少不了这样一款无袖连帽潮衫吧。

参考价格：￥960

搭配建议：

同款印花图案太阳镜

（参考价格：￥1 400）

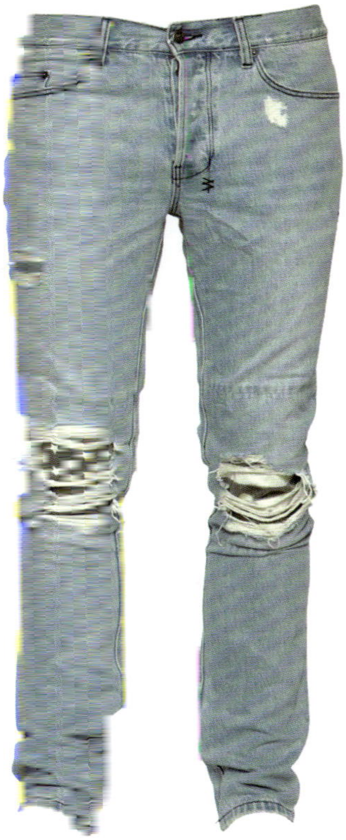

基督像 T 恤

在卡苏比的设计中，宗教主题是经常会用到的元素。

参考价格：￥450

Gee Gee [illegible]牛仔裤

卡[illegible]仔款式一直被很多潮男们[illegible]手的潮品，磨旧感是经常[illegible]计元素。

参考价格：￥700

Baddies 套头衫

休闲款型，前面的幽灵图案十分特别。

参考价格：￥1 100

Rana 豹纹太阳镜

参考价格：￥1 600

带纹理小牛皮绑带短靴

参考价格：￥2 400

Skeleton 太阳镜

参考价格：￥1 400

Skeleton 太阳镜

参考价格：￥1 400

买手必购榜

Bony Tony 男款牛仔外套

参考价格：￥3 400

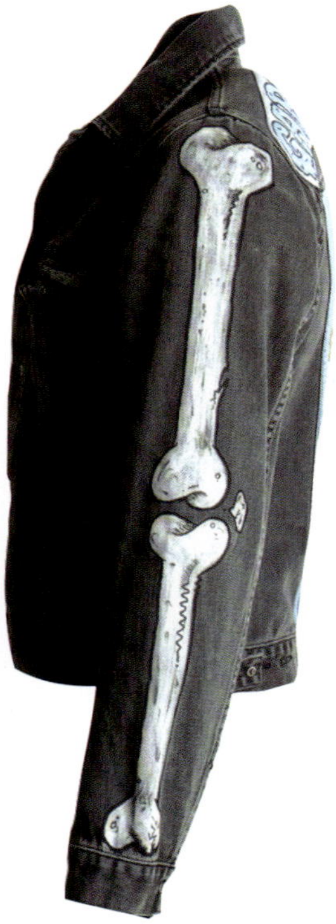

骷髅火焰男款牛仔外套

外套背面是一个极富个性的骷髅火焰图案。

参考价格：￥2 550

Eat Me 男款牛仔外套

参考价格：￥3 600

Neon Lion T恤

大大的狮子头像，必定是吸引众人目光的焦点所在。

参考价格：￥660

Band Sucks Muscle 无袖衫

参考价格：￥400

玛丽像长袖套头衫

参考价格：￥510

涂鸦风格男款牛仔马甲

前后布满了街头涂鸦风格的图画，领子以铆钉装饰。

参考价格：￥2 550

Rasta 无袖 Tank 衫

纯棉材质，三色调底色，加上斑驳的图案，可以搭配一件浅色外套。

参考价格：￥850

Cin Dye 男款牛仔短裤

裆部为深蓝色，腰部以下为浅蓝色，铆钉装饰，底边经过毛边处理。

参考价格：￥1 700

Bellatrix 豹纹太阳镜

天气好的时候，别忘了戴上这款潮到爆的太阳镜。

参考价格：￥1 400

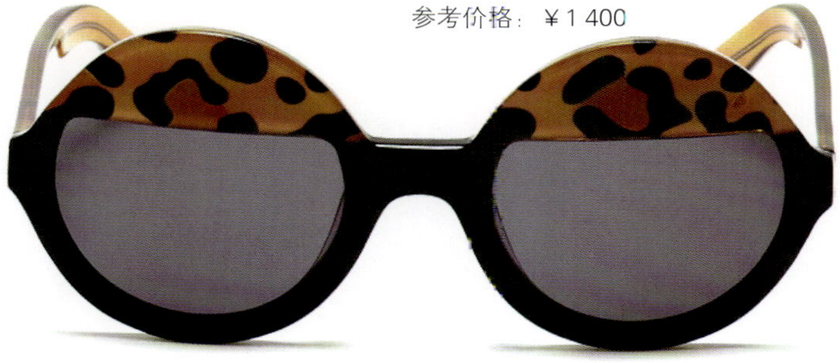

Perseus 太阳镜

参考价格：￥1 900

Tejat 太阳镜

参考价格：￥1 600

直通名店

北京 S Cube 精品店·Fei Space 精品店·I.T 精品店

上海 Dahood 店·Fei Space 精品店

香港 连卡佛·I.T 精品店·Ocular Plus 眼镜店

台北 Club Designer 精品店

悉尼 Westfield 百货

Carina 太阳镜

参考价格：￥1 600

Philipp Plein 菲利普·普莱恩

绝对潮牌

菲利普·普莱恩的主打元素是骷髅头以及各式金属铆钉，充满了摇滚和混搭风格，吸睛度极高，如果是“重口味”的个性潮人，一定不要错过它。

菲利普·普莱恩的产品线很丰富，男女时装、包袋、配饰、鞋类都有所涉及。对于潮男来说，印着各种颇为惊悚的骷髅头形象的T恤和运动鞋很容易令其一见倾心，特别是运动鞋，铆钉和骷髅头元素的运用看上去很是出彩。另外，菲利普·普莱恩的腰带也是潮范儿十足，很多款式是男女皆宜的。

镇店潮款

Big Skull 连帽夹克

80%羊皮加上20%蟒蛇皮材质，前部拉链拉头为刀片形状，背后是一个大大的骷髅头形象。

参考价格：¥52 200

Hero 夹克

100%蟒蛇皮材质，袖口处设有拉链，前部拉链拉头为刀片形状。

参考价格：¥127 200

Skull 毛衣

绳结扣前襟，三对袖扣，背后为骷髅头形象。

参考价格：¥19 000

3D Skull 直筒长裤

表面做旧处理，前后兜口以金属骷髅头装饰，后兜上印有骷髅头形象。

参考价格：¥5 100

搭配建议：Crystal Skull Placca 腰带（参考价格：¥3 100）

Spiky Leo 皮鞋

小牛皮材质，表面带有动物斑纹印花，前部带有铆钉，适合搭配短裤和九分裤。

参考价格：¥9 500

Backstage 夹克

100%羊皮材质，肩部饰有密密排列的铆钉。

参考价格：¥28 200

Classic Scratch 牛仔衬衣

参考价格：¥6 900

搭配建议：

C Banner 购物包

（参考价格：¥18 800）

Spiky Bones 莫卡辛鞋

75%涤纶加25%小牛皮材质，前部鞋头采用尖锥形铆钉装饰，鞋面上带有骷髅头形象。

参考价格：¥8 000

The Bome 牛仔裤

直筒板型，正面带有多处做旧效果，后兜带有骷髅图案。

参考价格：¥3 900

Crusade 短靴

以大量铆钉装饰，不妨搭配紧身板型的牛仔裤。

参考价格：¥6 900

骷髅格子衬衫

黑色皮革袖口，背后是一个以亮钻粘出的骷髅头形象。

参考价格：¥6 900

Bullet Proof T恤衫

圆形领口，骷髅头的四周是串连起来的一圈子弹，颜色带有金属光泽。

参考价格：¥3 100

Studded Rain 高帮运动鞋

主要为小牛皮材质，两侧及鞋舌以大量的金字塔形铆钉装饰，另有黑色款可选。

参考价格：¥6 800

Soldier 系带高帮运动鞋

参考价格：￥8 100

Skull Rose Buckle 腰带

皮带上装饰着双排铆钉，朋克感十足，带扣上雕有骷髅头和玫瑰图案。

参考价格：￥8 500

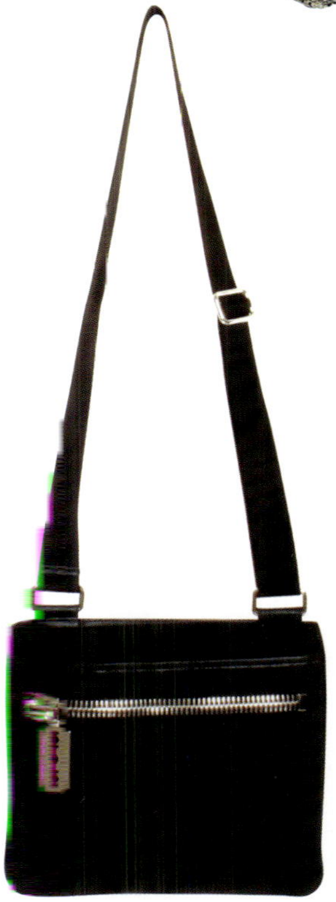

Military 肩背包

这款黑色肩背包最大的亮点应该就是拉链上的刀片拉头了吧。

参考价格：￥7 400

星星铆钉纯皮运动鞋

参考价格：￥6 800

America 围巾

星条旗图案风格的围巾，材质为55%羊毛加上45%莫代尔。

参考价格：￥4 100

双 P 腰带

小牛皮材质，六角形带扣上的双 P 字母是菲利普·普莱恩的一大标志性元素。

参考价格：￥3 400

Jungle Fever 手腕丝巾

参考价格：￥1 800

Skullicious 袖扣

黄铜材质，骷髅头表面镶嵌水晶。

参考价格：￥2 400

Royal Skull 钱包

小羊皮材质，正面是一个酷酷的骷髅形象，内设多个卡槽以增强实用性。

参考价格：￥6 900

Radiance 腰带

菲利普·普莱恩的很多款腰带其实是男女皆宜的，就像这款搭配骷髅带扣的小牛皮腰带。

参考价格：￥6 300

Hunter 旅行包

一款大容量包款，双手柄，顶部拉链开合，刀片形拉链拉头，设有小巧的金属挂锁，搭配可调节、可拆卸式肩带。

参考价格：￥11 300

Rapid Face 夹克

100%羊皮材质，相信会有很多潮男对这款夹克背后的图案一见倾心吧。

参考价格：￥34 000

Death 夹克

100%羊皮材质，正面看上去似乎并无奇特之处，但是背后却是多个“重口味”的骷髅头图案。

参考价格：￥42 000

Groundspeed 棒球夹克

红色并不是菲利普·普莱恩经常会用到的颜色，而这款棒球夹克运用了孔眼皮革材质，左侧带有3D骷髅形象。

参考价格：￥24 200

Black Panther 夹克

100%羊皮材质，仔细看会发现，背后的花丛中掩藏着一只豹头的形象。

参考价格：￥41 500

Sports Star 夹克

参考价格：￥28 200

Black Raven T恤

纯棉材质，时尚的V领设计，可以搭配白色休闲外套或者白色长裤。

参考价格：￥3 100

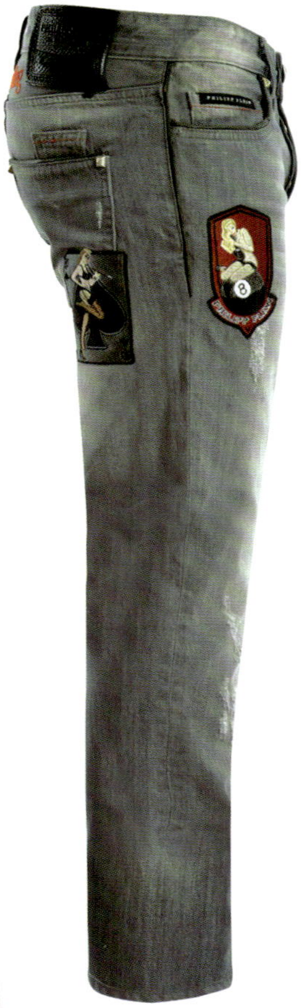

Lady 牛仔裤

带有铆钉装饰细节，刺绣在右侧的两幅美女图十分特别。

参考价格：￥6 900

Reversed 骷髅印花条纹衬衫

纯棉材质，多个骷髅头图案烘托出了与众不同的潮范儿，右袖口处绣有一处黑色小骷髅图案。

参考价格：￥5 000

Skull Wing 牛仔衬衫

前部采用磨旧元素加双兜式设计，右下方绣有一处黑色小骷髅图案，袖口处设有两对纽扣，背后是大幅亮钻翅膀加骷髅头图案。

参考价格：¥6 [illegible]00

Unicorn Skull 西装外套

三兜设计，一粒纽扣，背后是独角兽加骷髅图案。

参考价格：¥12 200

Acqua Skull T恤

参考价格：¥3 200

Strong Popeye T恤

出现在菲利普·普莱恩T恤上的图案并不只有骷髅头、十字架、猛兽、性感美女，卡通人物也是很常见的元素。

参考价格：¥3 800

Conspicuous 牛仔裤

以大量的各式金属铆钉、小骷髅头、闪电等元素进行装饰，如果卷起裤边会露出迷彩图案。

参考价格：¥1[illegible] 000

搭配建议：

Reversed 骷髅印花条纹衬衫

（参考价格：¥5 000）

Sports Man 运动鞋

侧面及鞋舌上都有骷髅头图案，有深蓝色和黑色可选。

参考价格：¥5 800

Bullet 莫卡辛鞋

小牛皮材质，整个鞋面密布圆形扁平铆钉。

参考价格：￥9 000

铆钉装饰系带皮鞋

区区几颗铆钉，黑色系带皮鞋的正统和沉闷感就被轻易打破了。

价格请店洽

Anaconda VS Jeans 运动鞋

蟒蛇皮拼牛仔布材质，小牛皮衬里。

参考价格：￥10 000

Jonathan 2 运动鞋

金属质感的鞋面加上显眼的红色骷髅头图案，绝对是个性潮人的心仪款。

参考价格：￥5 400

Hot Bomb 帆布运动鞋

棕色调迷彩元素加高帮设计，外侧印有一幅美女与导弹的图案，鞋尖及鞋舌带有银色金属质感皮革装饰。

参考价格：￥6 600

Pirate Skull 围巾

纯棉面料，印有骷髅头图案。

参考价格：￥5 300

Kai 高帮运动鞋

不同质感材质的拼接鞋面，前面附有一条皮质鞋带，白色鞋底的外侧有品牌名字字样。

参考价格：￥8 100

牛仔靴

内侧拉链，外观复古感十足。

参考价格：￥7 100

Attack 腰带

这款腰带男女皆宜，蛇皮材质，蜘蛛形状带扣绝对吸引眼球。

参考价格：￥6 200

Exclusive Placca 腰带

参考价格：￥4 800

Sparkling Star 腰带

小牛皮材质，在五角星形带扣上，以水钻、铆钉、链条骷髅元素进行装饰。

参考价格：￥5 200

Square Studs 腰带

荧光色加金属铆钉，对潮男来说，这款腰带绝对可以成为搭配的亮点。

参考价格：￥4 100

C Banner 购物包

小牛皮材质，表面以浮雕效果出现了菲利普·普莱恩标志性的骷髅头图案，抽绳式封口，搭配可调节式肩带。

参考价格：￥18 800

Skullicious 项链

皮质链条，搭配黄铜材质的骷髅头吊坠。

参考价格：￥2 700

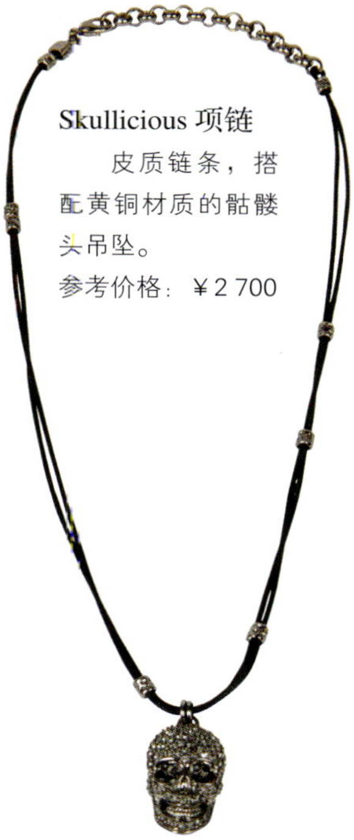

Crossangel 太阳镜

价格请店洽

Feather Stars 围巾

这款丝巾采用的是 100% 丝质面料，中央的老鹰图案气势十足，四角是骷髅和星形图案。

参考价格：￥3 [illegible]00

Skullicious 戒指

黄铜材质，骷髅表面镶饰水晶。

参考价格：￥2 100

Dragonfly 太阳镜

价格请店洽

直通名店

杭州	武林广场
澳门	新八佰伴百货
首尔	Galleria 百货
迪拜	迪拜购物中心

Bape
安逸猿

绝对潮牌

每款 T 恤只生产 50 件，其中 30 件分发给员工和朋友，只有少量流到市面上，稍纵即逝。这就是安逸猿最初的经营方式——设计独特，并大玩严格限量供应，进而在日本的潮人一族中人气飙升，成为日系潮牌的一大代表。

安逸猿的名字来源于 1968 年出品的美国科幻电影《人猿星球》。以 T 恤为开端，之后，安逸猿的设计师长尾智明开始慢慢涉及其他类别，发展出了女装、童装、鞋子、背包等众多的副线产品，带有安逸猿图案的产品常常是潮人们竞相追捧的对象，但实际上这个 Logo 的设计者并非长尾智明，而是他的好友中村晋一郎。

西部格子纯棉衬衫

在安逸猿的单品中，格子元素一直有着很高的出镜率。

参考价格：￥1 900

鲨鱼帽纯棉外套

纯棉材质，鲨鱼帽上出现了安逸猿最擅长使用的迷彩元素。

参考价格：￥2 000

Skull Walker T恤

简单的黑白两色，正面图案是一个正在行走的骷髅骨架。

参考价格：￥550

Rasta Camo T恤

人们的目光通常很容易集中在丰富、艳丽的色彩上，所以，这款T恤其实省去了很多搭配的烦恼，搭配一款简简单单的牛仔裤就OK了。

参考价格：￥900

STA 1st Camo 连帽上衣

安逸猿的运动鞋上常常出现其标志性的五角星图案，而这款连帽上衣延续了这一极具辨识度的设计元素，搭配可以完全闭合的拉链。

参考价格：￥2 100

搭配建议：STA 1st Camo 休闲裤

(参考价格：￥1 600)

Milogram Safari 连帽衫

纯棉材质，拉链可全封闭设计，有不同颜色可选。

参考价格：￥2 300

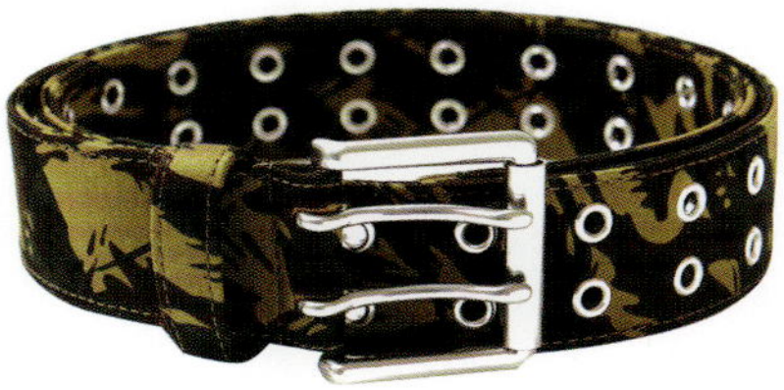

迷彩腰带

参考价格：￥1 200

迷彩帆布鞋

参考价格：￥1 400

格子双肩背包

参考价格：￥2 500

彩色迷彩外套

参考价格：￥4 800

搭配建议：

格子运动鞋

（参考价格：￥1 500）

Frogman 腕表

这款表由安逸猿与 Stussy 和 G Shock 三大品牌联手推出，不对称的表盘处理，以全雾黑搭配金色装饰，200 米防水。

参考价格：￥4 800

Mr Abc Multi 领带

参考价格：￥1 400

College Print Bape Sta Mid 运动鞋

参考价格：￥2 000

迷彩外套

参考价格：￥2 400

Lizard SK8 Sta 运动鞋

运用了红、黄、蓝、绿、白多种配色，鞋面带有横排孔眼。

参考价格：￥1 600

Hieroglyph 迷彩短袖衬衫

参考价格：￥1 850

买手必购榜

Boy Scout 衬衫

军装风格一直是很多潮男钟爱的着装风格。

参考价格：¥1 900

Skull Walker 连帽上衣

这款上衣的亮点在于两边袖子的外侧，分别饰以 4 个正在行走的小骷髅骨骼图案，帽子采用抽绳式设计。有灰色和黑色可选。

参考价格：¥1 700

Porter Jacquard ABC 背包

参考价格：¥3 600

Milo All Animals Polo 衫和短裤

纯棉印花材质，表面印有大量可爱的动物形象。

参考价格：Polo 衫 ¥1 300

短裤 ¥1 300

搭配建议：Milo All Animals Apesta 运动鞋（参考价格：¥1 600）

Crazy Color 迷彩短裤

这款短裤同时运用了多种不同配色的迷彩图案，拼接效果十分独特。

价格请店洽

Bape Logo 项链

参考价格：¥1 900

钥匙包

正面是安逸猿标志性的猿头形象，有多种不同颜色皮革可选。

参考价格：¥1 000

直通名店

安逸猿的绝大部分店面都集中在日本本土，并延伸到周边的亚洲地区，包括首尔、台北、香港、北京和上海等城市。

北京 三里屯

上海 新天地·中信泰富广场

香港 希慎道壹号·利园二期·海港城

Lanvin
浪凡

绝对潮牌

一向坚持小众路线的浪凡，其高级女装一直颇受时尚女性的青睐。实际上，浪凡的男装和鞋，特别是修身西服和夹克，同样深得时尚潮男的喜爱。目前，大量的 80 后、90 后成为新的消费主力军，他们追求独一无二的生活方式，对于独特性有非常强烈的意识，而之所以会青睐浪凡，主要是因为相比于某些一线大牌，它既可以满足个性化需要，同时又不会像某些大牌那样，太过难以驾驭。

除了浪凡的时装和鞋，一些配饰，包括手套、领带、花朵饰针、太阳镜，都是很值得关注的潮品。

LANVIN
PARIS

48小时包

小牛皮材质，大容量，双手柄加可调节式肩带。

参考价格：¥13 500

平纹夹克

利落的修身板型，双扣前襟，四粒扣袖口，两个前袋。衣领孔眼的花朵装饰领针绝对可以为潮范儿加分。

参考价格：¥8 400

搭配建议：

花朵饰针

（参考价格：¥1 500）

圆领长袖上衣

圆领设计，前后幅采用不同颜色的面料，肩部采用别出心裁的延伸拼接设计。

参考价格：¥8 100

Injected 太阳镜

复古感十足圆形镜片。

参考价格：¥2 400

机车长裤

纯羊毛面料，后幅拼接设计，裤脚内侧带有拉链。

参考价格：¥6 100

小牛皮背包

光亮小牛皮材质，拉绳式封口，侧面设有拉链。

参考价格：¥8 100

买手必购榜

机车夹克

前幅为皮革材质，背后则是针织材质。

参考价格：￥21 700

圆领无袖上衣

圆领设计，右侧设计有三道横杠，打破了原有款型的常规。

参考价格：￥5 700

修身长裤

纯羊毛面料，修身板型，右内侧衬入白色丝绒条纹。

参考价格：￥4 050

连帽夹克

参考价格：￥15 900

山羊绒薄纱围巾

长为 200 厘米，宽为 70 厘米，短流苏饰边。

参考价格：￥2 200

编织皮革运动鞋

中高帮设计，黑蓝配色稍显低调，但编织皮革效果却十分独特。

参考价格：￥4 300

小羊皮运动鞋

黑色纳帕小羊皮材质，搭配红色鞋带，鞋底带有印花。

参考价格：￥4 450

彩色皱面运动鞋

小牛皮材质，彩色皱面效果一直是潮男们的心仪之选。

参考价格：￥7 000

结式袖扣

黄铜材质，结式造型十分时尚。

参考价格：¥1 450

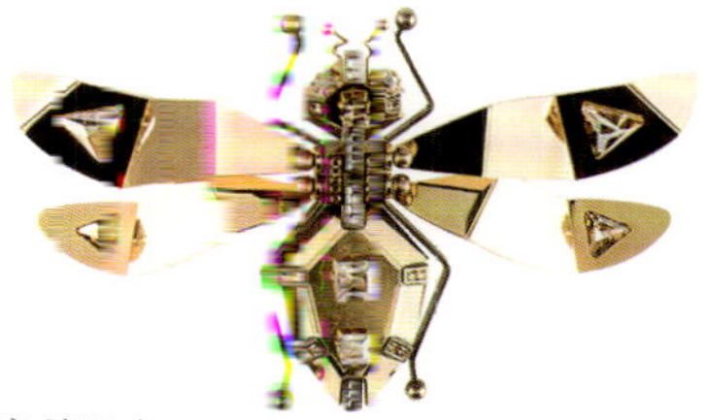

蜜蜂胸针

参考价格：¥9 700

蛇皮运动鞋

中高帮设计，蛇皮印花材质，外侧带有拉链。

参考价格：¥5 600

鸵鸟毛和山羊绒针织毛衣

双扣前襟，两个前袋，可以搭配开口圆领衫。

参考价格：¥8 400

鱼鳞印花 T 恤

圆领设计，前幅为蓝、黑色鱼鳞状印花图案，不妨搭配背带短裤，或者休闲西装外套。

参考价格：¥1 800

低帮运动鞋

低帮设计，彩色效果，蛇皮材质，适合搭配及膝短裤。

参考价格：¥5 300

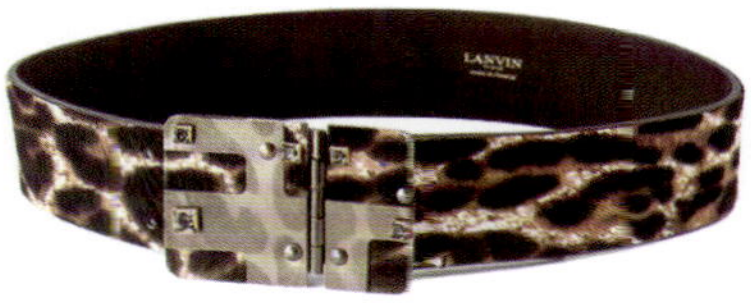

豹纹腰带

在潮人的搭配圣经里，豹纹腰带常常是最关键的点睛之笔。

参考价格：¥7 800

豹纹皮手套

参考价格：¥4 500

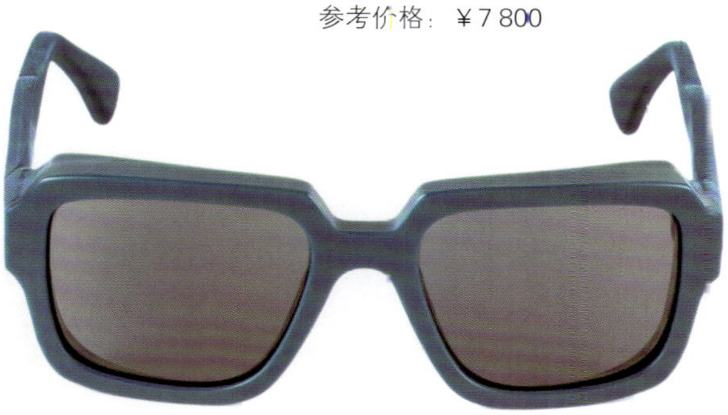

Acetate 太阳镜

全框设计，镜架有黑色、蓝色和卡其色可选。

参考价格：¥2 100

直通名店

北京 三里屯·王府半岛酒店

上海 恒隆广场·国金中心·越洋广场百货

沈阳 恒隆广场

哈尔滨 卓展购物中心

香港 太古广场·国际金融中心·置地广场·海港城

Pippo Perez

绝对潮牌

Pippo Perez 品牌来自于意大利，其作品有着天马行空的想象力，偏爱俏皮的设计，代表作品是各种彩色宝石和半宝石镶嵌的抽绳式手链。Pippo Perez 所用的材质多为 18K 金，价格普遍比较昂贵，而其题材主要以宗教和大自然中的动植物为灵感，而这也正迎合了目前环保和乐活的大趋势，很多款式男女皆宜，十分个性化，是众多好莱坞明星十分青睐的品牌。

水牛骷髅头吊坠项链

18K 白金镶钻水牛骷髅头吊坠，搭配绿松石和红珊瑚串珠项链。

参考价格：￥39 100

圣母玛利亚吊坠

这款吊坠的边缘采用 18K 玫瑰金镶嵌黑色钻石，中央为圣母玛利亚形象。

参考价格：￥9 000

镇店潮款

十字架标牌手链

18K 玫瑰金材质，十字架周围密镶黑色钻石。

参考价格：￥25 100

鱼骨装饰手链

别致的 18K 玫瑰金鱼骨造型饰件，镶嵌黑白双色钻石，无论是单独佩戴，还是与其他手链同时佩戴，这款手链都很有特色。

参考价格：￥19 700

印第安人头像装饰手链

印第安人头像为 18K 白金材质镶嵌彩钻，搭配绿松石及红珊瑚串珠。

参考价格：￥21 400

佛头装饰手链

黑色缟玛瑙串珠，饰件为 18K 玫瑰金材质佛头，镶有黑色钻饰以及一颗红色宝石。

参考价格：¥28 000

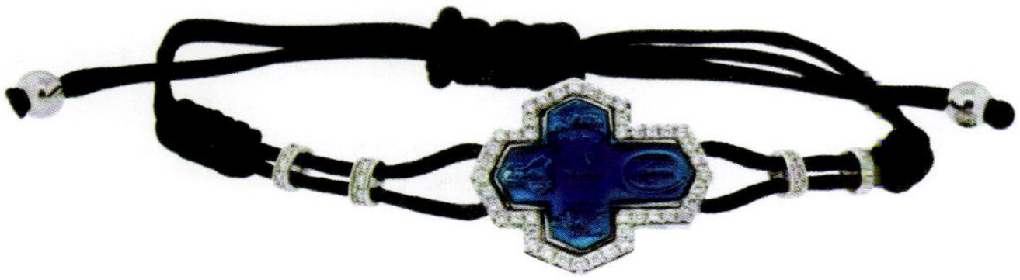

十字架装饰手链

十字架为 18K 白金材质，中央为蓝色搪瓷材质及宗教主题图案，搪瓷部分还有绿色、粉色、红色等不同颜色可选。

参考价格：¥13 000

蝎子装饰手链

蝎子形象采用 18K 玫瑰金材质，黑色线绳上的间隔饰件也是玫瑰金材质。

参考价格：¥17 700

Axe 手链

运用了 18K 白金、黄金、玫瑰金材质，以及钻石和各色宝石，搭配绿松石和红珊瑚串珠。

参考价格：¥15 300

Speak no evil、See no evil、Hear no evil 手链

三只可爱的小猴子分别捂住了自己的嘴、眼、耳朵，寓意“非礼勿言，非礼勿视，非礼勿闻”。

参考价格：¥16 000

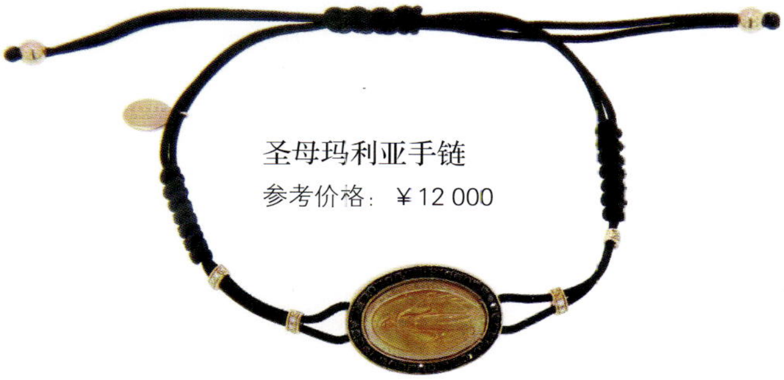

圣母玛利亚手链

参考价格：¥12 000

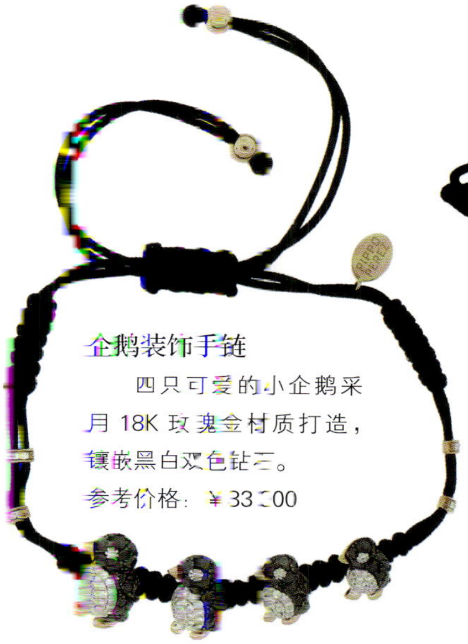

企鹅装饰手链

四只可爱的小企鹅采用 18K 玫瑰金材质打造，镶嵌黑白双色钻石。

参考价格：¥33 000

水牛骷髅头装饰手链

水牛骷髅头为 18K 白金材质镶钻，搭配绿松石和黑色缟玛瑙串珠。

参考价格：¥21 500

直通名店

Pippo Perez 的珠宝饰品可以在一些知名的精品店中，以及一些知名的国外精品购物网站上买到。

佛罗伦萨 Fashion Valley 精品店

Givenchy
纪梵希

绝对潮牌

纪梵希被称为法国时装界的绅士，其最为人津津乐道的就是它曾经为奥黛丽·赫本打点了在《罗马假日》等众多电影中的经典装扮。实际上，纪梵希所擅长的设计风格并不只有华贵、优雅，反映个性也是其一大特色。特别是自 2005 年 3 月，意大利设计师里卡多·提西出任纪梵希创意总监之后，纪梵希的时装几乎呈现了一套全新的“语言”，更加具有当代风格，铆钉、透视、非对称元素常出现在设计中，廓形鲜明、亮眼、自然，而且经常推出混搭风的时尚单品，而非预设的整体造型。值得一提的是，纪梵希具有街头风格的 T 恤以及充满原始与神秘感的丝巾，都是十分值得购买的潮品。

GIVENCHY

镇店潮款

牙齿男式 T 恤

参考价格：￥1 500

杜宾犬印花修身衬衫

参考价格：￥5 500

面孔星星印花衬衫

这款黑色纯棉衬衫的正面印有面孔图案，周围环绕着 8 颗星星图案。

参考价格：￥5 100

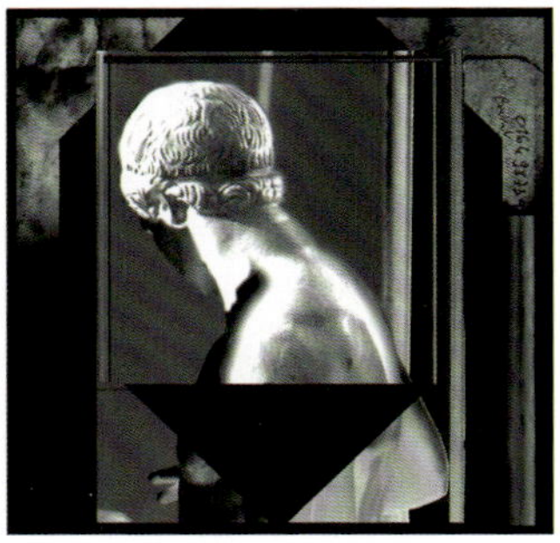

雕像印花围巾

人像雕塑印花图案，尺寸为 120 厘米的正方形。

参考价格：￥4 350

骷髅印花围巾

材质为 90%莫代尔加 10%羊毛，尺寸为 120 厘米的正方形。

参考价格：￥4 350

杜宾犬印花帆布手袋

参考价格：￥15 300

双肩背包

黑色尼龙材质，印有一幅足以彰显个性的头像。

新款未定价

杜宾犬 T 恤

参考价格：￥3 000

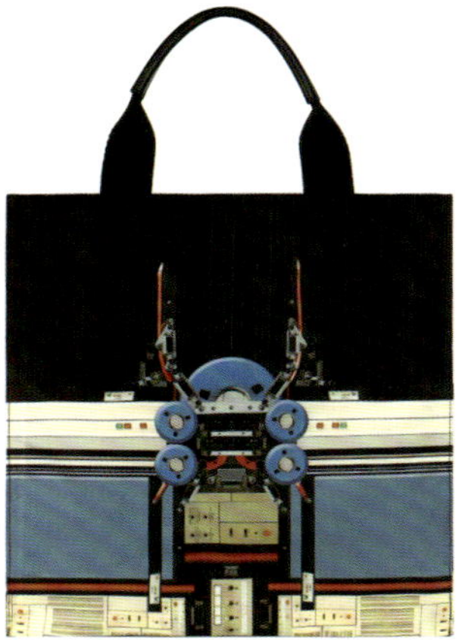

机器人印花托特包

黑色及尼龙是纪梵希男款包袋比较常用到的颜色和材质，在这款黑色托特包上出现了一个机器人的形象。

新款未定价

格子衬衫

纯棉材质，肩部及前胸部位采用了与整体不同的格子设计。

参考价格：￥2 700

杜宾犬印花夹克

正面图虽然看似毫无玄机，而背后的人物背影和一只杜宾犬图案绝对能够契合一众潮男的时尚品位。

参考价格：￥20 000

纯棉T恤

参考价格：￥2 100

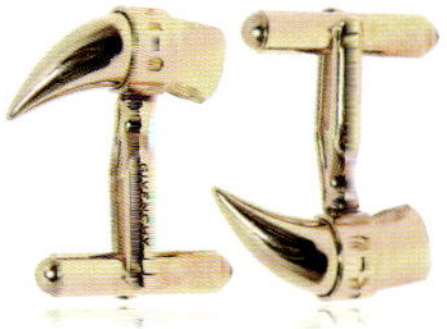

角状黄铜袖扣

参考价格：￥3 [illegible]00

SatanaT恤

修身板型，正面带有橡胶印花。

参考价格：￥3 200

玛利亚与孩子印花修身衬衫

修身板型，细节印花图案为玛利亚怀中轻柔环抱着一名小孩，袖口有两粒纽扣。

参考价格：￥3 500

格纹衬衫

黑白色调格纹图案，在整个前部加入了红色甲虫的图案。

参考价格：￥4 000

鲨鱼牙形吊坠项链

参考价格：￥7 200

蕾丝德比鞋

当色皮革鞋面装饰黑色蕾丝，底部外圈带有圆形金属铆钉装饰。

价格请店洽

标靶图案 T 恤

参考价格：￥1 800

围巾

参考价格：￥2 100

战斗机图案印花 T 恤

参考价格：￥7 200

2014 年新款旅行包

纳帕皮革材质，玫瑰印花图案。

新款未定价

迷彩手提包

尼龙材质，迷彩图案印花，搭配可拆卸式肩带。

新款未定价

印花围巾

参考价格：￥2 100

2014 年新款印花围巾

在潮男的穿搭守则中，围巾是极其重要的配饰。这款围巾印有美人鱼图案，四周花朵环绕。

新款未定价

羊毛针织背心

羊毛材质，黑白灰为主色调，正面带有橡胶印花。

参考价格：￥6 800

流苏围巾

参考价格：￥2 100

五角星铆钉手镯

镶嵌三枚五角星形铆钉，并可调节真皮搭扣封口。

参考价格：￥5 200

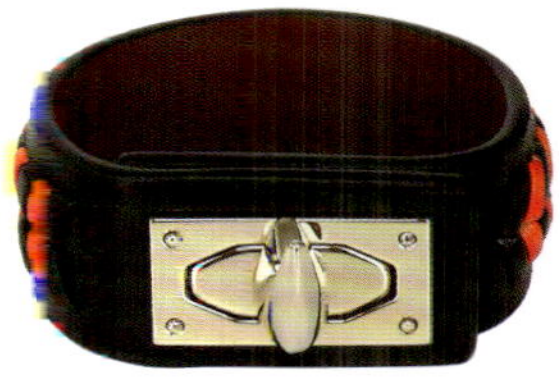

鲨鱼扣编织羊皮手镯

参考价格：￥4 800

木质铆钉真皮手镯

参考价格：￥7 300

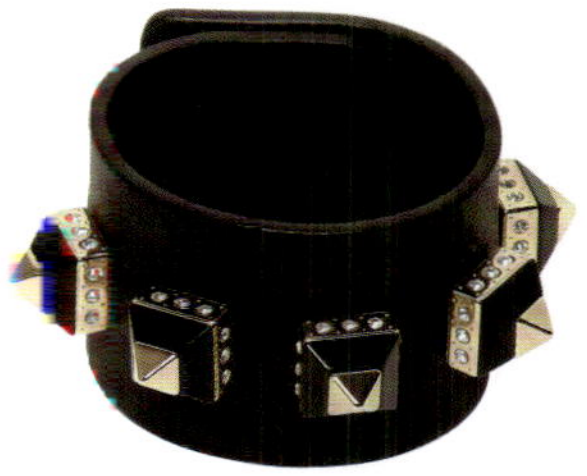

金字塔铆钉真皮手镯

金字塔金属铆钉上镶嵌施华洛世奇水晶元素，按扣封口。

参考价格：￥7 000

真皮横纹夹克

连帽式设计，小羊皮材质，真皮加羊毛衣袖。

参考价格：￥22 600

玫瑰图案印花运动鞋

纳帕皮革材质，印花效果有着极高的吸睛度。

价格请店洽

高帮运动鞋

参考价格：￥3 200

毛呢短上衣

前幅采用了拉链开合的可拆卸式设计，后幅设有可调节束带。

参考价格：￥10 900

直通名店

北京	国贸商城·三里屯·老佛爷百货
上海	芮欧百货·中信泰富广场·环贸广场
天津	银河国际购物中心
深圳	万象城

系带高帮运动鞋

吸引人眼球的黑褐色印花图案，系带加带扣设计，让它成了潮人的必备单品。

参考价格：￥6 200

Adidas Originals
阿迪达斯三叶草

绝对潮牌

在目前的潮男中，有很大一部分人都是运动型潮男。在这类人群中，阿迪达斯三叶草一直有着很高的声望。这一系列以蓝色三叶草为标志，以 20 世纪 40 年代到 80 年代的生活元素作为设计灵感，具有强烈的复古感。而且通过与美国怪才时尚设计师杰瑞米·斯科特的合作，以其天马行空的想象力，运用翅膀、豹纹、动物造型等时尚元素，阿迪达斯三叶草陆续推出了一系列洋溢着强烈个性气息的潮款设计，使其在全球各地拥有众多的追捧者和收藏者。

镇店潮款

三叶草 × 杰瑞米·斯科特男款背心

带有 21 号字母，前短后长的设计，款式非常拉风。

参考价格 ¥2 100

三叶草 × 杰瑞米·斯科特豹纹运动鞋

个性豹纹，后面有小尾巴设计。

价格请店洽

三叶草 × 杰瑞米·斯科特编织背心

这款背心运用了极富创意的编织式设计，浅蓝加白的配色极为清新。

参考价格：¥3 700

三叶草 × 杰瑞米·斯科特贵宾犬运动鞋

千万不要以为这是专属于潮女的设计，潮男同样也可拥有。

参考价格：¥1 700

三叶草 × 杰瑞米·斯科特男靴

黑色加上亮黄色长颈鹿斑纹，让这款鞋成了绝对的街头焦点。

参考价格：¥1 700

三叶草 × 杰瑞米·斯科特印第安人风格运动鞋

将印第安人标志性的面孔抽象卡通化，鞋舌设定为印第安人脸谱造型，而两侧的双翼则以印第安人的羽毛图案取代。

价格请店洽

三叶草×杰瑞米·斯科特帆布运动鞋

百搭的黑白配色，潮男潮女两相宜。

参考价格：¥1 100

三叶草×杰瑞米·斯科特短袖V领T恤

除采用极为抢眼的豹纹元素外，还采用了极为独特的底边设计。

参考价格：¥1 300

三叶草×杰瑞米·斯科特翅膀运动鞋

翅膀是三叶草 Jeremy Scott 系列产品中经常会出现的经典设计元素。

参考价格：¥1 900

三叶草×杰瑞米·斯科特迷彩熊运动鞋

参考价格：¥1 900

三叶草豹纹背包

参考价格：¥1 000

三叶草×杰瑞米·斯科特玩具熊运动鞋

极为卡通的可爱造型，潮男们赶紧将它收入囊中吧。

参考价格：¥1 900

三叶草×杰瑞米·斯科特系带平底鞋

参考价格：¥1 400

三叶草×杰瑞米·斯科特荧光色平底鞋

每只鞋的左右两边采用了不同的颜色，款式十分特别。

参考价格：¥1 600

三叶草×杰瑞米·斯科特套头衫

参考价格：¥1 700

三叶草豹纹手提包

参考价格：¥1 100

买手必备榜

三叶草×杰瑞米·斯科特豹纹上衣

衣服正面和袖子呈现了多种不同颜色的豹纹、虎纹，十分抢眼。

参考价格：¥5 300

三叶草×杰瑞米·斯科特和服外套

款式设计灵感源自日本和服，前后幅都有大大的数字 75，袖子宽大。

参考价格：¥3 300

三叶草×杰瑞米·斯科特拉链运动衫

参考价格：¥1 700

三叶草×杰瑞米·斯科特字母运动鞋

参考价格：¥1 800

三叶草×杰瑞米·斯科特男款短袖 T 恤

参考价格：¥800

搭配建议：

三叶草×杰瑞米·斯科特豹纹平底鞋

（参考价格：¥1 100）

搭配建议：

三叶草×杰瑞米·斯科特格纹运动鞋

（参考价格：¥1 600）

三叶草×杰瑞米·斯科特背带格纹长裤

不用颜色的格纹布料的搭配构成了独特的元素，后面带有四条可调节宽窄的拉链。

参考价格：¥1 900

直通名店

北京	东方广场·国贸商城·新中关购物中心·翠微广场
上海	莘庄百盛·龙之梦·金桥国际商业广场·96 广场·正大广场·崇光百货·东方商厦
西安	巴黎春天·钟楼饭店
沈阳	大悦城

Dsquared^2

D二次方

绝对潮牌

迪恩和丹·卡登是一对加拿大孪生兄弟设计师，他们移居到意大利后曾先后加盟范思哲和迪赛，并于1994年在米兰创办了D二次方品牌。

D二次方最初只生产男装，2002年受到麦当娜的邀请，为其设计了多达150套的服饰。一直以来，D二次方以创造具有火爆效果的秀场而闻名，它喜欢使用大胆出格的主题，辅之以些许的俏皮与幽默感，以便与一些时尚跟风者们区别开来。目前，该品牌在欧美年轻人中大受追捧，另外比较值得购买的还有T恤、鞋和饰品等。

DSQUARED²

镇店潮款

铆钉牛仔上衣

在肩部、领子、兜盖部分运用了大量的方形金属铆钉元素。

参考价格：¥14 000

羊毛机车夹克

采用了别具特色的黑色针织翻领，非中心拉链开合，两个外拉链口袋，全衬里。

参考价格：¥11 700

骷髅蛛网T恤

参考价格：¥1 260

小狗图案高帮运动鞋

褐色麂皮加真皮材质，填充羊毛修边，鞋舌上有小狗图案。另有黑色款可选。

参考价格：¥5 100

牛仔短裤

腰部带抽绳，表面的人工做旧处理让每一件都有所不同。

参考价格：¥5 200

饰针装饰牛仔裤

侧面带有可取下的珠宝饰针，多处人工做旧部位让每件单品可能略有不同，卷起裤脚更具潮范儿。

参考价格：¥12 000

毛皮棒球帽

条绒材质，侧面设计了不可取下的狐狸毛，无衬里，顶部设有角扣。另有米白色款可选。

参考价格：￥3 900

踝靴

红色鞋面，搭配着纯白色鞋底，十分抢眼。

参考价格：￥4 300

金属质感高帮运动鞋

参考价格：￥6 700

扁钉牛皮手链

参考价格：￥1 000

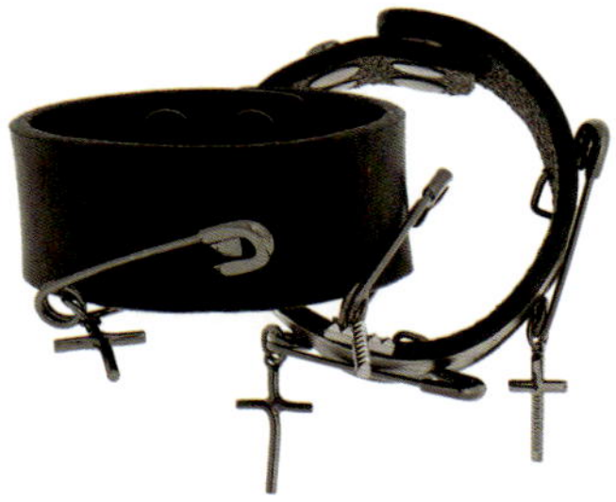

十字架别针皮手镯

参考价格：￥1 600

花坠黄铜项链

枫叶一直是这对加拿大设计师所钟爱的图案。

参考价格：￥1 650

印花围巾

印有骷髅图案，长宽各为 110 厘米。

参考价格：￥2 400

豹纹尖头靴

2.5 厘米鞋跟，侧开拉链。

参考价格：￥2 100

帆布手袋

参考价格：￥3 000

金属质感皮夹克

参考价格：￥15 000

连帽运动衫

正面带有个性的骷髅蛛网图案，在可调节式抽绳帽子的边缘饰有三圈方形金属铆钉。

参考价格：￥5 500

大号印花围巾

棉加莫代尔材质，长宽都为140厘米。

参考价格：￥1 300

圆头系带皮靴

运用了多种颜色的皮革，鞋带也采用了两种不同的样式。

参考价格：￥5 500

弹力九分牛仔裤

贴身款型，表面经过人工做旧及褶皱处理，适合搭配系带皮鞋。

参考价格：￥4 200

豹纹饰面牛津鞋

参考价格：￥3 500

老鹰印花长袖衬衫

正面是两只老鹰，翅膀延伸到背后。

参考价格：￥4 000

高帮帆布鞋

外侧带有骷髅和蛛网图案，前部系带，内侧带有拉链。

参考价格：￥3 650

金属配饰长袖衬衫

参考价格：￥4 700

金属质感高帮运动鞋

参考价格：￥3 000

拼色系带鞋

清新的拼色效果，属百搭款式。

参考价格：￥3 000

金属质感牛津鞋

锯齿形厚底的设计绝对是这款鞋的吸睛元素。

参考价格：￥4 600

撞色高帮运动鞋

多种配色，可搭配短裤。

参考价格：￥3 650

豹纹便鞋

参考价格：￥5 200

金属质感尖头牛津鞋

参考价格：￥4 600

帆布包

翻盖加磁扣设计，无拉链开合，设有拉链贴袋。

参考价格：¥3 500

金属饰面皮手环

参考价格：¥1 600

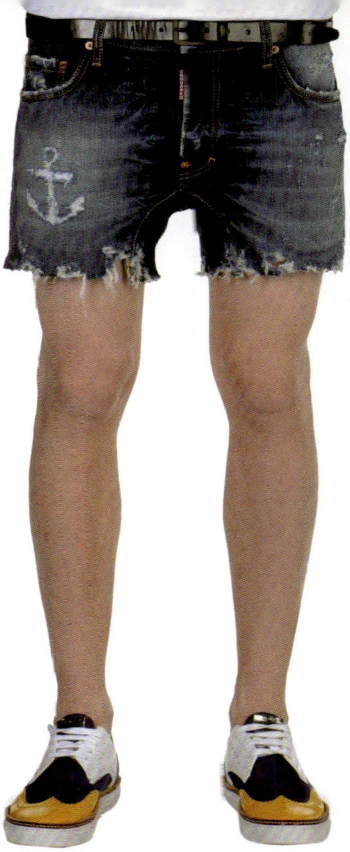

毛边牛仔短裤

毛边设计十分具有休闲感，可搭配拼色皮鞋。

参考价格：¥2 100

链饰腰带

参考价格：¥3 800

骷髅T恤

印有两个骷髅头，面料经人工做旧、磨损处理。

参考价格：¥3 500

金属质感皮手环

参考价格：¥460

金属饰面腰带

参考价格：¥2 800

胸针

参考价格：¥2 550

铆钉腰带

密布的金属铆钉，朋克感十足。

参考价格：¥2 150

豹纹帽

狂野的豹纹，打造个性装扮。

参考价格：¥5 600

胸针

参考价格：¥2 300

直通名店

北京	三里屯
上海	环贸广场 国金中心
南京	德基广场
香港	海港城
东京	银座
迪拜	迪拜购物中心
巴黎	Saint Honoré 精品店
新加坡	ION Orchard 商场

7 For All Mankind

绝对潮牌

被人昵称为“Sevens”的 7 For All Mankind，以其设计独特、纹样繁多的紧身裤和牛仔裤而闻名，自 2000 年诞生以来，除了深受辣妹维多利亚、艾玛·斯通、詹妮弗·劳伦斯、杰西卡·阿尔芭、金·卡戴珊等一众女星，以及时装编辑、形象设计师的爱戴外，阿什顿·库彻、大卫·贝克汉姆、瑞恩·雷诺兹和佩恩·贝格利等知名男星，也都是它的忠实粉丝。该品牌牛仔裤的设计、剪裁、洗色、缝制等过程一律在美国以手工完成，价位较高，售价通常在 2 500 元人民币以上。

浅蓝色窄脚修身牛仔裤

窄脚修身款式，由腰部及大腿处修身至脚踝处，表面做旧处理。

参考价格：￥3 400

镇店潮款

橙色格子衬衫

纯棉材质，橙色格纹元素让这款衬衫充满了年轻与活力，格子控潮人应该不舍得错过吧。

参考价格：￥2 100

印花短袖衬衫

繁复的印花，让这款短袖 T 恤具有了十分吸睛的效果。不妨搭配白色休闲短裤，适合海边沙滩度假，或者搭配修身牛仔裤，打造日常休闲风格。

参考价格：￥1 400

红色休闲长袖 T 恤

双扣领口设计十分别致，款式休闲且颜色百搭。

参考价格：￥1 200

蓝色印花男衬衫

纯棉材质，衬衫上的印花颇显男士的时尚工艺气息。

参考价格：¥2 400

橙色斜纹休闲长裤

修身版型，时尚亮丽的颜色尽显张扬、时尚的个性。

参考价格：¥2 600

蓝色印花男衬衫

纯棉材质，蓝色其实对于穿衣者的肤色要求较高，几何图案纹理搭配白色纽扣，袖口设两对纽扣。

参考价格：¥2 100

黄色牛仔外套

一反传统牛仔服的蓝色调，夹克板型的设计风格，尽显男士的阳刚和帅气。

参考价格：¥2 500

蓝色牛仔短裤

参考价格：¥1 900

红色窄脚修身牛仔裤

红色绝对是潮男们可以经常尝试的颜色，面料舒适，设计简约，日常百搭。

参考价格：¥2 600

直通名店

香港	国际金融中心·希慎广场·海港城·圆方商场·又一城
北京	新光天地·凯德晶品购物中心
沈阳	万象城·卓展购物中心·中兴商业大厦
成都	万象城
厦门	盘基购物中心·中华城美岁百货
天津	银河国际购物中心
杭州	杭州大厦
上海	中信泰富广场
深圳	万象城
哈尔滨	麦凯乐总店

Luis Morais

路易斯·莫莱斯

LUIS MORAIS

绝对潮牌

设计师路易斯·莫莱斯来自巴西，据说他曾于杂志上看见一条心仪手链却购买无门，于是，他在 2002 年于美国创立了自己的同名品牌。路易斯·莫莱斯的作品以手链为主，标志性元素——骷髅头及十字架，为其作品添上了一些哥特式色彩。路易斯·莫莱斯手链十分适合多件同时佩戴，另外，由于通常会使用比较昂贵的材质，比如乌木、K 金等，所以它整体价位较高，很多款式都有 14K 金和 18K 金两种材质选择。

骷髅头十字架吊坠项链

路易斯·莫莱斯的很多款式都十分中性，男女均适合佩戴。

价格请店洽

乌木手链

手工打磨的乌木串珠，结合数颗黑金骷髅头，风格炫酷。

参考价格：￥56 500

镇店潮款

蛇形吊坠串珠手链

彩虹般五彩斑斓的串珠中间，点缀着 14K 金圆珠以及一个蛇形吊坠。

参考价格：￥3 800

Fleur-de-Lis 吊坠项链

14K 金材质，饰有两片花形吊坠，其中一片上饰有宝石。

参考价格：￥24 100

编织手链

麻线编织效果，并在不同位置点缀了 14K 金“纽扣”以及钻饰。

参考价格：￥9 500

蛇形吊坠项链

14K 白金材质，蛇形吊坠上点缀着棕色宝石。

参考价格：¥13 400

四叶草串珠手链

黄绿双色串珠，中间点缀一件四叶草形状 14K 金吊饰。

参考价格：¥3 400

双骷髅开口手镯

14K 白金材质，开口式设计，两端骷髅头上镶嵌亮钻。这款手镯较细，很适合和其他款式的手镯同时佩戴。

参考价格：¥30 000

红色黑色串珠手链

串珠的颜色选择了经典的红黑两色，吊饰的外形源自太阳。

参考价格：¥3 000

蓝色编织绳手链

清新优雅的双圈蓝色编织绳上，14K 金材质饰件采用了锚的形象。

参考价格：¥17 900

骷髅头手链

参考价格：¥12 000

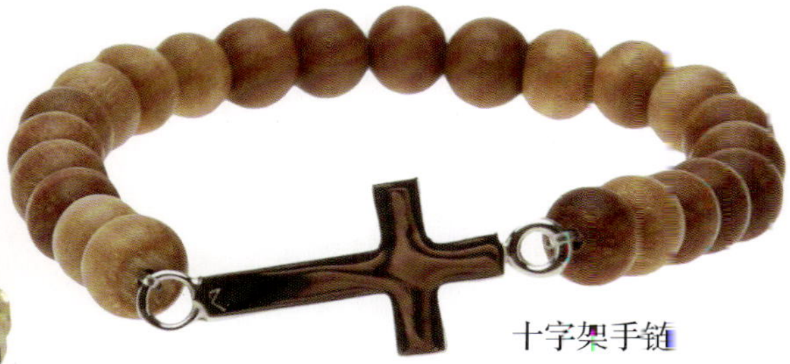

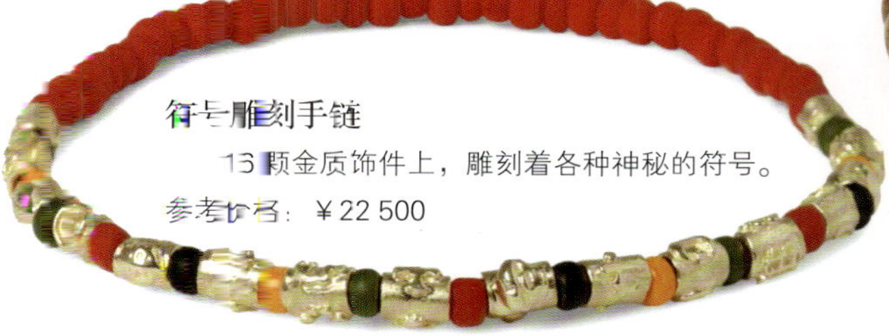

符号雕刻手链

13 颗金质饰件上，雕刻着各种神秘的符号。

参考价格：¥22 500

十字架手链

檀香木串珠中间连接着一个十字架。

参考价格：¥4 000

直通名店

路易斯·莫莱斯品牌的设计作品主要在美国以及欧洲国家的一些世界知名精品店中销售，在亚洲地区的香港、东京、台北也可以买到。

香港　连卡佛

台北　Club Designer 精品店

东京　伊势丹百货

巴黎　Colette 精品店

洛杉矶　Neiman Marcus 精品店

铆钉硅胶手链

黑色硅胶窄链上点缀着 12 颗白金材质尖形铆钉。

参考价格：¥8 500

Triple-Major

TRIPLE-MAJOR

Reinventing popular culture.

绝对潮牌

Triple-Major 以给流行文化带来崭新的观点与启发作为核心概念，集自主设计经营品牌、概念服装店以及创意工作室于一身，在时尚与创意行业内扮演着多个角色。其时装往往打破主流规则，在日常的衣物中加入出人意料的多变元素，并且打破主流的时装季节习惯，不分季节推出适时的新款服装。

Triple-Major 的北京概念店以“药”为设计主题，而上海店则以“墨”为设计的出发点，除了自身品牌的设计作品，店中也引进了很多独立、前卫的设计师品牌，包括丹尼尔·帕力罗、亨利克·维斯科夫等，在被 Triple-Major 引进之前，它们在国内是少有人知的。

鱼尾鞋

材料采用品质上乘的纯牛皮，做工优良，有蓝色、薄荷绿色、白色、黑色等不同颜色可选。

参考价格：￥1 400

Daniel Palillo × Triple-Major

牙齿印花皮鞋

参考价格：￥1 500

镇店潮款

手影系列麋鹿前后图案 T 恤

衣服正面为手势，背后则印有映出的手影。

价格请店洽

手影图案黑色帆布包

纯棉材质，印有马的手影手势以及影像。

价格请店洽

Daniel Palillo × Triple-Major

小狗印花皮鞋

Triple-Major 与芬兰设计师品牌丹尼尔·帕力罗联手合作，推出了这款系带皮鞋，小狗造型十分可爱。

参考价格：¥1 400

条纹印花休闲皮鞋

整体图案以年轮为设计灵感，一边挂有年轮型皮标加以细节点缀。鞋帮为牛皮材质，鞋底为橡胶，穿着舒适。

参考价格：¥1 300

经典熊掌鞋

此款设计为此 Triple-Major 品牌的经典款式，牛皮材质，配合胶底，穿着舒适。

参考价格：¥1 300

标点符号短裤

男女皆宜的款式，两侧口袋是双层的特别设计。

参考价格：¥600

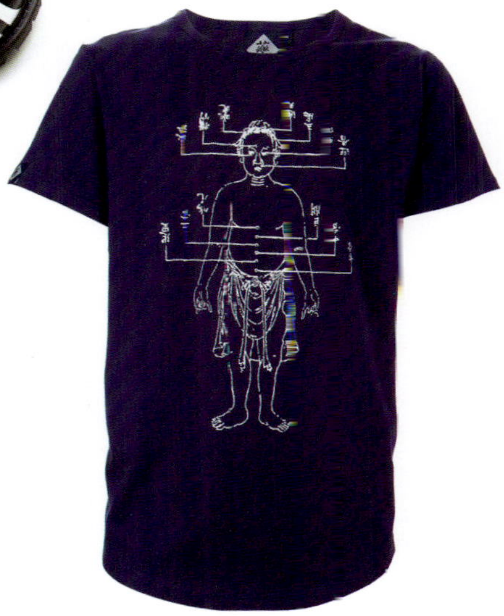

中医针灸图案短袖T恤

在这款T恤的正面和背后，分别印有中医人体针灸图案的正面和背部图案。

价格请店洽

中药材印花衬衫

这款衬衫是 Triple-Major 北京店与上海 Crane 品牌合作两周年纪念款，满幅药材印花，独特新奇。

参考价格：¥800

手影系列满幅印花衬衫

采用牛津纯棉布料，使衬衫更为笔挺，中性款式潮男潮女都可穿着。

参考价格：¥800

直营名店

Triple-Major 在北京和上海设有店面。其产品可在官方网店上，以及世界多个国家的代理商店，例如东京的 Wut Berlin、米兰的 Wok Store 里买到。

北京　宝钞胡同

上海　绍兴路

Henrik Vibskov
亨利克·维斯科夫

绝对潮牌

HENRIK VIBSKOV

关于丹麦鬼才设计师亨利克·维斯科夫的这个同名品牌，很多人大多会使用设计风格怪诞、荒唐、鬼马，以及用色大胆、丰富等词来形容。事实上，尽管看似夸张，但该品牌的男装已经越来越注重实穿性，针织衫、印花西装等作品在显得随意而舒适的同时，也一改北欧时装设计低调的做派，潮范儿十足，非常值得关注。

印花背包

帆布材质，红白配色，多层对拉式拉链设计十分别致。

参考价格：￥1 600

镇店潮款

Daniele 火烈鸟印花九分裤

九分裤的长度，搭配浅口休闲款皮鞋，以及一件白色衬衫，潮范儿十足。

参考价格：￥1 700

Daniele 火烈鸟印花外套

印有形态各异的火烈鸟捕食图案，前部长拉链开合，设有两个大号贴袋，并于左侧胸前设有金属拉链，衣服还配有防风帽子。

参考价格：￥3 700

IB 火烈鸟印花长袖衬衫

这款长袖衬衫的左右胸口部位各有一个贴袋，领角、袖口、前襟、袋口处均有纽扣。这类彩色印花图案的衬衫往往只要搭配一件纯色西装外套就十分出彩了。

参考价格：￥1 500

Metropolis 印花T恤

圆形领口，前面带有大都会以及动物图案印花。

参考价格：￥500

圆点西装

大面积白色加橙色的底色，饰以密集的黑色圆点。尽管不像豹纹那样纯粹野性，但整体风格上依然略显豪放不羁。

参考价格：￥3 400

圆点九分裤

九分长度，圆点元素本身十分容易成为视觉焦点，不妨搭配一件简单的白色衬衫，如果想更加高调一点，可以搭配一双具有豹纹或者铆钉元素的休闲鞋。

参考价格：￥1 200

印花帽

参考价格：￥650

羊毛围巾

参考价格：￥1 600

Metropolis 帆布包

造型简约、轻便，容量较大，十分适合夏季出行使用。

参考价格：￥500

Monday 开襟毛衣

V领开襟设计，用色多而不乱。

参考价格：￥2 000

搭配建议：

Monday 针织帽

（参考价格：￥700）

直通名店

北京 Triple-Major 精品店

上海 Triple-Major 精品店

纽约 SOHO 购物区

哥本哈根 Krystalgade 街

Kris Van Assche
克里斯·万艾思

绝对潮牌

KRISVANASSCHE

克里斯·万艾思是一位出生在比利时的设计师，曾效力于圣罗兰以及迪奥，2005 年成立了自己的品牌。该品牌设计风格最显著的特点，莫过于将休闲风格与经典定制男装巧妙地结合在一起，将奢华的面料与超强实用性的完美组合，带来一种难以效仿的优雅风尚。

镇店潮款

2013 年春夏西服短裤套装

西装配合短裤的造型本身已经是现在的大热潮款，而这款套装还运用了黑白色调的大圆点图案，十分吸睛。

价格请店洽

短袖衬衫

短袖款式，正面带有黑色鳄鱼皮纹图案。

价格请店洽

羊毛毡粗呢外套

牛角扣与拉链前襟开合，袖口有袢带，两个外侧袋，两个内袋。

参考价格：￥10 000

搭配建议：

新款手袋（价格请店洽）

绒面与府绸套衫

绒面蓝色幅面结合府绸白色幅面，带抽绳风帽，袖口设有两粒纽扣，暗纽扣前襟。

参考价格：¥3 700

红色高帮运动鞋

超长系带设计，后跟拉链开合，红白配色十分醒目。

价格请电洽

帆布肩包

拉链开合，前口袋按扣开合，防水PVC包底，帆布肩带可取下。

参考价格：¥1 500

拼色靴

圆头设计，黑色与黄色相搭配，对比效果强烈。

参考价格：¥7 700

太阳镜

在纯黑镜框中央，加入了特别的红色元素。

参考价格：¥2 800

老鹰印花图案围巾

灰黑色调，带有老鹰图案印花，可以搭配V领毛衣或者休闲西装。

参考价格：¥3 100

蜂窝纹花呢夹克

黑色幅面为厚平纹棉，灰色幅面为棉和羊毛混纺花呢，三粒扣前襟，板型笔挺。

参考价格：¥9 300

纯皮高帮运动鞋

超长系带设计，后跟拉链开合，有多种颜色可选。

参考价格：¥4 200

直通名店

香港 Harvey Nichols 百货

巴黎 Rue Saint Roch 旗舰店

佛罗伦萨 Luisa Via Roma 精品店

Diesel

迪赛

绝对潮牌

迪赛于 1978 年诞生于意大利，以男女休闲时装为主要产品，而牛仔是其主打元素，同时涉及配饰、包袋、腕表、眼镜、鞋类、行李箱等。迪赛的牛仔装常常经过磨洞、污渍、手工漂染、做旧等工序处理，富于变化和创意，十分个性。目前，迪赛已经发展出了迪赛黑金、55DSL、迪赛童装等一些副线品牌，其中，迪赛黑金一直以设计新潮著称，价位颇高，但其拥趸依然很多。

镇店潮款

DZ7279 腕表

这款腕表具有多国时区显示功能，并且结合了创意电子双显设计，防水深度 300 米，底盖带有莫西干人头像形象，搭配红色橡胶表带。

参考价格：￥2 400

Cuplet 帽子

2013 年秋冬新款，材质为人造丝及亚麻。

参考价格：￥850

连帽运动衫

纯棉材质，洗旧效果，前部带有莫西干人头像图案。

参考价格：¥2 000

针织短袖上衣

纯亚麻材质，渐变色调，适合搭配浅色系牛仔裤或短裤。

参考价格：¥1 200

印花背心

休闲感的印花，领口以及袖口处带有红色饰边。

参考价格：¥300

Tepphar 0564A 牛仔裤

棉加聚酯纤维材质，特殊晕染效果处理。

参考价格：¥1 800

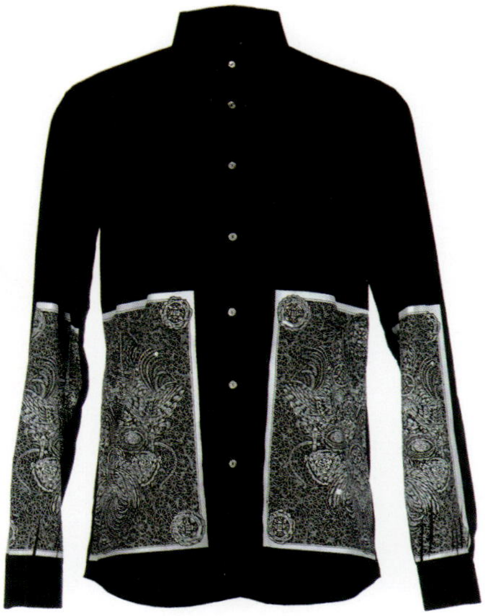

印花纯棉衬衫

出自迪赛黑金系列，纯棉材质，另有白底黑花款式，绝对符合钟爱黑白配潮人的品位。

参考价格：¥1 100

沙滩游泳短裤

参考价格：¥550

Chrom 浅口皮鞋

小牛皮材质，鞋面采用了别致的拼接效果。

参考价格：¥1 400

短袖印花 T 恤

出自迪赛黑金系列，纯棉材质，圆形领口。

参考价格：￥850

搭配建议：

浅口皮鞋

（参考价格：￥1 400）

Narrot 0812W 牛仔裤

浅蓝色调，九分长度，叶片形状的印花十分具有海滨度假风情。

参考价格：￥2 400

Thavar 0821B 牛仔裤

表面采用仿旧效果处理，搭配 T 恤和休闲衬衫都很出彩。

参考价格：￥2 800

小牛皮腰带

100% 小牛皮材质，饰以花纹及金属铆钉装饰。

价格请店洽

牛皮手链

参考价格：￥400

双肩背包

70% 帆布加上 30% 牛皮材质，拉链开合。

参考价格：￥2 900

莫西干人头像手袋

带有迪赛标志性的莫西干人头像形象，拉链开合，搭配可拆卸式肩带。

参考价格：￥2 400

印花短袖T恤

圆形领口，印花图案中带有骷髅头形象，有灰色、紫色等不同颜色可选。

参考价格：¥600

搭配建议：

长款毛衣外套

（参考价格：¥2 900）

莫西干人头像T恤

有黑色、蓝色、灰色等不同颜色可选。

参考价格：¥400

超长款毛衣

主要材质为羊毛和阿克力纤维，超长款型，对襟为六粒纽扣式设计。

参考价格：¥2 000

Havar 0816M 牛仔裤

横向条纹效果，多处细节经过了特殊的磨旧处理。

参考价格：¥2 100

Thanaz 0813Z 牛仔裤

这款牛仔裤经过染色、磨旧、褶皱等多道生产工序，极具独特视觉效果。

参考价格：¥1 500

双扣西服上衣

2013 年秋冬新款，三兜式设计，表面带有风景印花图案。

参考价格：￥5 300

Darron 008QU 牛仔裤

修身板型，色彩明亮，有湖绿、蓝、红、象牙白等多种不同颜色可选。

参考价格：￥1 200

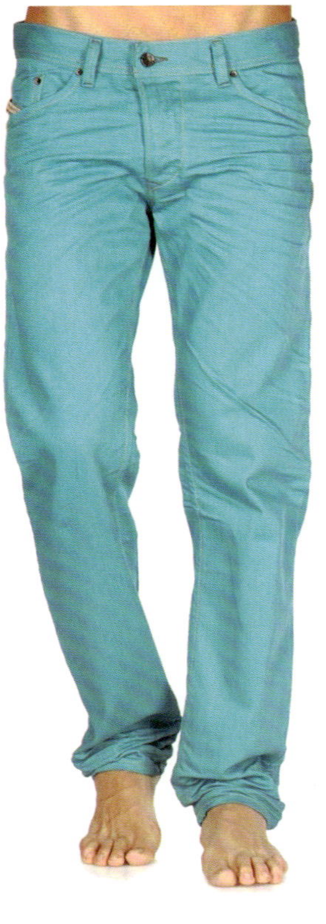

草编帽

一项不失品位的帽子，绝对是潮男出行时必不可少的标配。

参考价格：￥850

Excess–NP 牛仔裤

出自迪赛黑金系列，腰部采用渐变色调。

参考价格：￥3 550

V 领短袖 T 恤

出自迪赛黑金系列，纯棉材质，配合抽象印花图案。

参考价格：￥700

K–Dub 毛线帽及围巾

100%阿克力纤维材质，有红色和蓝色可选。

参考价格：帽子￥300

围巾￥400

小羊皮外套

极富质感的柔软小羊皮材质，衬衫板型设计颇为独特。

参考价格：￥4 000

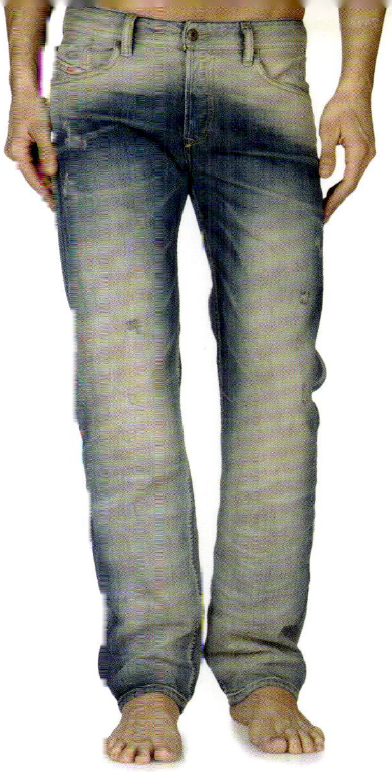

Waykee 0811A 牛仔裤

直筒板型，晕染效果十分与众不同。

参考价格：¥2 400

搭配建议：

短袖T恤（价格请店洽）

DZ7262 腕表

超大表盘，具有强大的多时区计时显示功能，30米深防水功能，搭配黑色真皮表带。

参考价格：¥6 000

Cursa 腰带

参考价格：¥2 000

牛皮钱包

70%小牛皮加30%水牛皮材质，内设拉链夹层。

参考价格：¥1 000

Move M 行李箱

参考价格：¥3 400

Barny-PR 浅口皮鞋

出自迪赛黑金系列，鞋面饰有满幅印花图案。

参考价格：¥2 000

高帮运动鞋

出自迪赛黑金系列，表面经过污旧染色效果处理，暗红色皮革搭配红色鞋带，橡胶鞋底。

参考价格：¥2 400

直通名店

迪赛在中国地区的店面有很多，它在北京、上海、成都、重庆、沈阳、广州、南京、西安等城市的一些大型购物中心都设有店面。

北京 三里屯·新光天地·东方广场

上海 恒隆广场

广州 丽柏广场

沈阳 恒隆广场·中兴商业大厦

南京 德基广场

大连 百年城

Basso & Brooke

百索 & 布鲁克

绝对潮牌

百索 & 布鲁克品牌诞生于 2003 年，由来自巴西的 Bruno Basso 和来自英国的 Christopher Brooke 共同创立。品牌设计师一直钟情于印花风格，而且从时装到包袋再到帆布帽，所呈现的印花图案都是在当下的印花设计中极具先锋性的，图形抽象但色彩鲜明，大胆独特却不浮夸，而且还透露出了运动休闲风格，比较适合混搭范儿。

镇店潮款

玫瑰印花帆布帽

纯棉材质，无衬里，满幅玫瑰印花图案。

参考价格：￥1 200

Everything Gone Gold 印图帆布帽

带有秋天的金黄色调，帽檐上带有限量版标识，限量发售。

价格请店洽

手工制印图纯皮托特包

棕色小牛皮材质，前幅印图，无衬里，搭配可调节、可拆卸式的真皮肩带。

参考价格：￥3 500

印图纯棉平纹 T 恤

纯棉材质，圆形领口，前幅为抽象印花图案，背面为黑色。

参考价格：￥1 400

手工制印图纯皮托特包

长为 33.5 厘米，宽为 10 厘米，高为 39.5 厘米，黑色小牛皮材质，前幅印图，双条手柄。

参考价格：￥3 500

直通名店

百索 & 布鲁克的设计作品主要在英国、法国、意大利、希腊等欧洲国家的一些知名的高端精品店中可以买到，在亚洲地区，北京、香港、首尔等地的一些精品店也有引进。

- 北京　老佛爷百货
- 香港　Harvey Nichols 百货
- 东京　Fake 精品店
- 首尔　Koor 精品店

Spred Darling 印图帆布帽

纯棉材质，配色十分鲜艳。

价格请店洽

Icelandic 印图帆布帽

蓝白配色，颇有冰天雪地的感觉，限量发售。

价格请店洽

印花帆布帽

纯棉材质，无衬里，图案与 T 恤同款。

参考价格：￥1 200

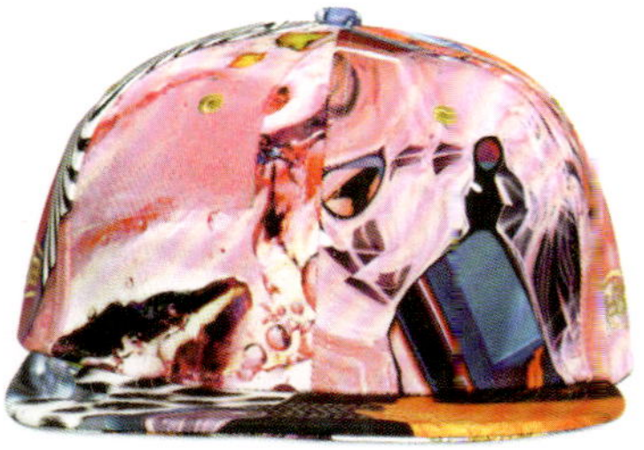

印图帆布帽

无衬里，侧面带有“B&B”刺绣标志。

参考价格：￥1 200

印图帆布帽

百索 & 布鲁克的印花图案大都极为抽象，十分适合混搭风。

参考价格：￥1 200

印图纯棉平纹 T 恤

纯棉材质，色彩丰富的印花图案十分显眼。

参考价格：￥1 400

Jo Ghost

绝对潮牌

Jo Ghost 于 1965 年诞生于意大利小镇蒙泰格拉纳罗，其设计常常在渐变、拼接上大做文章，并且善于打造不同材质的拼接款式。此外，Jo Ghost 鞋款上经常会出现加长的方形鞋头前脸。对于追求个性、喜欢变化的潮男来说，这个牌子很值得关注。

带扣短靴

斑纹效果颇为野性，设有皮革带扣。

参考价格：￥3 800

镇店潮款

斑马纹短靴

马驹皮材质，带有黑白相间的斑马纹效果。

参考价格：￥2 900

压花黄貂鱼皮系带鞋

黄貂鱼皮是比较少见的制鞋材质，鞋面效果十分与众不同，可搭配九分裤。

价格请店洽

印花效果浅口系带鞋

印花效果十分与众不同，建议搭配白色短裤。

参考价格：￥2 650

圆头系带鞋

斑驳的色调，个性中流露着雅致，系带式设计。

参考价格：￥2 600

打孔带扣鞋

鞋面以细孔进行旋涡形状的纹样装饰，搭配扣带。

参考价格：￥2 100

渐变拼接效果浅口系带鞋

绒面皮革，方形加长鞋头，渐变效果极为别致。

参考价格：￥2 900

彩色条纹效果短靴

内侧拉链，拉链头上带有小挂锁装饰，彩色条纹效果比较适合混搭风。

参考价格：￥2 600

浅口系带鞋

墨绿搭配红色褪染效果，并加以压印铆钉效果装饰。

参考价格：￥2 100

拼接效果短靴

运用了蜥蜴皮、蟒蛇皮和鳄鱼皮等多种不同色调的不同材质，进行地图状拼接，内外双侧都设有拉链。

参考价格：￥3 300

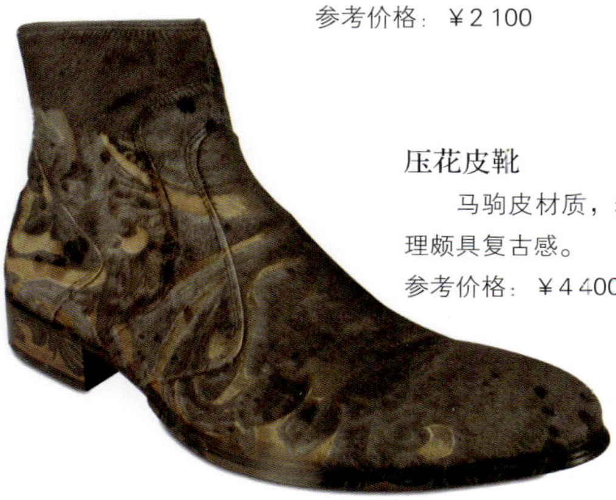

压花皮靴

马驹皮材质，表面的压花处理颇具复古感。

参考价格：￥4 400

斑马纹系带鞋

马驹皮材质，带有黑白相间的斑马纹效果，可以搭配浅色长裤。

参考价格：￥2 100

拼接效果浅口系带鞋

方形鞋头，不同颜色以及纹理效果的运用，让这款鞋成了潮男鞋柜中的明星款。

参考价格：￥3 150

直通名店

Jo Ghost 的店面主要在欧洲开设，特别是在杜塞尔多夫、柏林、法兰克福、慕尼黑等一些德国城市，在法国马赛，以及一些知名的国外精品购物网站上也可以买到。

Bernard Delettrez

绝对潮牌

Bernard Delettrez

Bernard Delettrez 是一位来自于法国的设计师，其品牌饰品并没有强烈的地域性，注重新材质与原材质的混合处理，主要呈现一种浪漫主义的暗黑风格，造型常常源自于蛛网、昆虫、羽毛、骷髅头、骨骼、蝙蝠以及其他一些自然元素。值得一提的是，该品牌设计的很多代表作戒指，十分适合作为食指戒来佩戴，潮范儿十足。

大眼青蛙戒指

参考价格：￥3 360

镇店潮款

可活动式鳄鱼戒指

这样一条活灵活现的小鳄鱼，戴于手指上十分别致。

参考价格：￥3 000

爪形戒指

仿真鸟爪造型，不妨戴于食指或者小指上，效果极佳。

参考价格：￥1 300

可活动式羽毛戒指

这款戒指依然采用的该品牌十分擅长的可活动式设计，可以满足手指的弯曲及活动幅度。

参考价格：￥2 100

猫头鹰戒指

抛光的铜质立体猫头鹰造型极为逼真，十分抢眼。

参考价格：￥2 800

可活动式铆钉戒指

可以随手指的活动幅度进行灵活弯曲，尖钉和骷髅头元素的同时运用十分大胆前卫。

参考价格：￥2 400

红唇戒指

如果想给自己的穿搭风格来一点“重口味”，相信这款戒指一定能够达到效果。

参考价格：￥3 400

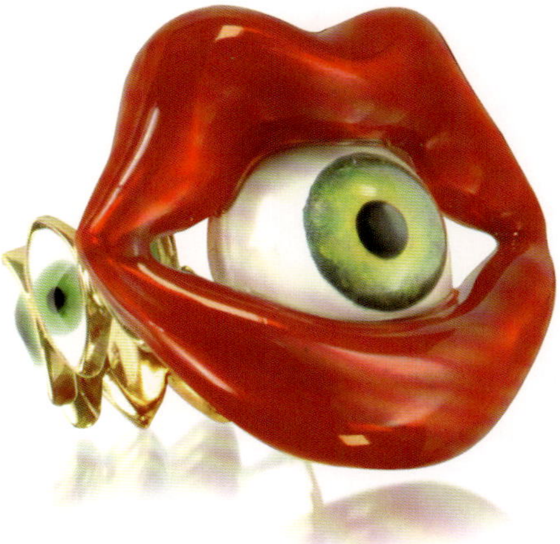

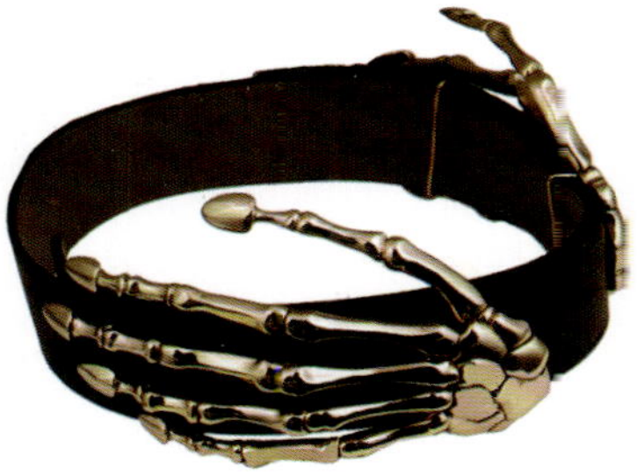

手部骨骼手镯

手部骨骼是该品牌中经常会出现的元素，经常运用在项链、手链上。

价格请店洽

蝙蝠双指戒指

蝙蝠造型，双管式设计，可以在一定幅度内进行活动。

参考价格：￥2 400

黑玛瑙骷髅戒指

顶部是一颗黑玛瑙材质骷髅头，白金底座两边雕刻着耶稣受难像。

参考价格：￥9 200

绿眼蛇形戒指

真正的潮男，大概不会让自己的食指上空无一物吧。

参考价格：￥2 200

乌木骷髅头戒指

3 颗骷髅头分别捂住了自己的耳、口、眼，比喻对邪恶不听、不说、不看。

参考价格：￥3 400

可活动式盾形戒指

盾形设计，以黑钻进行装饰，中央是骷髅头形象。

参考价格：￥36 200

蛛网戒指

蛛网形状十分别致，建议将其戴于食指位置上。

参考价格：￥1 300

直通名店

北京　新光天地

上海　新天地 Alter 店

杭州　Liml 精品店

香港　Harvey Nichols 百货

首尔　Tom Greyhound Downstairs 精品店

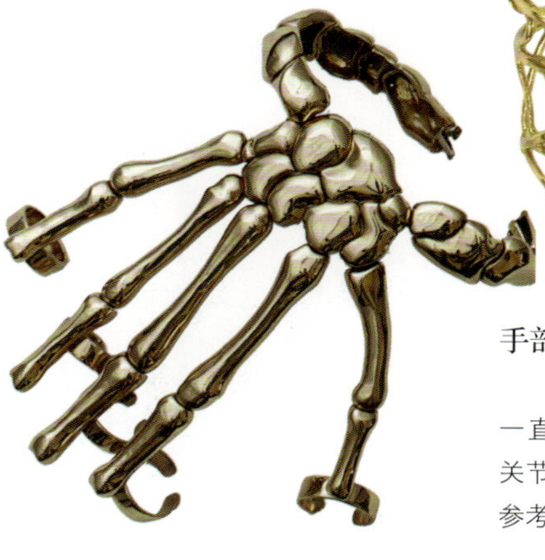

手部骨骼手镯

这款手镯的设计十分另类，从手腕一直延伸到手指，根据个人手型定做，关节处可以活动。

参考价格：￥16 400

Comme des Garcons

川久保玲

COMME des GARÇONS

绝 对 潮 牌

即使把标签全剪了，再扔到地摊上，达人们也能一眼辨认出川久保玲的产品。那些离经叛道的人、忧郁的人、对假正经和刻板感到厌烦的人，大概都会被川久保玲所吸引。大多数人对川久保玲的认识是从那些满天飞舞的黑眼红心 T 恤开始的。明明只是印在衣服上的一个简单的大 Logo，却俨然成为时尚的标志物。

川久保玲的设计风格十分前卫，善于融合东西方的概念，被服装界誉为“另类设计师”。她的设计正如其名，独立、自我主张——只要我喜欢，有什么不可以？她将日本典雅沉静的传统、立体几何模式、不对称重叠式创新剪裁，加上利落的线条与沉郁的色调，与创意结合，呈现很具意识形态的美感。

1978 年品牌开始推出男装，川久保玲贯彻了一种雌雄同体的精致美。不是男装女穿，也不是女装男穿，而是让女人与女孩有一种酷酷的范儿，让男人带上了女人的敏感与男孩的满不在乎。

川久保玲擅长使用低彩度的布料来构成特殊的服饰，其中有许多是单件同一色调的设计，特别是黑色，可以说是川久保玲的代表颜色。

镇店潮款

黑色长款羊毛大衣

翻领、单排扣设计，衣服前部以蛇纹皮革及PVC材料装饰。

参考价格 ￥16 300

条纹修身衬衫

纯棉面料，黑白条纹设计，衣襟前面以光面及压纹皮革装饰。

参考价格：￥3 200

灰色牛仔长裤

牛仔布面料，搭配灯芯绒装饰，直筒裤款式设计。

参考价格：￥1 300

黑白对比圆点休闲鞋

纯皮鞋面，鞋面有黑色波尔卡圆点图案装饰，特点十足。

参考价格：￥5 400

绿色橡胶底休闲鞋

参考价格：￥3 000

搭配建议：

黑色圆点腰带（参考价格：￥1 600）

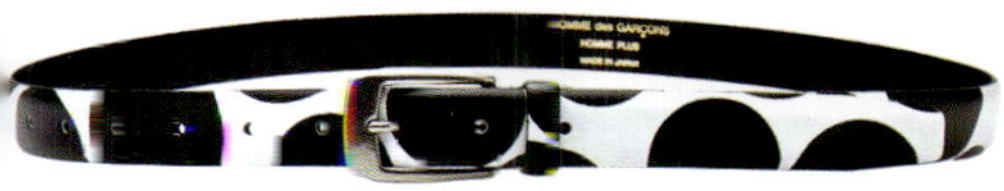

买手必购榜

Tailored Jacquard 晚礼服

腈纶及人造丝面料，垫肩设计，前幅有两个口袋。

参考价格：￥8 850

Multicolor Star Wars Multi Logo 购物袋

100%尼龙材质，带侧口袋。

参考价格：￥2 400

黑色圆点图案 T 恤

纯棉面料，圆领、螺纹设计。

参考价格：¥1 950

心形标志 T 恤

纯棉面料，采用特色圆领设计元素。

参考价格：¥850

多色块上衣

纯棉面料，翻领、双扣设计。

参考价格：¥4 250

条纹船领毛衫

羊毛面料，具有海魂衫风格。

参考价格：¥2 400

拼色条纹开衫

纯羊毛面料，长袖、V 领设计。

参考价格：¥4 300

卡通素描印花长裤

卡通图案印花，风格俏皮而又充满青春的活力。

参考价格：¥4 050

提花直腿裤

涤纶面料。五口袋设计，膝盖处带防磨内衬。

参考价格：¥3 100

Buttoned 三扣外套

羊毛面料，以拼布图案点缀。

参考价格：¥9 750

木炭灰宽松短裤

羊毛面料，深裆款设计。

参考价格：¥4 800

搭配建议：

Storm Trooper 印花 T 恤（参考价格：¥1 100）

拼色低帮休闲鞋

纯皮鞋面。黑白格子设计，搭配金色点缀，圆头，橡胶鞋底。

参考价格：¥5 400

黑白格子乐福鞋

纯皮鞋面，黑白格子图案装饰，圆头，低帮，橡胶鞋底。

参考价格：¥5 400

数字图案印花运动鞋

数字印花图案鞋面，圆头，白色橡胶鞋底。

参考价格：¥2 400

多色块运动鞋

绿色、红色、蓝色拼色设计，圆头，白色橡胶鞋底。

参考价格：¥1 400

灰色旅行手提包

双手柄，顶部拉链封口，底部配防磨栓钉。

参考价格：¥3 000

Star Wars 运动手提包

黑色包面。双提柄，配防磨塑料栓钉，40 厘米长。

参考价格：¥1 400

浮雕数字图案钱包

纯皮包面。内部有可放 10 张银行卡的隔层。

参考价格：¥1 300

亚麻条纹帽

参考价格：¥1 800

搭配建议：

补丁图案衬衫（参考价格：¥2 250）

绿色帆布手提包

帆布包面，配皮革饰边，双提手设计。长 43 厘米，宽 17 厘米，高 41 厘米。

参考价格：¥2 600

蓝色条纹毡帽

采用海军蓝和白色对比条纹设计。

参考价格：¥1 900

直通名店

川久保玲在世界范围内大约设有 200 个专柜及精品店，继 I.T 于香港开设川久保玲专门店后，川久保玲在北京登陆。

北京 金融街购物中心·三里屯

香港 中环

ETRO

Etro
艾特罗

绝对潮牌

艾特罗翻译为中文就是“格调”的意思。以希腊神话中展翅飞翔的骏马珀伽索斯为标志，它的经典代表图案是佩斯利花纹(状若腰果)，这种复杂的图案被大量运用到艾特罗的服饰、皮具等产品中。

以明亮色彩与佩斯利花纹为品牌特色的艾特罗，常以鲜艳浓郁的色彩和带有文化背景的剪裁设计，为时尚圈引领起一股艺术气息。它为男士设计的各系列产品的表现同样具有浓重的异域风情。色彩上更是常突出繁复的特点，图案上大量运用各种变形的佩斯利花纹，给人们带来赏心悦目的视觉盛宴。看似随意的产品款型，无不彰显华丽自信、洒脱不羁的潮男生活态度。

值得一提的是，艾特罗很早便成为意大利顶级奢侈品牌协会 Altagamma 的会员。不少电影和戏剧都愿意选用艾特罗的产品为服装道具以展示华丽与独特，更有许多国际男明星钟情艾特罗，像艾尔顿·约翰、汤姆·杰弗里·汉克斯、大卫·鲍威等都是艾特罗店里的常客。

镇店潮款

佩斯利图案 Polo 衫

棉及氨纶面料，图案具有异域风格。

参考价格：¥2 200

热带植物图案白色 Polo 衫

棉及氨纶面料，Polo 衫上的图案的设计灵感来自热带地区生长的各类植物。

参考价格：¥2 200

皇室蓝刺绣天鹅绒便鞋

参考价格：¥3 800

曼陀罗图案印花呢子大衣

如果穿上它，街拍效果绝对惊艳到爆棚。

参考价格：¥17 000

水洗棉印花衬衫

纯棉面料，印有佩斯利图案及几何图案。

参考价格：￥3 100

橙色佩斯利图案上衣

如果对于自己的身材足够自信，这款上衣将十分出彩。

参考价格：￥9 550

搭配建议：

橙色佩斯利图案长裤

（参考价格：￥5 500）

创意图案T恤

纯棉面料。圆领设计，衣服正面带有色块印刷图案。

参考价格：￥1 300

棕榈叶编织休闲帽

浅棕、深棕的对比色调提升了时尚感。搭配小方巾，时尚感呼之欲出。

价格请店洽

佩斯利浮雕图案休闲鞋

小牛皮鞋面，皮革鞋底。

参考价格：￥4 000

米色麂皮牛仔靴

麂皮靴面，靴筒为皮革材质，并以橄榄绿浮雕花纹装饰。

参考价格：￥5 300

佩斯利印花长裤

纯棉面料，时尚感强烈。

参考价格：￥5 500

买手必购榜

浆果色天鹅绒上衣

佩斯利花纹带来浓厚的异域风情，街拍出彩指数极高。

参考价格：¥10 200

提花图案长裤

细腿裤款型，适合搭配前卫的运动夹克、印花T恤。

参考价格：¥3 650

拼接风格时尚男帽

不用多想了，潮男的衣帽间里绝对该留有它的位置。

参考价格：¥1 700

灯芯绒拼布大衣

看似传统的款式，却洋溢着挡不住的时尚风格。适合搭配带图案的衬衫和佩斯利围巾。

参考价格：¥10 200

蓝色抽象图案上衣

尼龙面料，插兜处以羊皮加以点缀。

参考价格：¥9 100

格子呢镶皮休闲鞋

参考价格：¥4 300

虎纹印花拖鞋

小牛皮鞋面，皮革鞋底，鞋面为虎纹图案。

参考价格：¥6 750

数码喷绘图案衬衫

纯棉面料，图案鲜艳、色彩明快，充满青春的活力。

参考价格：¥2 500

拼色高帮运动鞋

圆头漆皮鞋面，橡胶鞋底，系带款式。

参考价格：¥1 500

棕色佩斯利小牛皮旅行袋

配可拆卸肩带，长 38 厘米，宽 25 厘米，高 35 厘米。

参考价格：￥9 200

中性色调斜挎包

小牛皮包面，长 37 厘米，宽 15 厘米，高 26 厘米，配实用肩带。

参考价格：￥4 700

多色印刷图案钱包

参考价格：￥3 000

佩斯利浮雕斜挎包

小牛皮包面，适合工作时携带使用。

参考价格：￥4 850

佩斯利羊绒丝绸围巾

印有精美的佩斯利图案和几何图形，长 200 厘米，宽 70 厘米，是衣橱中必备的单品。

参考价格：￥3 000

佩斯利图案简约风踝靴

小牛皮靴面，鞋面上以佩斯利图案装饰。有了它，简简单单的一款牛仔裤都可以穿搭出潮范儿。

参考价格：￥2 800

红色佩斯利图案运动鞋

小牛皮鞋面，橡胶鞋底。适合搭配牛仔裤或修身长裤。

参考价格：￥2 750

格纹系带休闲鞋

纯羊毛鞋面，以红色小牛皮装饰，橡胶鞋底。

参考价格：￥2 950

树皮纹低腰长裤

细腿裤款型，适合搭配色彩鲜艳的 T 恤。

参考价格：￥2 300

佩斯利图案浅口鞋

以蝴蝶结装饰，适合休闲场合穿着。

参考价格：￥2 650

中性色调佩斯利围巾

面料为90%莫代尔，10%羊绒。围巾图案以米兰大教堂为主题，长185厘米，宽60厘米。

参考价格：￥1 850

佩斯利图案围巾

50%羊毛，50%丝绸面料。长140厘米，宽140厘米。

参考价格：￥2 550

羊毛混纺平顶帽

参考价格：￥1 350

蓝色羊毛毡帽

具有强烈的意大利风格，在休闲场合戴上它会为你增添阳光、洒脱的男性魅力。

参考价格：￥1 400

搭配建议：
灰色圆领T恤
（参考价格：￥1 300）

搭配建议：
佩斯利花纹羊绒围巾
（参考价格：￥1 700）

直通名店

艾特罗目前拥有200家精品店，其中北京的国贸商城店是迄今为止中国最大的艾特罗店铺。

北京 国贸商城·新光天地·东方广场
上海 梅龙镇广场·静安嘉里中心·环贸广场
广州 丽柏广场
香港 置地广场
台北 丽晶精品·崇光百货复兴馆
高雄 梦时代购物中心
巴黎 福宝大街店

佩斯利花纹手提包

小牛皮包面，棕色佩斯利花纹与浅棕色手柄形成完美对比，配可调式肩带。长37厘米，宽7厘米，高31厘米。

参考价格：￥6 200

Maison
Martin Margiela
马丁·马吉拉时装屋

Maison Martin Margiela

PARIS

绝对潮牌

品牌中文全名是马丁·马吉拉时装屋，但人们习惯把它简称为马丁·马吉拉。创始人梅森·马丁·马吉拉一直都以一名先锋工匠和时尚艺术家身份受到人们的喜爱和赞誉，“解构鬼才”说的就是他。马丁·马吉拉时装屋让全球拥趸趋之若鹜。曾任巴黎世家设计师15年之久的著名设计师尼古拉斯·盖斯奇埃尔一直是马丁·马吉拉时装屋的忠实粉丝，他曾多次在公众场合宣称自己常穿马丁·马吉拉的品牌服饰。

即使梅森·马丁·马吉拉隐退，当品牌以团队形式完成新的设计时，其设计理念和品牌精髓依然被设计团队忠实地继承下来。“解构、古怪的剪裁、易装术”被奉为品牌设计的要义。马丁·马吉拉时装屋在讽刺时尚的同时仍然对时尚表现出无比的崇尚。品牌闻名遐迩的卓越剪裁和无与伦比的考究设计，无不体现着激进的时尚理念，绝对当得起一个“怪”字。

男士产品在继承品牌总体风格的同时，也不断给人惊喜。人们不时能看见稍显夸张的搭配设计，旅行款式的宽松夹克搭配宽腿的褶皱长裤，T恤、运动衫搭配拉链式夹克或轻柔的针织衫等。就算只是白衬衣搭配黑色长裤都显得格外潇洒随性、潮范儿十足。

新款高帮运动鞋

价格请店洽

镇店潮款

火焰图案印花T恤

纯棉面料，七分袖设计，火焰印花图案酷感十足。

参考价格　¥1 950

仿旧设计牛仔外套

采用水洗牛仔布面料，立领，前拉链设计。

参考价格：¥6 100

搭配建议：

补丁装饰牛仔裤（参考价格：¥4 200）

双领运动皮夹克

黑色小牛皮材质，配不对称拉链、肩章。

参考价格：￥15 800

银白双色反光高帮运动鞋

反光材料，皮革和麂皮鞋面，圆头，橡胶鞋底。

参考价格：￥4 800

羊皮高帮运动鞋

参考价格：￥4 450

买手必购榜

黑色帆布手提旅行包

帆布包身，配皮革装饰。

参考价格：￥7 200

棕色真皮大号托特包

配双提手，挂钩封包。

参考价格：￥7 300

蓝白拼图圆领 T 恤

纯棉面料，具有海军风格的图案设计，领口为针织螺纹设计。

参考价格：￥1 500

棕色无袖印花 T 恤

纯棉面料，倒领口装饰设计。

参考价格：￥1 950

羊毛混纺纯色针织外套

采用螺纹披肩领设计。

参考价格：￥6 100

鹿皮涂鸦低帮运动鞋

鹿皮鞋面，彩色颜料装饰风格十分特别。

参考价格：¥3 300

白色魔术贴高帮鞋

小牛毛鞋面，橡胶鞋底。

参考价格：¥6 100

Replica 皮革邮差包

光滑皮革包身，配鳄鱼压纹可拆卸肩带。

参考价格：¥7 400

小羊皮特伦奇风衣

双排扣，配肩章。

价格请店洽

棕银双色编织腰带

真皮材质，适合搭配牛仔裤和靴子。

参考价格：¥2 400

棕色复古风腰带

真皮材质，椭圆形皮扣。适合搭配开衫和修身牛仔裤。

参考价格：¥2 400

多色漆皮高帮运动鞋

皮革和鹿皮鞋面，漆皮装饰，圆头，橡胶鞋底。

参考价格：¥4 700

棕色皮质板鞋

采用不needs系带的设计，穿脱方便，橡胶鞋底，适合搭配翻边牛仔裤。

参考价格：¥3 100

直通名店

马丁·马吉拉时装屋在世界范围内的影响力是巨大的，北京、香港、伦敦、米兰、纽约等城市都有它的精品店。

北京 三里屯

香港 中环

伦敦 Bruton Street 店

米兰 Via della Spiga 店

狼头图案钱包

真皮材质，长 12 厘米，宽 8.5 厘米。

参考价格：¥2 100

Laurent Desgrange

绝对潮牌

Laurent Desgrange 是由非常年轻的法国设计师创立的同名品牌，其特色领结最为著名，始终用图案、颜色和玩世不恭的幽默诠释对时尚的反叛。Laurent Desgrange 设计的领结多以抽象艺术与超现实艺术为设计灵感，将各种有故事的元素与图形相互结合，配以或绚烂或纯粹的颜色。其产品都是采用 100%生态环保材料，全手工制作，使用丝网印花工艺制成。

自 2005 年品牌创立开始，其领结就不断被作为不可或缺的时尚配件被搬上杂志，连好莱坞影星约翰尼·德普和著名歌手坎耶·韦斯特都是 Laurent Desgrange 的忠实粉丝。

欢乐游乐场领结

绚烂的图案，似乎能让人想起游乐场里的尖叫、欢笑、欢快的音乐，所有这些都让人仿佛回到无忧无虑、色彩斑斓的童年。

参考价格：￥400

镇店潮款

黑色纯银骷髅领结

参考价格：￥1 000

俏皮波点领结

纯棉面料，将大热的波点图案点缀在领结上，显得尤为俏皮可爱。

参考价格：￥400

绚烂的土著文明领结

纯棉面料，土著文明史纯粹而神秘，此款领结运用浓烈的色调和简单的点状元素，勾画出几何感强烈的图案。

参考价格：￥400

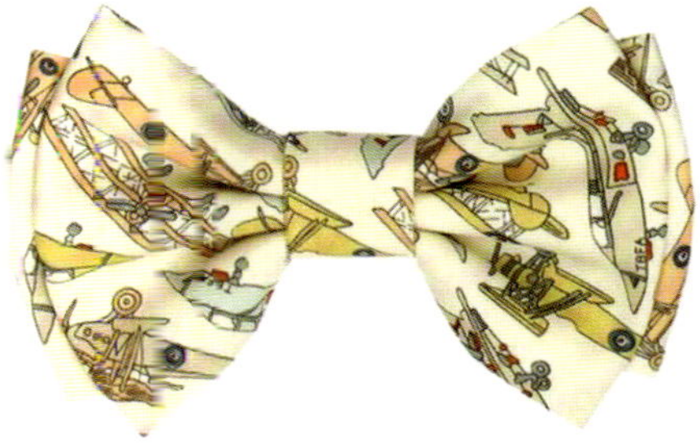

飞机图案领结

参考价格：￥410

蓝绿云朵领结

纯棉面料，蓝绿色彩抽象图案，酷似朵朵祥云，充满活力。

参考价格：￥410

芭蕾舞者的旋转领结

参考价格：￥400

买手必购榜

红与白领结

纯棉面料，将各种不规则的图案交织在小小的领结上，配以对比强烈的红白颜色。

参考价格：￥400

花园领结

参考价格：￥400

花园垂坠款领结

参考价格：￥500

释放领结

参考价格：￥400

波浪领结

纯棉面料，在设计上采用双层结构设计，使蝴蝶结在视觉上更具有立体感。

参考价格：￥400

菱形领结

参考价格：￥320

酒红色条纹领结

纯棉面料，酒红色和卡其色斜条纹，搭配出时尚的复古感。

参考价格：￥410

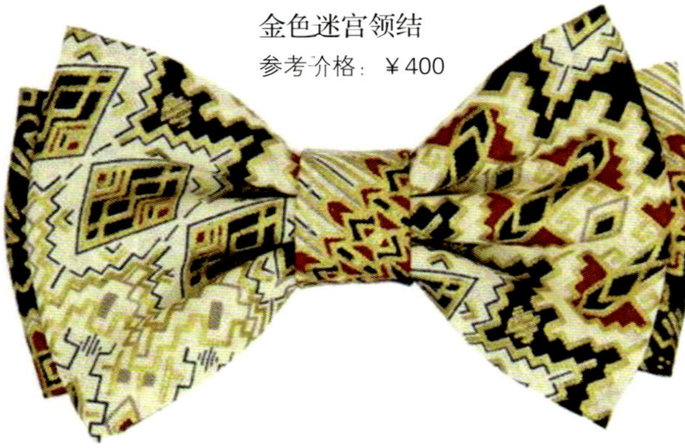

金色迷宫领结

参考价格：￥400

湖水领结

参考价格：￥400

热烈领结

纯棉面料，浓烈的红与蓝交织在不同的纹路中。

参考价格：￥400

素描主题领结

纯棉面料，在棉质的面料上，粗浅不一的线条勾勒出别致的画面。

参考价格：￥410

暗蓝色粗纹理领结

参考价格：￥410

伦敦的莫里斯领结

参考价格：￥410

迷彩图案领结

纯棉面料，将迷彩图案融入蝴蝶结的设计上，硬朗的图案配以蝴蝶结状的线条，极具冲击感。

参考价格：￥400

胭脂红折纸艺术领结

纯棉面料，大胆地选用了折纸艺术这一主题，让习惯了传统领结的人们眼前一亮。被折叠后的领结小巧、精致，充满立体感，色彩也十分亮丽。

参考价格：￥440

折纸艺术春天领结

纯棉面料，采用双层结构设计，融入折纸艺术设计元素，造型别具特色。

参考价格：¥440

纽约的士领结

将纽约的士图案放入领结的设计中，配以绚烂的颜色。

参考价格：¥400

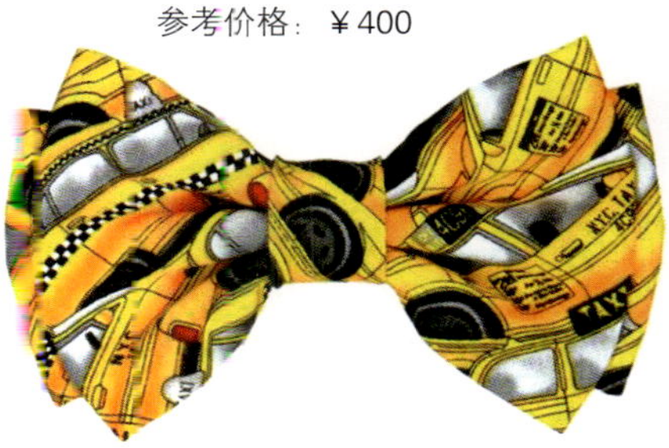

佩斯利图案领结

参考价格：¥450

可爱的骨头领结

纯棉面料，骷髅元素与领结难以想象的搭配被用在了这款的设计中，个性十足。

参考价格：¥400

塔希提的绿松石领结

参考价格：¥400

神秘黑金领结

参考价格：¥410

纯金色领结

参考价格：¥400

细格纹垂坠款领结

全棉面料，垂坠的下摆完美地同蝴蝶结合二为一。

参考价格：¥500

幻想领结

参考价格：¥410

混合格纹领结

纯棉面料，格纹是最经典的时尚元素之一，当这一元素出现在领结上，并随着领结的弯曲和折叠，交错的格纹显示出了非凡的表现力。

参考价格：¥400

直通名店

Laurent Desgrange 在巴黎有 5 个销售点，在日本、德国等地也可以购买到。在 www.far4.net 和 www.icuinparis.com 等网站也可以在线购买。

Supreme

绝对潮牌

James Jebbia 所创建的 Supreme 品牌是代表纽约街头文化，特别是滑板文化的街头潮流品牌，十分具有话题性。除了每个季度都有联名产品外，Supreme 的产品更时常以社会事件，或者政治讽刺为主题设计产品。它被众多媒体赞誉为“目前世界上最酷的街头服饰品牌”，“高端年轻街头文化的圣杯”，有的时尚网站甚至把它喻为“城市街头服饰中的香奈儿”。

在很多大城市的特定的圈子里，每一季 Supreme 新品的发布都被视为是一次重大事件。粉丝们甚至会为此在专卖店门前拿着折凳和睡袋扎起营来。

在红地毯上，对于说唱歌手和流行明星来说，Supreme 已经成为一个有辨识度的品牌。美国说唱歌手坎耶·韦斯特就曾在赛琳的时装秀上穿着 Supreme 的绿色帽衫。而弗朗西斯·奥申参加美国著名的《周末夜现场》节目时穿的正是带有美国西南海岸风格雷鸟图案的 Supreme 曲棍球球衣。

镇店潮款

扎染风格卫衣

连帽式设计，适合休闲运动型潮男。

参考价格：￥2 100

金斯敦风情图案主题 T 恤

以牙买加首都金斯敦的风土人情为主题而推出的一款大热 T 恤。

参考价格：￥1 450

肯尼迪头像栗色衬衫

参考价格：￥1 150

鲨鱼战斗机图案露营帽

参考价格：￥600

Supreme × Champion 联名棒球夹克

缎面面料，这是 Supreme 与 Champion 美国两大知名品牌联名推出的夹克，采用了经典的棒球夹克款式，后背带巨大的 Supreme 标识。

参考价格：￥1 500

花卉图案 T 恤

纯棉面料，全幅印花风格适合个性比较张扬的潮男。

参考价格：￥2 400

花卉图案短裤

纯棉面料，无弹力，腰部带束带。

参考价格：￥1 500

十字架图案夹克

宗教风格浓厚，两面皆可穿。适合搭配硬朗风格的服饰。

参考价格：￥2 100

迷彩连帽夹克

参考价格：￥1 850

鳄鱼纹街舞斜挎包

尼龙面料，带品牌标识。

参考价格：￥900

Supreme × Vans 联名花卉图案滑板鞋

Supreme 与 Vans 两大品牌联名推出的鞋款。

参考价格：￥1 900

直通名店

Supreme 的专卖店目前在世界范围内开设的并不多，主要集中在美国、英国、日本等地。

纽约 拉菲尔街

洛杉矶 费尔法克斯大道

东京 涩谷专卖店

John Hardy
约翰·哈迪

绝对潮牌

JOHN HARDY

作为一个奢侈品手工珠宝品牌，约翰·哈迪一直尽力在美学和灵性中寻找完美的平衡，它将精巧设计、传统工艺及卓越技术融为一体，每一件作品都是全手工制造，加上品牌尊重大自然的理念，坚持可持续发展的做法，为流行的奢华时尚写下全新定义。

约翰·哈迪不论是设计还是工艺，处处反映了人文关怀和对大自然的崇敬，配饰设计走个性简约路线，多从巴厘岛当地的自然环境、神话、历史及建筑中寻觅灵感，每个系列背后都蕴藏着不同的故事或主题，并把古老的手艺以现代的设计重新演绎，从而成为一个充满强烈个性色彩，同时散发着独特、流畅都市风格的高端珠宝品牌。

Naga 系列纯银龙饰品

Naga 系列完美地演绎了巴厘岛的神龙传说。设计师以糅合细致传神的工艺设计，将神龙的吸引力与神秘色彩完美呈现出来。

价格请店洽

镇店潮款

Palu 系列纯银及蓝色尼龙双圈手链

创作灵感来自于月球表面的形态。沿用古老工艺技术，手工锤炼而成，体现了传统工艺的细致。

参考价格：￥4 700

波点图案戒指

戒面为纯银及 18K 镀金。

参考价格：￥5 500

Naga 系列纯银龙头领带夹

参考价格：￥2 700

纯银鹅卵石形装饰手链

皮革、纯银材质。

参考价格：￥4 620

Naga 系列棕色皮革手链

盘龙装饰为纯银打造，配棕色皮革带及龙虾扣。

参考价格：￥1 700

Classic Chain 系列纯银古钱戒指

参考价格：￥3 100

Kali 系列纯银蓝色真皮编织手链

皮革编织，配纯银装饰、推拉扣。

参考价格：￥1 700

立龙图案方形吊坠项链

纯银吊坠，造型逼真，充满时尚感。

参考价格：￥2 400

Palu 系列纯银长方形袖扣

参考价格：￥2 700

买手必购榜

六芒星吊坠项链

纯银材质，手工制作。

参考价格：￥2 150

牛眼石吊坠项链

纯银材质，吊坠上面镶有牛眼石。

参考价格：￥1 250

双圈竹环吊坠项链

18K 黄金、纯银材质。

参考价格：￥10 000

18K 黄金虎头吊坠项链

约翰•哈迪的作品永远在第一时间吸引你的目光。

参考价格：￥7 300

虎眼石编织图案吊坠

纯银、虎眼石材质。

参考价格：￥4 600

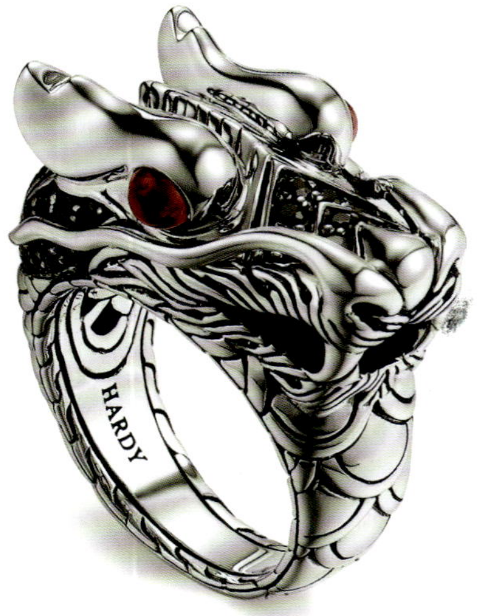

纯银蓝宝石及红宝石龙头戒指

纯银材质，镶黑色蓝宝石及红宝石，完美地演绎了巴厘岛的神龙传说。

参考价格：￥4 900

纯银宝石龙头戒指

参考价格：￥10 200

Classic Chain 系列蓝黄玉戒指

纯银戒托，蓝黄玉戒面，22K 黄金装饰。

参考价格：￥10 400

Dayak 系列纯银啡色真皮手链

纯银钩扣细节，设计灵感出自迪克雅人（Dayak）的习俗，他们是婆罗洲的土著部落，以复杂精细的抽象文身图案、传统物品及建筑而闻名。

参考价格：￥1 900

纯银及铜黑色蓝宝石缀饰织纹黑色皮绳手链

参考价格：￥5 100

Palu 系列纯银及铜黑色真皮手链

价格请店洽

Naga 系列纯银龙饰啡色真皮编织手链

参考价格：￥3 400

Dot 系列 18K 黄金及纯银圆形袖扣

Dot 系列圆点图案源于传统的造粒技术。设计师将极细小的金属圆球压平及打磨至平滑，再逐粒镶嵌在首饰上。结构工整的图案，配以高抛光度的亮丽表面，成功呈献出时尚高贵的气质。

参考价格：￥3 100

Naga 系列纯银虎眼石不锈钢手链

纯银、不锈钢、虎眼石材质，配弹簧扣。

参考价格：￥4 700

Dayak 系列黑色蓝宝石纯银戒指

纯银材质。镶黑色蓝宝石，十分有气势。

参考价格：￥2 450

Palu 系列纯银及铜几何图形袖扣

纯银材质，沿用古老工艺技术，手工锤炼而成。

参考价格：￥2 450

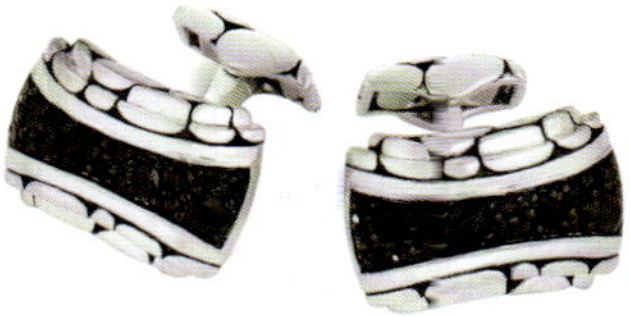

Kali 系列纯银黑色蓝宝石袖扣

Kali 在巴厘语中的意思是“河”，设计师以禅宗花园、游艇所用的链条、鹅卵石和流动的河水为灵感，设计出精致的袖扣。

参考价格：￥4 400

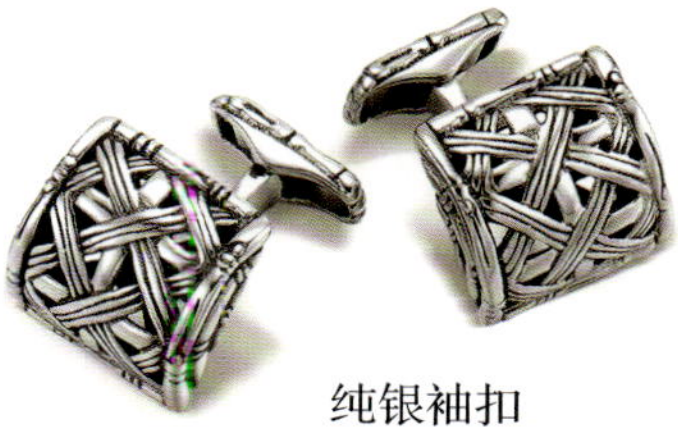

纯银袖扣

参考价格：￥2 200

Classic Chain 系列纯银及铜织纹袖扣

参考价格：￥2 700

Naga 系列纯银龙头袖扣

纹理雕刻龙首，底部带 Logo 标识。龙鳞纹理夹扣，复古色调雕纹，光亮银色衔接片，圆睛龙首，颇具气势。将此款袖扣饰于法式衬衫袖口，尊贵时尚气质瞬间流露。

参考价格：￥3 400

直通名店

北京	金融街购物中心
香港	置地广场·国际金融中心·利园二期·连卡佛广东道店
东京	伊势丹百货新宿店
纽约	Bloomingdale's 百货·Saks Fifth Avenue 精品百货
伦敦	Harrods 百货

黑白拼色窄腿裤

白色裤身，以黑色色块加以点缀，形成强力的视觉冲击力。

参考价格：￥4 200

獭兔毛皮拼接风格皮草大衣

参考价格：￥130 000

荷叶边领大衣

腰部束带收腰设计，完美凸显型男的迷人气质。

参考价格：￥7 950

羊毛休闲西装

全丝混纺面料，衣服前幅红色三角形补丁的点缀强化了西装的洒脱风格。

价格请店洽

黑色几何图案短裤

参考价格：￥6 200

Gareth Pugh

加勒斯·普

绝对潮牌

加勒斯·普品牌创立仅仅两年后就已成为伦敦时装周上最令人关注的焦点。加勒斯·普的风格偏好十分小众，品牌的设计理念充满了隐喻和象征。它以奇幻、怪诞，充满符号语言和未来色彩的黑暗哥特风征服了整个时尚界，拥有众多铁粉。

加勒斯·普是伦敦极致文化的代表，总是不厌其烦地把黑白双色及条纹方格以意想不到的方式搭配组合。无论每季推出什么样的作品，总让人想起《约翰·克利斯朵夫》结尾的那两句对白：“孩子，你是谁呢？”“我是未来的日子。”

GARETH PUGH

买手必购榜

不规则剪裁黑白几何图案T恤

黑白几何图案与不规则剪裁令T恤的时尚感呼之欲出。

参考价格：¥3 050

黑森林图案印花连帽衫

抽象的黑森林图案印花极具神秘气质，袖口、下摆为罗纹针织设计。

参考价格：¥7 700

直通名店

加勒斯·普的全球首家专卖店坐落于香港中环的黄金地段，与川久保玲、安·迪穆拉米斯特、马丁·马吉拉时装屋等名牌的专卖店比邻相望。整个店面与传统专卖店迥然不同。空间内采用黑色调为主的装饰来布置。设计也相当大胆，充满了实验性和黑暗气质。

香港 中环雪厂街

黑白拼色分层T恤

黑白撞色，插肩袖设计，喜爱黑暗风潮男的必备款。

参考价格：¥4 500

黑色漆皮几何高帮运动鞋

真皮编织元素加入鞋面设计中，提升时尚感。

参考价格：¥6 500

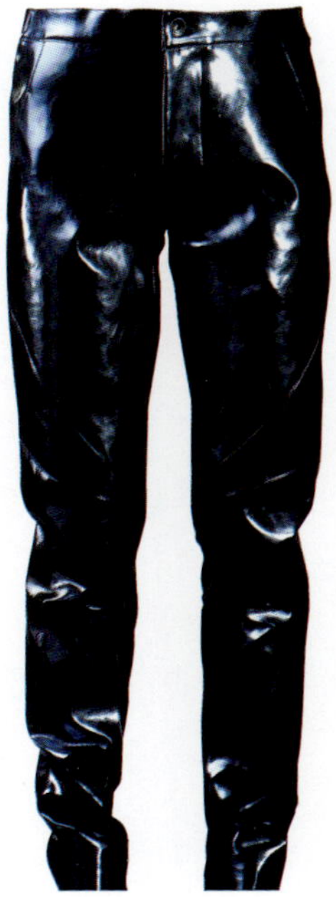

金属蓝镜面窄腿裤

价格请店洽

黑色裙边短裤

带同色裙摆装饰，配松紧腰带。

参考价格：¥4 100

黑色系带中筒靴

条状漆皮贯穿整个靴体。靴子后部带金属拉链，适合搭配休闲服饰。

参考价格：¥7 700

黑金色莫代尔针织T恤

袖口及下摆的金色镶边成为此款T恤设计的亮点，而在黑色中暗藏的金色又为T恤造型增加了动感和活力。

参考价格：¥3 200

Lad Musician

绝对潮牌

身为一众日本高街品牌中的佼佼者，Lad Musician风行的原因是其设计风格符合了时尚潮流：男人希望被女人保护，被女人贪婪地注视。很多日本男性热衷于穿着的服饰能体现比以往更单薄的纤瘦之美，他们热衷于上身穿着Lad Musician，下身穿着肥大的布袋牛仔裤，裤腰松松垮垮地悬挂在肚脐8厘米以下的部位，露出平坦的腹部。

Lad Musician以极度具有选择性而闻名，凡是体重63公斤以上、肌肉明显的男性，都与此品牌无缘。创始人黑田雄一本身是一位音乐狂热分子，于是音乐元素就顺理成章地融入其品牌的创作概念之中，形成了窄身剪裁和独特的朋克风时装风格。其中以紧身上衣和没有口袋装饰的瘦腿裤闻名于世，用以创造出一种细身和颓废的性感。它的设计风格也让木村拓哉这样的潮男欣赏不已。

LAD MUSICIAN

镇店潮款

格纹翻领礼服

格子控潮男一定会对它一见倾心。

参考价格：¥2 250

格纹围裙长裤

华达呢面料，采用围裙与长裤合二为一的款型设计。围裙长度及膝，长裤为瘦款。适合搭配花色款式简单的衬衫穿着。

参考价格：¥2 400

耶稣基督图案项链

镀金材质，上面雕刻有耶稣基督的图案。

参考价格：¥1 050

麦克风造型镀金项链

参考价格　¥2 650

长款印花T恤

及膝的长度绝对是十分抢镜的设计。

参考价格：¥850

油皮革平底凉鞋

牛皮鞋面，露趾款设计。

参考价格：¥1 850

Marime Border 印花T恤

纯棉面料，采用圆领、长袖设计风格。

价格请店洽

Spencer 夹克

羊毛面料，大翻领设计提升时尚感。

参考价格：￥3 700

锥形紧身皮裤

马皮面料，在时尚之余兼具耐磨性。

参考价格：￥5 300

Sneaker 楔形运动鞋

牛皮鞋面，采用黑白对比色配色，穿着舒适。

参考价格：￥1 850

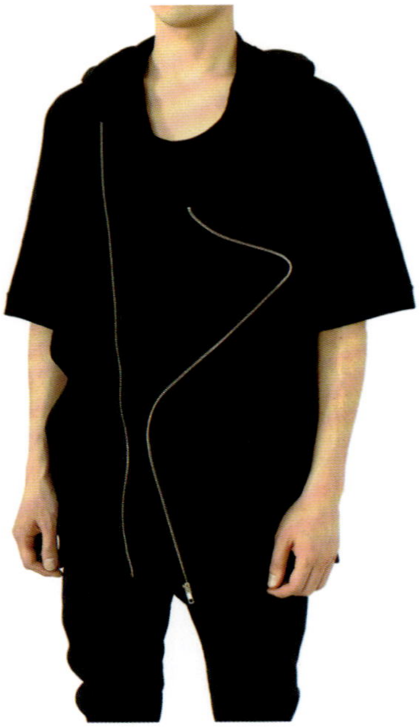

短袖黑色休闲大衣

参考价格：￥1 850

羊毛府绸马甲

三粒扣设计，适合搭配休闲裤。

参考价格：￥1 700

Heavy Rocker 印花主题 T 恤

纯棉面料，T 恤上的图案取材于电吉他制造商 Fender USA 制作的电吉他面板上的图案。

参考价格：￥600

星星图案印花锥形紧身裤

参考价格：￥1 450

Sneaker 楔形绒面运动鞋

牛皮及丝绒鞋面，展现永不落伍的时尚风格。

参考价格：￥1 850

时尚羊毛毡帽

以装饰性丝带成功抢镜。

参考价格：¥1 050

亚麻布休闲凉帽

参考价格：¥750

紫灰色镜片时尚太阳镜

采用醋酸镜架，适合出游时佩戴。

参考价格：¥1 450

侧拉链珐琅高跟靴

牛皮鞋面，圆头设计，鞋跟高5.5厘米。

参考价格：¥3 700

深裆牛仔裤

深裆设计，瘦腿裤板型效果出众。

参考价格：¥1 500

圆头麂皮靴

系带加固，靴子后部带拉链。

参考价格：¥3 400

Slip-On Hazed 印花便鞋

纯棉鞋面，平底设计，整体鞋款造型状如兔子，十分另类。

参考价格：¥1 200

直通名店

Lad Musician 的主要门店集中在日本本土，而中国的消费者也可以在香港购买到 Lad Musician 的相关商品。

香港 时代广场

东京 代官山店·原宿店

名古屋 中区

橘色帆布单肩包

橘色很吸睛，所以与之相搭配的时装可以简洁一点。

参考价格：¥1 450

蓝色帆布手提袋

帆布包面，肩带、提手为牛皮材质。可以肩背、手提和斜挎。

参考价格：¥1 600

Ducati
杜卡迪

绝对潮牌

著名摩托车品牌哈雷戴维森代表某部分人的生活品位时，杜卡迪带着热情与坚持成为高性能“玩具”。杜卡迪不是为了市场需要而制造的摩托车，而是为了热爱而制造。而每一辆杜卡迪都包含着历史、风格、性能和科技，这绝不是其他品牌可以比拟的。

在摩托车界，杜卡迪常常被称为“红衣大魔鬼”，这是由于杜卡迪战车的标志性颜色是令比赛对手胆战心惊的血红色，它在极速奔跑时就像一团燃烧的烈焰，杜卡迪传统双缸发动机释放出的令人振奋的强大动力，使“杜卡迪”的名字在摩托车界名扬天下。

镇店潮款

骇客科西嘉版摩托车

将真正赛车元素注入到设计概念中，极具拉风效果。更高的离地间隙、高规格悬架、更高的手把和极富冲击力的科西嘉(杜卡迪赛车队)色彩主题，令人心动不已。

参考价格：￥265 000 起

街头霸王 848 摩托车

亮眼的金黄色非常吸引眼球，并且此款车将 848 Testastretta11° 引擎和源自超级跑车 848EVO 的新式 Trellis 车架外形完美地结合在一起，使它具有纯粹的摩托车运动的震撼力。

参考价格：￥242 000 起

骇客 796 摩托车

796 车款可让潮男车手感受到理性和疯狂的驾驶体验。具有无可匹敌的双缸引擎威力和轻巧、简约的运动跑车血统，采用风冷式 L 型双缸设计。

参考价格：￥192 000 起

怪兽 Diesel 版摩托车

Trellis 车架、引擎盖、车轮、排气管和前叉都采用了神秘的黑色。而油箱盖、尾座盖等则选用了独特的军绿色，在看似低调的色系之中，前卡钳选用了明黄色形成鲜明对比。

参考价格：￥258 000 起

魔鬼隐身版摩托车

通体黑色，造型劲酷。尖端的设计确保满足 162 马力的需求。采用水冷式 4 冲程 L 型双缸设计。

价格请店洽

超跑 1199 标准版摩托车

采用水冷式 L 型双缸设计，无论在赛道还是在街道上，这款摩托车都能让你独领风骚。

参考价格：￥299 000 起

超跑 1199 三重彩版摩托车

色彩搭配抢眼，采用 Superquadro 水冷式 L 型双缸设计。

价格请店洽

直通名店

杜卡迪十分重视广大的中国市场，国内喜欢杜卡迪的人们可以在北京、上海等地购买到心仪的杜卡迪摩托车。

北京　金港汽车公园

大连　盛滨花园

澳门　激成工业中心第三期

Junya Watanabe
渡边淳弥

绝对潮牌

渡边淳弥是日本设计师渡边淳弥（Junya Watanabe）所创建的同名品牌。这个品牌能让人感受到不同于传统的个性风格。拼贴一向都是它的拿手好戏，喜欢拼贴风格的潮人们对渡边淳弥推崇备至。

渡边淳弥一只脚在历史中，一只脚在现实中，将迪奥的“新风貌”风格用新的技术和新的材料融合在自己的设计中，喜欢将明暗色彩混合使用。条纹和格子这两种是渡边淳弥品牌的标签式设计，并且善于采用休闲风的表现方式，而选色上则以大地色系为主，力求表达出超越一般时装设计的随性而自我的时尚气息。

JUNYA WATANABE

镇店潮款

海军风格碎花衬衫

采用纯棉面料，辅以红色印花图案，以大块补丁做装饰。

参考价格：￥4 000

蓝色个性补丁 T 恤

T 恤前后襟均带有流行的补丁装饰，既俏皮又不失个性。

参考价格：￥2 650

白色帆布休闲鞋

在帆布鞋面上以海军风格的蓝色橡胶贴边装饰，更具动感活力。

参考价格：￥2 000

格纹混纺西装外套

羊毛面料，格纹拼布设计，肘部为鞣革补丁装饰。

参考价格：￥12 500

Black Steer Oil 便鞋

真皮鞋面，纺织图案装饰，适合休闲场合穿着。

参考价格：￥7 300

买手必购榜

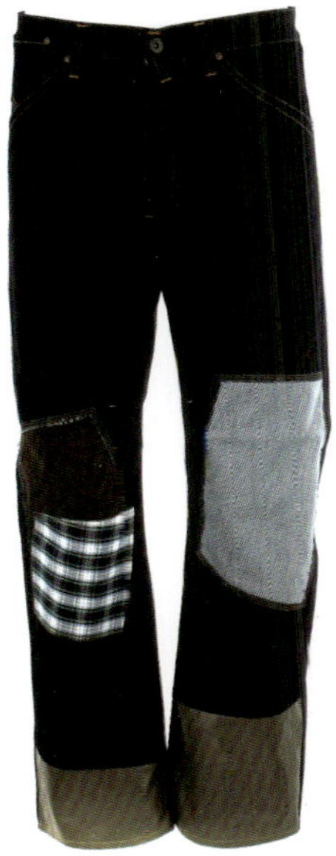

蓝色和风牛仔裤

采用流行的 5 口袋设计方式，膝盖处以个性拼布装饰，适合休闲场合穿着。

参考价格：￥3 200

白钻针织印花 T 恤

格子图案印花，走简约路线却让人回味无穷。

参考价格：￥1 400

海军条纹拼布 T 恤

在传统海魂衫的基础上，添加了大热的拼布元素，凸显了时尚特色。

参考价格：￥2 600

条纹拼布外套

修身款式设计，肘部配以补丁装饰，可搭配休闲裤穿着。

参考价格：￥8 800

V 领花纹休闲毛衫

羊毛面料，适合搭配马甲穿着。

参考价格：￥5 700

蕾丝花边系带靴

棕黄色皮革鞋面，鞋面下部以孔状蕾丝装饰。

参考价格：￥5 400

棕色系带靴

参考价格：￥10 300

海军帆布船鞋

以车缝线装饰鞋面，同时搭配简约风格的鞋带装饰。

参考价格：￥2 400

灰色拼布装饰毛衫

拼布元素为毛衫提升时尚感，袖口采用螺纹针织设计。

参考价格：￥4 650

碎花长袖衬衫

双口袋，弧形下摆设计，充满洒脱的个性之美。

参考价格：￥4 650

羊毛卷边帽

参考价格：￥1 200

细条纹拼布衬衫

纯棉面料，带有拼布装饰点缀。

参考价格：￥3 550

白色个性印花图案 T 恤

简约的抽象图案印花设计的加入，让 T 恤成为潮男的衣橱中必备之物。

参考价格：￥1 200

木炭灰羊毛礼帽

参考价格：￥1 400

蓝色麂皮休闲鞋

参考价格：￥3 300

蓝白条纹梭织外套

竖条纹图案使外套更具修身效果，同时具有极强的牛仔风格。

价格请店洽

搭配建议：

灰色羊毛背包

（参考价格：￥3 000）

蓝色帆布水手外套

袖口及下摆以车缝线装饰，颇受干练硬朗风格的潮男喜爱。

参考价格：￥7 400

蓝色车缝线羽绒夹克

亮面设计，橙色衬里，适合休闲场合穿着。

参考价格：￥4 100

棕褐色系带休闲鞋

纯皮鞋面，浅口设计，适合搭配休闲服饰。

参考价格：￥6 750

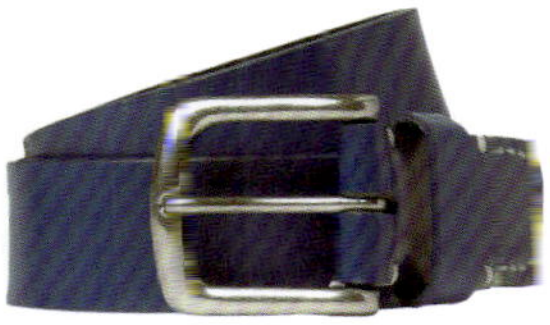

蓝色皮质腰带

参考价格：￥1 750

拼色羽绒夹克

领口及袖口采用螺纹针织，黑色与米色的拼色设计增加了时尚感。

参考价格：￥6 200

直通名店

目前，渡边淳弥主要的店铺多集中在日本本地，除此之外在中国香港也可购买得到渡边淳弥的系列商品。

香港 中环

东京 伊势丹百货新宿店

北九州 井筒屋

Herschel Supply Co.

绝对潮牌

加拿大箱包品牌 Herschel Supply Co. 擅长将生活与旅行氛围和体验融入包款的设计当中，这种准确的定位不仅为其积攒了高人气，而且独特的设计构思也是让人追捧的原因之一。

它不凭借烦琐花哨的设计为主，而是一切以充满自我、充满自信的简洁实用主义至上。虽然没有各种神奇的暗袋，但是它独特的自由自在的山系风格总是让人对它一见钟情。

丛林迷彩系列行李包

带轮子和把手，肩带可收起，配反白拉链。

价格请店洽

双色条纹美式背包

褐色及蓝色粗条纹相间设计，适合出游时使用。

参考价格：￥1 350

镇店潮款

Brown New Campaign 登机箱

聚酯面料，双向拉链开合，顶部和侧面带伸缩手柄。

参考价格：￥1 200

Black Herschel Village 背包

包身的垂直拉链充满设计感，拼色的款式符合时尚潮流，适合休闲场合使用。

参考价格：￥850

橙色帆布背包

顶部带提手，包身镶真皮点缀。

参考价格：￥750

红色麂皮绒背包

前口袋及钥匙环带有品牌标志，内部可容纳一个笔记本电脑。

参考价格：￥650

群鸟图案休闲背包

参考价格：￥750

黑色细绳装饰背包

肩带可调节，包身上的品牌标志醒目大方。

参考价格：￥850

古藤老树图案双肩背包

古藤老树的印花图案符合流行的森系风潮，是潮男必备款。

参考价格：￥500

拼色手提行李包

参考价格：￥700

美国邀请赛主题背包

磁性搭扣封口，带前置口袋设计。

参考价格：￥1 200

拼色帆布斜挎包

帆布包身，配合皮革手柄及可拆卸肩带，内部可容纳一个笔记本电脑。

参考价格：￥750

直通名店

作为一个新兴潮牌，想要买到 Herschel Supply Co.的商品需要花费一些心力，因为它的专卖店更多局限在加拿大国内。不过，幸运的是，它在中国香港开设了首家期间限定店，拓展了人们的购买渠道。

香港 海港城

温哥华 亚历山大街

Kenzo
高田贤三

KENZO

绝对潮牌

高田贤三的时装不是那种标新立异的拔高，它有一点点传统，有许多热情的颜色，有活生生的图案，还有几分狂野，几乎每一款都能叫人一见倾心。

自由空间、异域风情、虹彩色调、花朵图案是高田贤三的主要标志。要知道，鲜艳亮丽的红、绿、橙、黄、紫等高饱和度的色彩要同时出现于服饰上，并拿捏出各色彩最恰当的释放比例，又不流于俗丽，这个分寸非常难掌控，而擅长把玩色彩的高田贤三对于颜色的敏锐度掌握得非常精准，其像万花筒般变幻的色彩和图案令人叫绝，而男装风格款式更是兼容并蓄，甚至能将街头服饰风格注入法式时尚，诞生出时尚与个性兼具的潮流新品。

虽然，鲜艳的图案在高田贤三的设计中始终保持着一定的出现频率，但大写的粗体“KENZO”，或者是高田贤三先生的手写体签名，也是分辨正品与否的方式之一。

镇店潮款

群虎图案印花 T 恤

宽松板型设计，群虎图案酷感十足。

参考价格：￥1 800

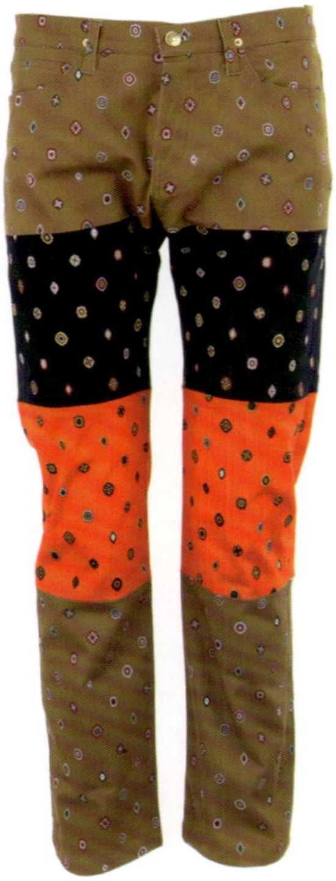

佩斯利图案牛仔裤

多色块拼色设计，适合休闲场合穿着。

参考价格：￥1 850

编织图案印花 T 恤

多色编织图案印花让 T 恤风格更具时尚感，胸部带贴袋设计。

参考价格：￥1 400

Kenyon 拼色运动鞋

魔术贴加固，皮革及橡胶鞋底。

参考价格：￥2 100

酒红色虎头图案印花套头衫

采用时尚的水手领设计，袖子外侧以虎头图案装饰。

参考价格：￥1 150

蓝天图案印花拼接休闲裤

参考价格：￥3 400

绿色螺纹针织运动衫

袖口、领口、下摆为螺纹针织，荧光的效果时尚感十足。

参考价格：￥1 650

买手必购榜

眼睛图案纯棉 T 恤

参考价格：￥750

搭配建议：

蓝色豹纹短裤（参考价格：￥2 450）

双色虎头图案印花 T 恤

纯棉面料，满幅虎头图案印花设计。

参考价格：￥800

虎头图案刺绣运动衫

虎头图案为氯丁橡胶面料制成，适合搭配牛仔裤。

参考价格：￥1 250

祥云图案针织圆领衫

祥云图案与黑色底色形成强烈对比，凸显出个性潮范儿。

参考价格：￥1 550

虎头图案针织帽

纯羊毛面料，带有品牌标志。

参考价格：￥800

花朵图案运动衫

参考价格：￥1 250

多色条纹围巾

羊毛混纺面料，边缘以毛边设计，印有品牌标志。

参考价格：￥1 200

雨滴闪电条纹图案套头衫

冷酷风格，适合搭配牛仔裤、运动鞋。

参考价格：￥1 250

多色条纹休闲裤

羊毛面料，横向条纹设计十分出彩。

参考价格：￥2 650

Flying Tiger 旅行包

包身的老虎形象十分引人注目，配色较为明艳，搭配可调节、可拆卸肩带，长为 44 厘米，宽为 24 厘米，高为 38 厘米。

参考价格：￥4 100

眼睛图案印花长裤

棉斜纹面料，修身款型。

参考价格：￥2 300

蓝色海军风蛇纹牛仔裤

参考价格：￥1 800

蓝色条纹外套

具有褶皱效果，正反两面都可穿。

参考价格：￥3 500

虎头图案运动衫

纯棉面料，螺纹针织领口、袖口。适合搭配牛仔裤。

参考价格：￥1 100

豹纹短袖印花衬衫

豹纹斑点十分抢眼，可搭配白色短裤，浅口皮鞋。

参考价格：￥1 700

黄底蓝色斑点围巾

长 52 厘米，宽 54 厘米。

参考价格：¥3 150

黑黄拼色帆布鞋

采用平底设计，以车缝线装饰，具有浓厚的西班牙风格。

参考价格：¥1 200

绿色 Senna 乐福鞋

羊皮面料，浅口设计，以车缝线及白色皮革装饰。

参考价格：¥1 400

祥云图案紧身牛仔裤

经典风格图案设计，效果与众不同。

参考价格：¥1 700

多色花卉印花丝巾

长 180 厘米，宽 65 厘米。

参考价格：¥1 900

黑白拼色低帮皮鞋

采用强烈的黑白对比色，酷感十足，适合搭配休闲服饰。

参考价格：¥4 600

黑色漆皮斜挎包

小牛皮包身，双向拉链，搭配可调式肩带。

参考价格：¥6 300

豹纹窄腿休闲裤

窄腿裤板型，具有拉伸腿部线条的视觉效果。

参考价格：¥2 200

直通名店

高田贤三的第一家时装店于 1970 年在巴黎开业，此后它的时尚版图开始向世界各地扩张。

北京 国贸商城·东方广场·王府半岛酒店·I.T 金城坊

上海 友谊商场·恒隆广场·港汇广场

南京 德基广场

沈阳 恒隆广场

香港 置地广场

Pierre Hardy
皮埃尔·哈迪

绝对潮牌

PIERRE HARDY

皮埃尔·哈迪可算得上是近年跃升为国际潮牌的成功范例，其常见的运动鞋上的魔术贴装饰，更是准确抓住了时尚风潮的脉搏。作为法国著名的鞋履品牌，其造型大量地采用拼接手法，造型来源于对建筑的理解，有一种男性的阳刚之气，喜用颜色拼接却不失协调。

皮埃尔·哈迪的设计师把触手可及的自然、艺术、哲学乃至抽象化的符号都化作制作鞋履的灵感，秉承着一贯的建筑主义风格，再搭配抽象的几何元素，用各种时尚的色彩和流畅的线条演绎形形色色的鞋履特色。值得一提的是，其运动鞋大都是皮质的，相当货真价实。对于那些不愿长大的男人而言，它们或许是最理想的鞋子：充满活力、充满个性，而又不失面子。

镇店潮款

Black Midtop 休闲鞋

皮革鞋面，配简约风系带装饰。

参考价格：￥2 750

虎纹印花高筒靴

小牛皮鞋面，圆头鞋尖设计，虎纹印花图案令狂野呼之欲出。

参考价格：￥4 900

Blue Contrast 孟克鞋

蓝色扣带装饰，鞋面的黑色与扣带的蓝色形成了强烈对比，充满硬朗风格。

参考价格：￥3 600

立体模块图案帆布鞋

参考价格：￥3 300

浅棕色角斗士风格凉鞋

适合搭配休闲短裤。

参考价格：￥3 000

买手必购榜

丝绒格子高帮运动鞋

天鹅绒鞋面，叠加的蓝格子图案充满前卫的后现代感。

参考价格：￥4 250

多色流苏运动鞋

参考价格：￥3 450

多色真皮休闲鞋

鞋面为繁复的花纹图案设计，让最简单的服饰瞬间变得吸引眼球。

参考价格：￥3 500

金色条纹高帮运动鞋

脚踝处的魔术贴带是时尚亮点，此款鞋适合搭配牛仔裤。

参考价格：￥4 900

橙色简约风凉鞋

真皮鞋面，皮革鞋底，交叉脚踝系带设计。

参考价格：￥2 400

紫红双色休闲鞋

紫、红双色搭配，在和谐之余不乏时尚感。

价格请店洽

黑白双色低帮休闲鞋

弧度鞋底的风格设计让人眼前一亮。

参考价格：￥2 800

橙色系带休闲鞋

以潮流感十足的糖果色橙色为主色，并以白色小孔装饰，增加了灵动感。

参考价格：￥3 200

海军蓝棕色拼色乐福鞋

风格简约，适合出席休闲场合时穿着。

参考价格：￥3 250

红绿拼色高帮麂皮运动鞋

参考价格：￥2 600

黑色真皮系带装饰运动鞋

磨砂真皮鞋面，橡胶鞋底设计，适合走硬朗风格的型男穿着。

参考价格：￥3 200

灰色高帮运动鞋

在皮革鞋面上加入镂空元素，是修身牛仔裤的完美搭配。

参考价格：￥4 700

蓝黑拼色真皮乐福鞋

蓝色真皮鞋面，以黑色皮革饰边，适合搭配休闲裤。

参考价格：￥4 700

豹纹高帮运动鞋

豹纹图案印花与麂皮的结合，在华贵之余又不失时尚感。

参考价格：￥3 200

条纹拼色高帮运动鞋

参考价格：￥3 700

橙蓝印花高帮运动鞋

斑马纹印花设计让街头潮范儿呼之欲出。

参考价格：￥4 200

蟒蛇皮高帮运动鞋

华美的红棕色与充满野性的蟒蛇皮相搭配，极具时尚感。

参考价格：￥6 450

漆皮印花高帮运动鞋

格纹印花漆皮元素的加入，成为此鞋的亮点。

参考价格：￥4 750

浅灰色麂皮高帮运动鞋

以红胶饰边，使运动鞋摆脱沉闷感，适合搭配运动裤或牛仔裤。

参考价格：￥4 600

卡其色麂皮高帮运动鞋

相近颜色混搭，配时尚魔术脚踝贴带。

参考价格：￥4 000

多色拼色低帮运动鞋

棕色和橙色真皮饰边，弧形鞋底的设计抓住了流行元素。

参考价格：￥3 800

直通名店

在澳大利亚、加拿大、德国等多国的百货商场内都可以购买到皮埃尔·哈迪的鞋子，而巴黎、纽约的皮埃尔·哈迪专卖店的商品更为齐全。

北京 连卡佛·I.T Market店

上海 连卡佛·10 Corso Como精品店

香港 连卡佛·Joyce精品店

纽约 简街

白色平底休闲靴

参考价格：￥3 350

AS Collection

绝对潮牌

AS Collection 饰品以在日本手工制作为特色。在日本比较年轻的潮人一族中有着较高的知名度和认可度。AS Collection 的作品在精致中不乏华美，同时，很多设计的灵感源自于建筑理念，它也喜欢比较抽象化的表达方式，加之通过运用纯银镀铑材质，令黑色的外观看起来十分炫酷，可以轻易成为穿搭的亮点。

镇店潮款

Architecture 系列戒指

这一系列的作品极其具有建筑学意义上的美感，有着清晰的轮廓感，风格十分硬朗，结合金属材质以及彩钻装饰，十分时尚。

价格请店洽

Monolith 系列 Quattro 吊坠 / 胸针

尖长的造型十分抢眼，中心镶嵌一颗低调、沉静的茶色宝石。既可作为吊坠，也可作为胸针佩戴。

价格请店洽

Classic 系列胸针

胸针是潮男的必备品，通过打破传统视觉印象的几何图形的组合，包括不规则的五角星造型，Classic 系列的这款胸针绝对是潮范儿穿搭的一大亮点。

价格请店洽

Victory 系列 Leaf 戒指

Victory 系列的设计灵感主要源自于橄榄树叶，有着比较明显的自然、质朴的意味。

价格请店洽

Monolith 系列 Cinque 戒指

不规则的外形设计，让这款戒指在视觉上具有了十足的现代感，比较适合戴于食指上。

价格请店洽

Symbolic I 系列戒指

优雅的八边形结构，蓝色方纳石与整体的金属色相互映衬，中央凸现一颗立体五角星。

参考价格：¥16 300

Symbolic Ⅱ 系列戒指

Symbolic Ⅱ 系列的作品上，常常出现象征权利的徽章、王冠，或者是具有艺术气息的图案。

参考价格：¥20 000～¥30 000

RIN 系列 Cross 吊坠

交叉式设计让这款吊坠具有了很强的空间立体感，黑色镀铑的外观增加了酷酷的时尚感，吸睛度很高。

参考价格：

¥11 000

RIN 系列 Cross 戒指

价格请店洽

RIN 系列 Cross 胸针

这款胸针彰显了明显的日式风格，黑色的外观十分炫酷、新奇，呈现了与众不同的前卫感。

参考价格：¥22 500

建议搭配：

RIN 系列 Cross 袖扣

（参考价格 ¥10 000）

RIN 系列 Cross 手镯

延续了 Cross 系列作品标志性的十字交叉式设计概念，适合搭配带有铆钉等朋克元素的服装。

参考价格：¥20 000

RIN 系列 GCR 戒指、吊坠

如果你想为自己日常的休闲装扮加上一些亮点，这款戒指以及吊坠应该完全可以胜任了。

价格请店洽

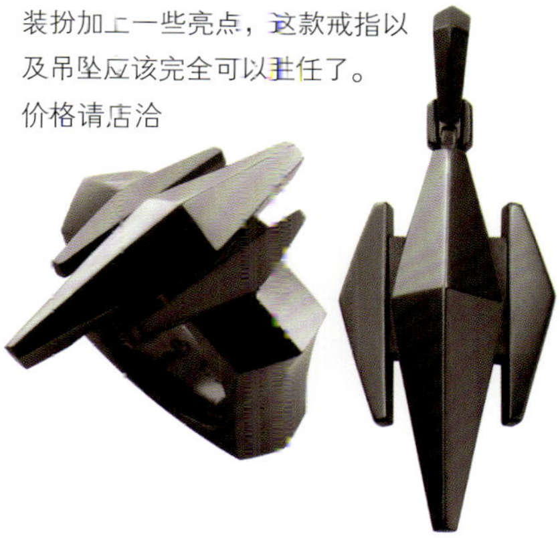

RIN 系列 Claw 吊坠、戒指

Claw 系列的作品的设计十分抽象，类似于爪尖的造型个性十足。

价格请店洽

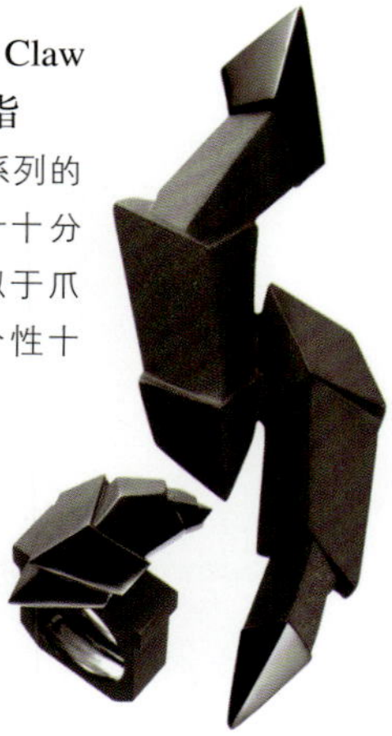

RIN 系列 GCR 项链

GCR 系列的作品有着十分别致的对称式几何造型，这样的款式其实往往具有中性化的气质，男女都可以佩戴。

参考价格：¥11 000

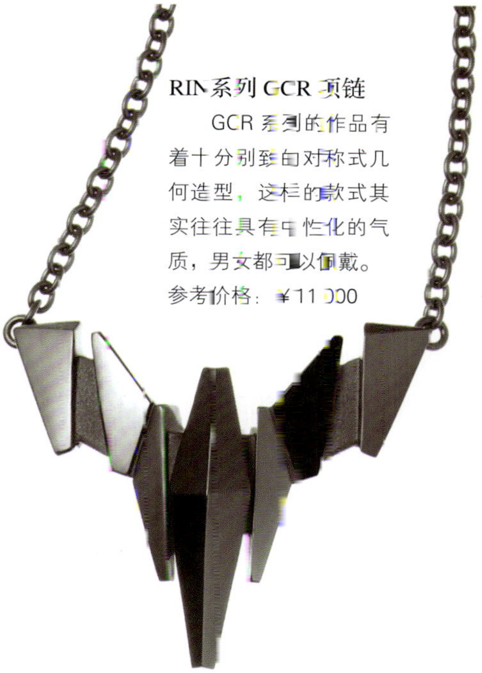

直通名店

东京	Restir 精品店·Dover Street Market Ginza 精品店
佛罗伦萨	Luisa Via Roma 精品店
纽约	Barneys New York 百货
伦敦	Couture Lab 精品店

Orbea
奥贝亚

绝对潮牌

作为竞速自行车最古老的品牌之一，奥贝亚在20世纪伊始就开始活跃在自行车运动中，从夏威夷铁人三项赛到环法自行车赛，奥贝亚至今都是领先的整车品牌之一，环法专业车队西班牙巴斯克电信车队所骑的自行车正是奥贝亚。

奥贝亚是一个尊重自然的品牌，它的理念包含高度的社会和环境责任感，以及推崇进步和优秀表现。在奥贝亚工厂里，每一部奥贝亚自行车从设计开始到制造完成，都被当成艺术品般的呵护着。在发布之前，奥贝亚的车款都要经过长达两年的研发与试验，高端的车款都会由专业车队和专业铁人三项运动员试骑。

镇店潮款

Orca M22 公路自行车

采用最新版的 SRAM Red 22 套件，是时尚达人的最优选择。具有灵敏的变速和卓越的性能。在山坡上，它拥有你想要的轻盈；在竞速时，它拥有良好的空气动力；对于训练，它也有足够的耐久性。

参考价格：￥51 800

Orca B M10 公路自行车

Orca Bronze 系列中的顶级车型，非常拉风。采用了禧玛诺 Ultegra Di2 电子变速套件，在比较粗糙的路面骑它更为舒适。

参考价格：￥26 700

Aqua 10 公路自行车

此款车采用的禧玛诺 105 套件可以保证骑行时变速的顺畅，对于入门的自行车骑车运动的潮男来说，Aqua 10 是一个非常合适的选择。

参考价格：￥8 100

Mx 26 10 山地自行车

采用了传统的山地轮组，具有很好的稳定性。采用 3×10 变速，油压碟刹，可调节前叉，保证潮男们在竞速时的安全。

参考价格：￥6 100

Alma M-Team 山地自行车

采用 Alma OMR 碳纤维车架，比之前更加轻量，而新的几何设计，在高速下更加稳定，喜欢与风赛跑的潮男们通常选此车型。

参考价格：￥55 800

Occam 29 H10 山地自行车

造型酷感十足，传动系统混搭了禧玛诺的套件，后拨则使用 XTR 以确保能应付各种恶劣的路面，适合长途骑行。

参考价格：￥27 500

买手必购榜

Orca M11 公路自行车

蓝白色调的搭配非常亮眼。采用顶级 Orca 车架，搭配意大利顶级 Campagnolo Super Record 11 速套件，让变速在 EPS 系统下轻而易举。

参考价格：￥77 600

Orca M30 公路自行车

造型线条简洁明快，采用禧玛诺 11 速的 Ultegra Di2 电子套件，无论是在山地还是平路，它都能促成你的极限发挥。

参考价格：￥32 300

Aqua 30 公路自行车

黑红对比配色抓住了时尚元素，车架采用 7005 铝以保证强度，车身轻盈，适合爬坡需要。采用了禧玛诺 Sora 套件让变速得心应手，适合长途骑行需要。

参考价格：￥6 900

Orca M–Team 公路自行车

采用机械版的禧玛诺 Dura–Ace 套件，更适合喜欢传统机械手感的潮男。同时这款车采用了空气动力学设计，带来更出色的动力。

参考价格：￥53 400

Orca B M30 公路自行车

车架使用圆形坐管，对于颠簸的路面也会有所缓解。无论是变速还是刹车，这款车的禧玛诺 Ultegra 套件也都足以应对。

参考价格：￥19 400

Avant M30 公路自行车

标配 2.5 厘米厚的外胎，它的 Stack 和 Reach 值比 Orca 更宽泛，更适合喜爱健身、长途骑行的潮男或者在类似 Gran Fondo 比赛时使用。

参考价格：￥21 000

Avant M50 公路自行车

属于碳纤车型，使用 Avant 车架，采用了禧玛诺 105 套件和其他理想配件，即使在乡村路面骑行也很舒适。

参考价格：￥16 200

MX26 20 山地自行车

设计风格简约流畅，这款车拥有一个均衡的配置：27 速，油压碟刹，可调节的前叉，大尺寸把横和把立，精致的尾钩。

参考价格：￥4 900

Alma M-LTD 山地自行车

配色华丽时尚，采用非常有效的硬尾车结构，Alma OMR 碳纤维车架，超轻量化和超强韧性，能把所有能量转化成超前的动力，搭配 SRAM XX1 套件。

参考价格：¥60 600

Alma M10 山地自行车

使用流行的 Alma OMR 碳纤维，搭配 Shimano XT10 速配件，XTR 影子后拨，车架在恶劣的地形条件下也具有合适的链条张力。

参考价格：¥32 300

Oiz Carbon M-Team 山地自行车

参考价格：¥52 600

Alma H30 山地自行车

整车设计个性十足，采用 Alma Hydro 车架，搭配 Shimano 10 速变速配件，包括 XT 后拨，使整车更加省力、速度更快，适合恶劣条件下骑行需要。

参考价格：¥11 300

Oiz Carbon M20 山地自行车

设计风格超酷而令人赞叹。采用 Orbea 性能最好的碳纤及禧玛诺 SLX 和 XT 变速组合。XTR 影子后拨有助于在山地上的动力切换。Fox CTD 控制前后避震更能使此款车保持良好的抓地力和操控能力。

参考价格：¥32 300

直通名店

作为欧洲自行车的高端品牌，2007 年奥贝亚进入中国，喜欢奥贝亚的人们也可以在国内买到心仪的自行车。

北京 Race 自行车车行
天津 新骑点俱乐部车行
上海 铁人运动精品店•轮语单车车行
苏州 银色风暴车行
杭州 假日单车车行
西安 奔驰单车车行
成都 骑迹自行车车行
厦门 拓步单车车行

Denis Gagnon

绝对潮牌

denis gagnon

Denis Gagnon 是当今服装界最富影响力的加拿大设计师之一，同名品牌也获得了时尚界的认可。其风格往往走酷感路线，每季新作品的诞生都会成为时尚杂志的热门报道题材。

Denis Gagnon 品牌的产品中常添加许多皮革的元素，因为设计师认为皮革是一种活的、有年龄的、随着时间的变化而变化的材料。皮夹克或皮裤是一流的时尚服装，很多场合都可以穿搭。而且，通过独特的处理皮革（它的标志材料）的方法、精致的裁剪，所打造的浓浓的北欧风格也让品牌在时尚圈拥有极好的声誉。

绿色连帽羊毛大衣

翻领连帽式设计，袖口以皮革装饰。

参考价格：￥12 300

镇店潮款

拼色隐形拉链衬衫

人造丝面料，黑色、米色、白色三色拼色，立领设计，适合休闲场合穿着。

参考价格：￥2 000

斜口袋拉链夹克

红色边条装饰，背部对比黑色设计。

参考价格：￥4 600

黑白彩绘短裤

宽松板型，可搭配浅口皮鞋。

参考价格：￥1 800

黑白分层长夹克

立领设计，背部配可调式腰带。

参考价格：￥5 400

黑色长袖夹克

黑色皮革装饰镶边，前幅磁性按扣，皮质袖口、腰带。

参考价格：￥6 100

无袖彩印照片图案背心

螺纹领口、袖口、下摆，背部为红色净版款式设计。

参考价格：￥1 800

白色羊毛棉布拼接衬衫

参考价格：￥2 300

条纹皮革装饰休闲裤

修身款型，结合皮革元素，腰部配松紧带。

参考价格：￥6 300

灰色分层束带裤

高腰修身款，前后四口袋设计，脚踝为包边锥形，适合休闲场合穿着。

参考价格：￥3 000

直通名店

Denis Gagnon 目前的销售市场主要集中在欧美地区，尤其是加拿大。在加拿大的蒙特利尔就有若干 Denis Gagnon 的店铺。

蒙特利尔 圣保罗街·Simons 精品店

Rigards

绝对潮牌

“Rigards”源自法语的“Regard”一词，意为“看”或“瞄”。作为品牌标志的手势图案是“水牛角”和“眼镜”象形的创意结合。Rigards是一个酷到骨子里的新生眼镜品牌。镜框材质全部使用水牛角，因纹理及色泽的不一致，每一副Rigards天然水牛角镜框绝对是独一无二的，不可能有一模一样的第二副。Rigards坚持使用纯手工打磨技术，以及极为费力耗时的多角切割和表面处理手法。

可以说Rigards的风格就是利用自然界的东西将其打造成商品，水牛角镜框除了坚固耐用，还具有防敏感及防静电功能等优点，又符合循环利用的环保理念。Rigards从初期构思、素材挑选、制作技术到传统的生产过程都一丝不苟，每季均限量生产制造，每一副都刻有单独的序号。如果你喜欢造型独特，并且具有浓厚复古风格和现代轮廓的眼镜的话，那么Rigards眼镜就是你的不二之选。

镇店潮款

黑色猫眼手工太阳镜

采用水牛角材质镜框，猫眼造型酷感十足。

参考价格：￥4 600

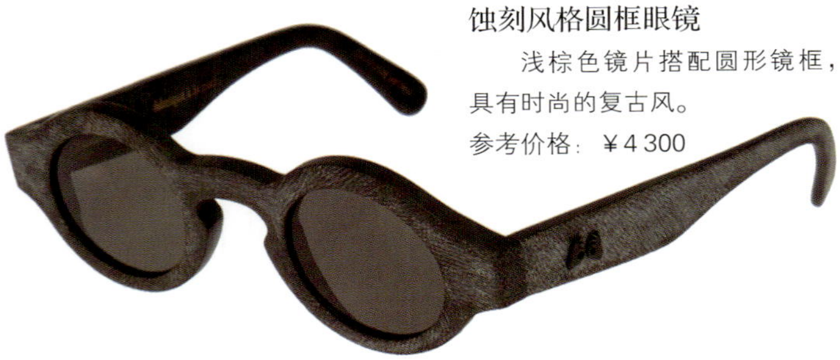

蚀刻风格圆框眼镜

浅棕色镜片搭配圆形镜框，具有时尚的复古风。

参考价格：￥4 300

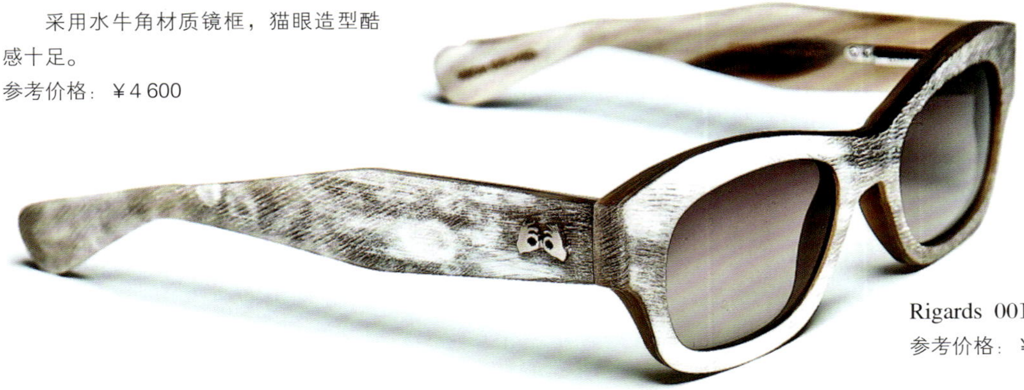

Rigards 0012太阳镜

参考价格：￥4 000

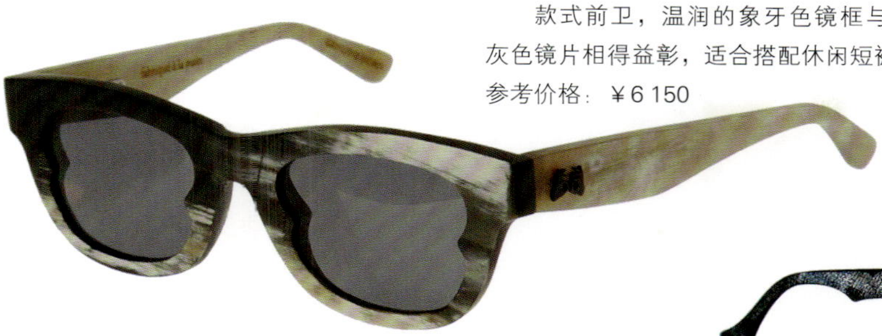

象牙色方框太阳镜

款式前卫，温润的象牙色镜框与浅灰色镜片相得益彰，适合搭配休闲短裤。

参考价格：¥6 150

Rigards 0034 太阳镜

参考价格：¥2 900

Rigards 0035 太阳镜

参考价格：¥3 700

黑色 Sanjuro 方框太阳镜

深灰色镜片，镜框上部为夸张的蚀刻纹装饰。

参考价格：¥4 350

买手必购榜

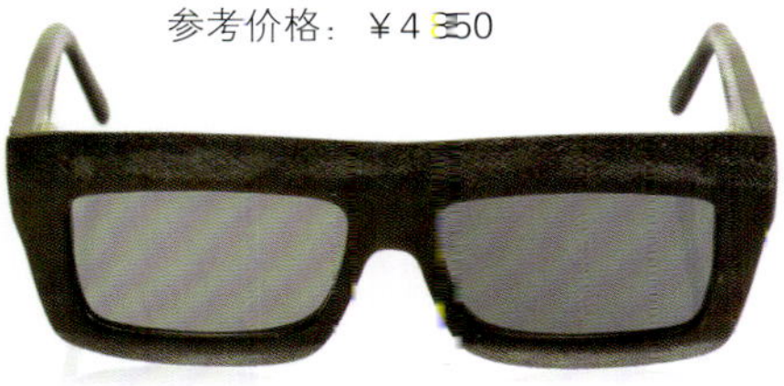

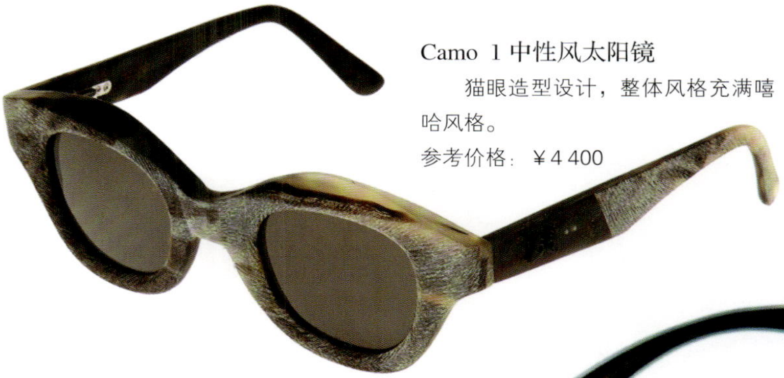

Camo 1 中性风太阳镜

猫眼造型设计，整体风格充满嘻哈风格。

参考价格：¥4 400

Rigards 0005 迷彩太阳镜

色彩独特，迷彩效果适合型男佩戴。

参考价格：¥3 400

迷彩风格手工太阳镜

椭圆形水牛角材质镜框，时尚而贵气。

参考价格：¥4 500

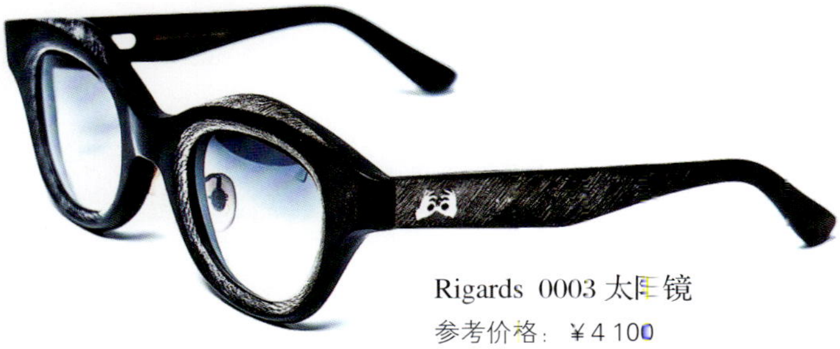

Rigards 0003 太阳镜

参考价格：¥4 100

灰色水牛角渐变太阳镜

UV4000 色渐变镜片，纯手工制作。

参考价格：￥4 300

Rigards 0019 太阳镜

参考价格：￥4 400

烟棕色 Sanjuro 太阳镜

烟棕色镜片，搭配蚀刻效果圆形镜框，适合出游时佩戴。

参考价格：￥4 400

Rigards 0021 太阳镜

酷炫风格，造型夸张，适合与朋克风格服饰相搭配。

参考价格：￥3 500

Camo 3 太阳镜

棕色镜片，水牛角镜框，具有迷彩蚀刻纹理效果。

参考价格：￥4 550

Rigards 0031 太阳镜

参考价格：￥4 000

Camo 2 太阳镜

棕色镜片，配黑色品牌标识。适合喜欢暗黑路线的潮男佩戴。

参考价格：￥4 400

Rigards 0016 太阳镜

参考价格：￥4 000

Premium 2 飞行员太阳镜

采用时尚的飞行员太阳镜款式，适合搭配机车风格服饰。

参考价格 ¥4 100

亚光黑 Sanjuro 太阳镜

水牛角镜框，显示独特的个人风格。

参考价格：¥4 800

磨砂迷彩效果光学眼镜

水牛角镜框，手工制作而成。

参考价格：¥4 700

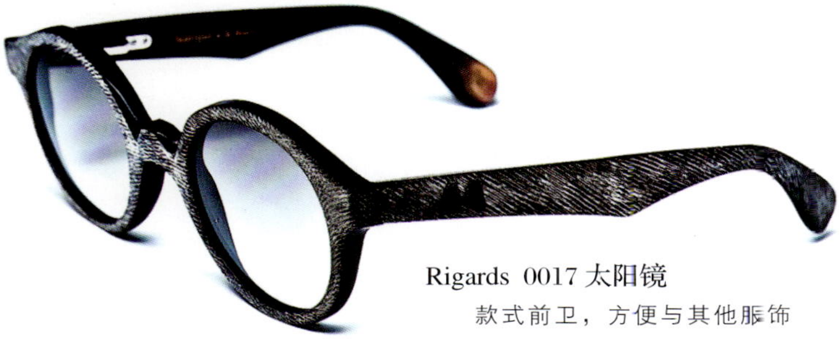

Rigards 0017 太阳镜

款式前卫，方便与其他服饰搭配，提升时尚感，适合休闲、出游时佩戴。

参考价格：¥3 700

Premium 3 中性风飞行员太阳镜

深色镜片，黑色象牙色拼色镜框。

参考价格：¥4 100

迷彩圆框太阳镜

镜框为水牛角材质，造型独特、个性十足。

参考价格：¥4 600

直通名店

由于 Rigards 眼镜的整个生产过程须经手工处理，以至产品无法大量生产，因此在一般的眼镜连锁店里是找不到的，而只有在世界各地的顶级概念店和特选精品店才能购买到。

北京 INK 高级男装概念店·Anchoret 店

上海 B.Y.男装精品店·Glossy 店·棉花田

香港 INK 高级男装概念店

台北 Club Designer 精品店·Ohh！店

大阪 24Th Of August 店·Beyond Cool 店

曼谷 Kanzai Optic 店

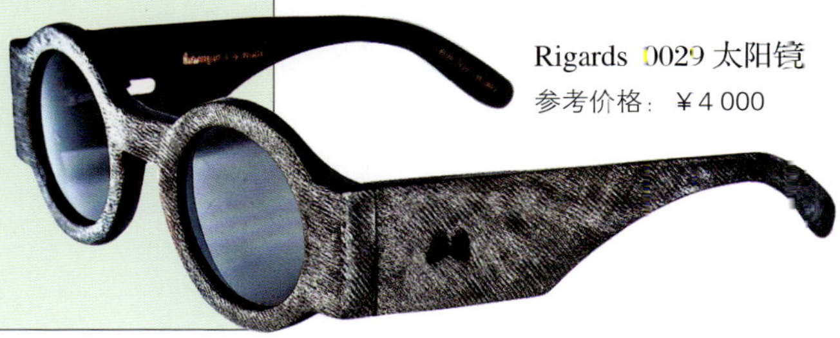

Rigards 0029 太阳镜

参考价格：¥4 000

Giuliano Fujiwara

绝对潮牌

作为极简主义代表，Giuliano Fujiwara 持续维持着日式与意大利式交融的风格。“简约的禅意宽身”、“前卫的未来感”、“叛逆的街头风”等，都是 Giuliano Fujiwara在每季的服饰主题中不断碰撞的设计元素。尤其是立体或不对称的精准剪裁、低调简约的用色技巧，将男装的内敛与知性重新诠释，而特有的和风美学思维便是这些设计元素背后的灵魂。

Giuliano Fujiwara强调在喧嚣的城市中找寻平衡之美的独创理念，其实用主义的设计带点不羁的趣味感，尤其是品牌更换创意总监后，男款风格变得更加热情与摇滚派十足。

抽象图案印花 T 恤

环状抽象图案印花，设计适合搭配牛仔裤。

参考价格：￥1 200

镇店潮款

黑色印花短袖 T 恤

密集图案印刷点缀为 T 恤增加了动感。

参考价格：￥1 150

钛金色镜架时尚太阳镜

参考价格：￥3 000

人造革补丁休闲裤

蓝色弹力棉混纺面料，人造革腰带装饰，裤身以人造革补丁装饰来提升时尚感。

参考价格：￥2 500

黑色 T 恤

短袖采用竖拉链及网眼纹理的装饰，款型别致有型。

参考价格：￥2 950

深蓝色 Derby 训练鞋

小牛皮鞋面，脚尖以白色对比色修饰，适合搭配休闲裤。

参考价格：￥2 700

黑色 Blazer 休闲羊毛外套

单排双扣设计，适合休闲聚会场合。

参考价格：¥2 050

时尚流苏围巾

长 170 厘米，宽 72 厘米，边缘以流苏效果装饰。

参考价格：¥1 150

灰色条纹羊毛衫

采用单排扣 V 领设计，适合日常穿着。

参考价格：¥1 800

灰色蕾丝套头衫

蕾丝元素的加入使服装更具潮范儿。

参考价格：¥2 600

绒面高帮运动鞋

金色漆皮与鹿皮结合，适合搭配牛仔裤。

参考价格：¥2 200

双色拼接时尚手套

参考价格：¥1 500

灰色大号手提袋

纺织纤维面料，拼接皮革装饰，内部带拉链。

参考价格：¥4 700

直通名店

在巴黎、罗马等时尚之都都可以找到 Giuliano Fujiwara 门店的身影，而它的亚洲旗舰店就开在台湾的微风广场。

上海 泰富广场·益丰外滩源

台北 微风广场

KTZ

绝对潮牌

英国年轻潮牌 KTZ（Kokon To Zai）是由马其顿籍设计师 Marjan Pejoski 和 Sasko Bezovski 共同创立的。它秉承一贯天马行空的设计理念，创造了诙谐、浮夸及拥有强烈个性的潮流服饰。品牌善于将骷髅、火焰、符号等文字或图案，用刺绣徽章的形式铺满衣服，给人以丰富饱满的视觉冲击感受，以其夸张的造型和疯狂的颜色运用赢得了众多潮男和时尚明星的喜爱。

镇店潮款

半透明花纹太阳镜

超大号面具风格，全醋酸纤维材质打造，有黑、白、金三色可选。

参考价格：¥3 400

海军旗印花T恤

宽松板型，图案及配色都很引人注目。

参考价格：¥1 200

搭配建议：

海军旗印花长裤（参考价格：¥2 400）

真丝刺绣背心

100%桑蚕丝材质，结合花边刺绣工艺。

参考价格：¥1 700

细条纹九分裤

优雅的细条纹搭配华丽金色星星图案，脚踝处采用狭窄剪裁设计，令整体着装更加有型前卫。

参考价格：¥3 200

搭配建议：

黑白印花短裤

（参考价格：¥2 800）

文身印花T恤

纯棉材质，宽松舒适，是个性短裤的绝配。

参考价格：¥1 900

马驹皮凉鞋

参考价格：¥4 600

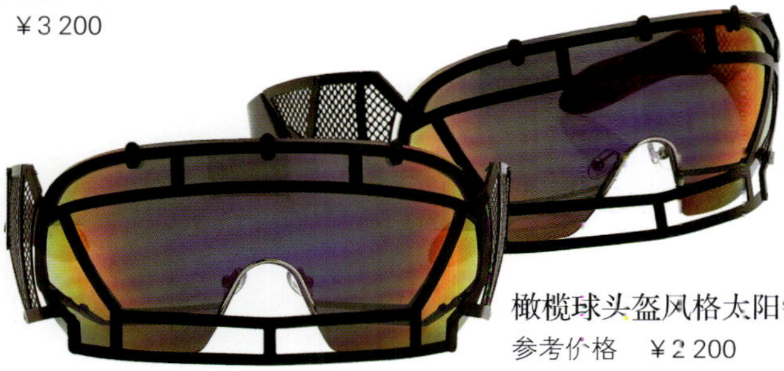

橄榄球头盔风格太阳镜

参考价格 ¥2 200

直通名店

该品牌只在英国伦敦和法国巴黎设有专门店。

伦敦 SOHO购物区

巴黎 Rue Tiquetonne

Barbara i Gongini

绝对潮牌

BARBARA Í GONGINI

由丹麦设计师 Barbara i Gongini 创立的同名品牌设计向来剑走偏锋，喜欢通过暗黑及哥特式风格的基调，再加上不同素材的搭配以及层次感的营造，使设计出来的服饰作品具有强烈的视觉冲击力。不规则剪裁、长短不一的搭配、男装以黑色调为主这些都是品牌的标志性设计。Barbara i Gongini 可以说是来自北欧的歌特暗黑系代表。

针织弹性长裤

纯棉面料，双面针织，带两个侧口袋。

参考价格：￥1 350

镇店潮款

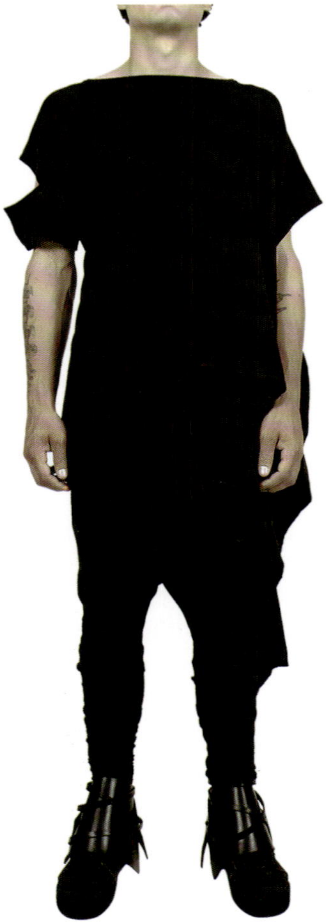

纯棉黑色短袖长款上衣

一字领，上衣采用分层设计的风格。

参考价格：￥1 350

不对称风格连帽衫

抽绳领口，不对称下摆设计。

参考价格：￥2 250

多口袋皮马甲

纯羊皮面料，拉链装饰设计。

参考价格：￥3 000

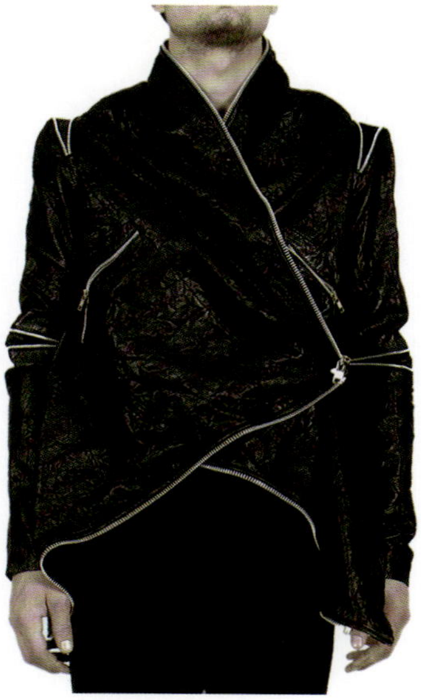

拉链装饰皮夹克

羊皮面料，边缘以拉链装饰，肩部拉链可打开。

参考价格：￥5 100

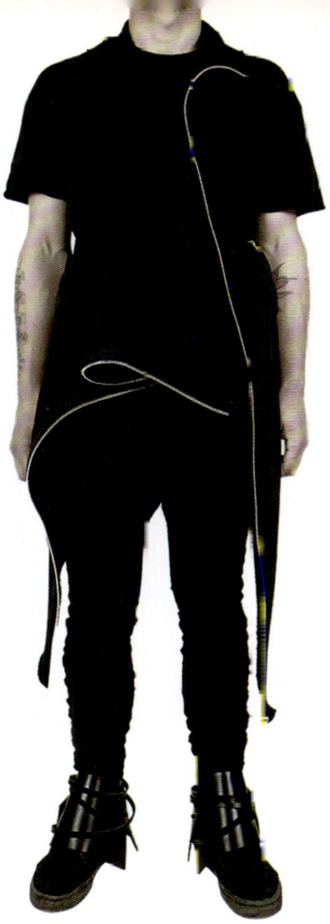

黑色 Jogging 马甲

边缘以拉链装饰，长长的尖襟，潮范儿十足。

参考价格：￥2 050

浸染风格纯棉上衣

参考价格：￥1 200

直通名店

Barbara i Gongini 在全球已经有超过 55 家的专柜，除了在日本、法国、美国等地可以购买到 Barbara i Gongini 的商品外，在国内的上海、香港等地也能方便地购买到 Barbara i Gongini 的商品。

上海 Spaceship by Tip 店

香港 中环 D-mop 店

针织长开衫

纯羊毛面料，前短后长的设计十分特别。

参考价格：￥2 050

Jogging 连帽衫

纯棉面料，不对称拉链，下摆配抽绳。

参考价格：￥2 500

Manuel Bozzi

绝对潮牌

意大利前卫品牌 Manuel Bozzi 专为男士设计配饰，并以精致的手工工艺和金银等优质材料打造著称，每件饰品都是在意大利基地制造完成。它的设计标新立异、富有个性，充满神秘感，喜欢选择宗教等题材加以演绎，整体风格充满重金属摇滚风。

肖像造型系列戒指

925 银材质，肖像造型上的太阳镜为青铜材质，采用打磨、抛光工艺。

参考价格：￥2 400

镇店潮款

银龙戒指

参考价格：￥2 900

龙造型吊坠

925 银材质，龙眼及龙身镶嵌石榴石等宝石，精致异常。

参考价格：￥3 950

骷髅头造型袖扣

925 银材质，骷髅头造型酷感十足，完美打造型男风范。

参考价格：￥2 700

船锚造型吊坠

925 银材质，绳索缠绕船锚的造型设计充满力度，更衬托出型男的阳刚之气。

参考价格：￥3 000

豹衔珠造型手镯

925 银编织设计，豹口处镶嵌石榴石。

参考价格：￥5 150

龟造型戒指

采用抛光工艺打造的龟壳让小龟造型生动有趣。

参考价格：￥3 100

DJ 耳机造型吊坠

925 银材质，长 2.5 厘米，宽 2.5 厘米。

参考价格：￥2 000

龙头装饰皮革编织手链

925 银龙头与质感的牛皮编织手链搭配，完美打造硬朗风格。

参考价格：￥4 200

猴子造型项链

925 银材质，采用打磨及抛光工艺，镶嵌红宝石。

参考价格：￥3 100

Mambam 皮革手镯

S 形银搭扣与接口处银制抽象图案圆形饰扣，让设计更具现代感。

参考价格：￥1 600

骷髅头造型戒指

参考价格：￥3 250

网眼造型手链

925 银材质，构成手链的每一环均经打磨抛光，如此繁复的工艺瞬间提升了手链的精美度。

参考价格：￥4 350

直通名店

作为一个前卫品牌，人们可以在一些时尚之都的潮店内购买到 Manuel Bozzi 的相关产品。

香港 On Pedder 精品店

首尔 10 Corso Como 精品店

巴黎 Gerard Sene 百货

伦敦 Milletre 精品店

罗马 Monocle 店

Jerome Dreyfuss
杰罗姆·德莱福斯

绝对潮牌

JEROME DREYFUSS

杰罗姆·德莱福斯是由拥有“法国时尚界的顽童”之称的天才设计师杰罗姆·德莱福斯创立的同名品牌。很多演艺圈的著名艺人都是它的忠实粉丝，已故著名流行音乐之父迈克尔·杰克逊曾邀请杰罗姆·德莱福斯作为他世界巡回新专辑发布会的专属设计师。杰罗姆·德莱福斯的男包同女包一样喜欢采用柔软的皮革，搭配大容量的设计，加入独特的设计元素来展示自己不羁的风格和时尚品位，其中尤以 Billy 包在时尚界更为著名。

钢蓝色 Billy 包

帆布包身，小牛皮装饰，可手提、肩背、斜挎，配可调节肩带。长 45 厘米，宽 20 厘米，高 40 厘米。

参考价格：￥4 400

镇店潮款

Linda 印花棉布手提包

双手柄，可调肩带。

参考价格：￥4 400

Thomas 卡其色手提包

软羊皮包身，两个外部带拉链口袋。可手提、肩背、斜挎。长 45 厘米，宽 15 厘米，高 40 厘米。

参考价格：￥5 600

棕色大号周末旅行包

山羊皮包身，配可拆卸肩带，可手提、肩背。长 40 厘米，宽 19 厘米，高 33 厘米。

参考价格：￥5 200

Arnaud 黑色皮革周末旅行包

参考价格：￥6 400

棕色按扣钱包

羊皮材质，铆钉装饰。

参考价格：￥4 200

橙色大号手提包

尼龙面料，配可拆卸肩带。

参考价格：￥3 200

水蓝色休闲手提包

纯皮包身，黑色皮革饰边，双手柄，配可拆卸肩带。

参考价格：￥3 000

Arnaud L 黑灰色行李包

小牛皮包面，皮革手柄，可调式帆布肩带。长 56 厘米，宽 30 厘米，高 37 厘米。

参考价格：￥10 500

Franky 灰色单肩包

小牛皮包面，皮革手柄，配肩带。可肩背、手提。长 40 厘米，宽 14 厘米，高 43 厘米。

参考价格：￥5 900

绿色时尚公文包

尼龙面料，皮革装饰，带拉链。长 38 厘米，宽 4 厘米，高 28 厘米。

参考价格：￥2 200

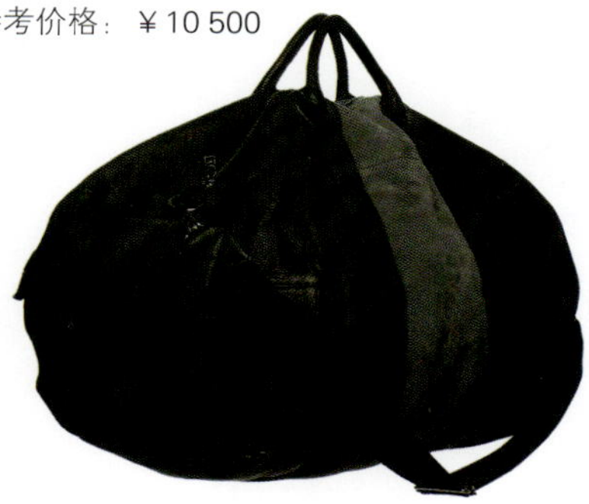

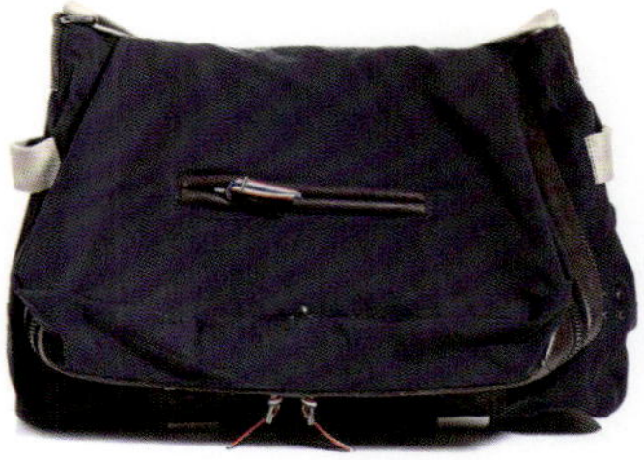

海军蓝棉布单肩包

参考价格：￥2 900

帆布皮革斜挎包

帆布包身，小牛皮面皮，帆布肩带。长 33 厘米，宽 10 厘米，高 30 厘米。

参考价格：￥3 800

直通名店

杰罗姆·德莱福斯的产品在法国 200 多间顶尖的零售店面销售，此外世界上其他国家和地区的大型百货公司，如美国 Barneys、Fred Segal，中国香港的连卡佛，东京的 Via Bus Stop 等百货公司也出售其产品。

台北 诚品敦南店

首尔 现代百货公司

巴黎 雅各路

纽约 布隆街

Bernhard Willhelm

本哈德·威荷姆

绝对潮牌

本哈德·威荷姆喜欢把尼日利亚、巴伐利亚及中东地区的传统民族服装杂耍一般杂糅在一起，创造出真正具有挑战性的男装风格。本哈德·威荷姆常运用超大尺寸剪裁与多彩色配搭，这绝对不是任何人都能接受的，此外，如果没有足够的身高与体型，恐怕绝对穿不出时尚的效果。

规矩对本哈德·威荷姆而言，从来不是个问题，那如孩童一般的天真气，无视规矩，恣意杂糅的风格经常跃然于其品牌服饰之上。

镇店潮款

和风针织上衣

纯棉面料，多颜色条纹，大领设计，具有日本民族服饰风格。

参考价格：￥5 800

Hermit 条纹运动衫

长袖，以横条纹做装饰，适合出席聚会时穿着。

参考价格：￥2 100

Chevron 箭头印花长 T 恤

以黑红色箭头图案作装饰，蝙蝠袖的设计潮范十足。

参考价格　￥8 300

灰色短袖连帽衫

宽袖，对称式设计元素的加入提升时尚感，下摆以黑色松紧腰带装饰。

参考价格：￥5 600

格纹拼布宽腿裤

不规则拼布设计，带两个后贴袋。适合休闲场合穿着。

参考价格：￥5 900

蓝色骷髅图案印花休闲裤

中腰款型，裤脚处骷髅图案印花为造型增色不少。

参考价格：￥1 000

多彩几何图连帽上衣

繁复几何花纹设计可完美展示穿着者的个性风格

参考价格：￥12 100

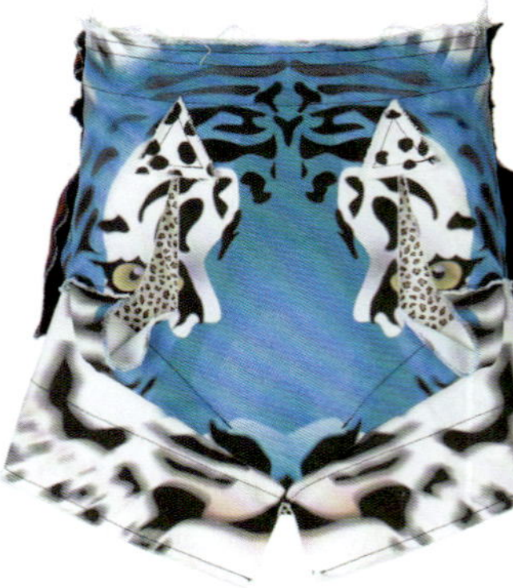

豹头图案印花短裤

参考价格：￥5 200

Bayernsoldat 斜纹上衣

纯棉面料，不对称领口、下摆，适合个高的男士穿着。

参考价格：￥4 750

买手必购榜

绿色印花 T 恤

抽象图案印花，适合搭配牛仔裤。

参考价格：￥4 600

多色虎纹印花休闲长裤

参考价格：￥6 900

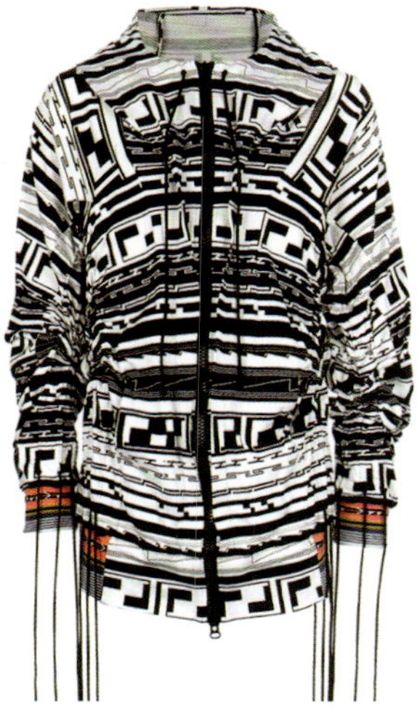

黑白几何图案连帽夹克

带拉链，袖口配飘带装饰，风格前卫时尚。

参考价格：￥6 600

和服式褶皱上衣

涤纶面料，宽领、宽袖，背部红绿撞色设计，风格大胆前卫。

参考价格：￥2 000

混纺迷彩帽

风格独特，街头服饰必备的一款潮帽。

参考价格：￥1 700

几何图案镂空 V 领上衣

夸张的条纹设计，具有强烈的反传统风格。

参考价格：¥5 400

锯齿图案休闲夹克

配色大胆，适合街头运动时穿着。

参考价格：¥7 600

印花混纺长裤

直腿裤版型，带侧口袋。

参考价格：¥6 600

橙色图案运动衫

漏斗领，长袖，前胸带斜拉锁修饰。

参考价格：¥6 400

搭配建议：

黑底印花休闲裤

（参考价格：¥3 450）

Pink Nino Ninja 棉夹克

多彩图案印花，短袖，漏斗领，兜帽的设计打造了洒脱的风格。

参考价格：¥6 900

多彩机车夹克

立领，袖口、胸前贴袋，下摆均采用褶皱设计，风格十分随性。

参考价格：¥9 100

Chevron 箭头印花毛衫

夸张的大领设计彰显了个性潮男的自信。

参考价格：¥6 900

石灰绿色针织印花长裤

橙色郁金香图案印花，适合搭配休闲鞋。

参考价格：¥2 900

彩色棉丝混纺夹克

尼龙褶皱装饰，金色袖身的设计十分拉风。

参考价格：¥13 800

彩棉印花针织长裤

参考价格：¥3 300

束腰印花短裤

宽松板型，拼布设计，印有狂野印花图案。

参考价格：¥3 800

Dr.Sonderbar 纯棉条纹长裤

纯棉面料，以红蓝色条纹图案装饰，带两个口袋。

参考价格：¥5 100

混纺宽袖毛衫

参考价格：¥3 700

迷彩休闲短裤

亚麻面料，高腰宽松板型，齐膝长度，适合出游时穿着。

参考价格：¥5 300

扎染条纹短裤

棉及亚麻面料，腰部带束带，有侧口袋。

参考价格：¥5 300

虎纹印花运动衫

参考价格：¥5 200

麻花图案绒线帽

价格请店洽

多彩印花帽

混纺面料，头围尺寸可调。

参考价格：¥1 650

卡通图案开口系带训练鞋

参考价格：¥1 500

Green 渔夫帽

流苏镶边，适合休闲时戴。

参考价格：¥1 700

看步联名 Together 运动鞋

纯皮鞋面，橡胶鞋底。此款是本哈德·威荷姆与看步一起出的联名鞋款。

参考价格：¥1 500

直通名店

本哈德·威荷姆目前在超过 18 个国家和地区的著名潮店中销售。喜欢海淘网购的人士也可在 http://www.oki-ni.com 购买到本哈德·威荷姆的品牌商品。

东京 Wut berlin 精品概念店

首尔 Space Mue 商场

墨尔本 Someday Store 商场

Julbo
嘉宝

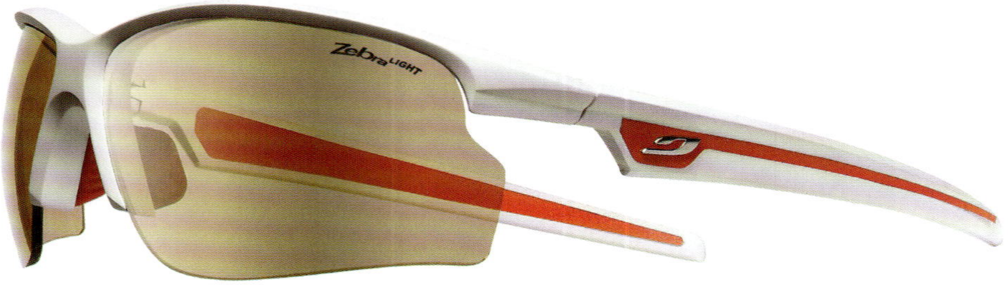

绝对潮牌

嘉宝是来自法国的专业户外产品品牌，尤其专注于户外眼镜的设计与生产，其产品90%为欧盟原产。嘉宝的专业来自于特殊设计与标准化品质这两大优势。嘉宝拥有自己的制造工具、模具与零件，再加上优质的镜片材料，因此产品拥有高度优良的品质保证。所有的嘉宝眼镜皆为100%抗紫外线，尤其值得一提的是嘉宝鲜明的配色风格更是令人过目难忘。

镇店潮款

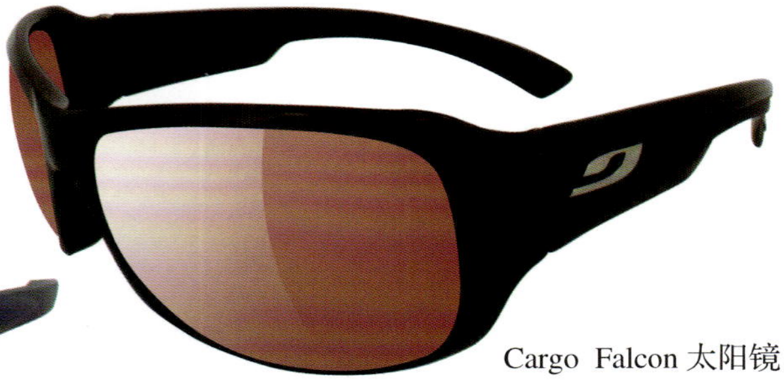

Cargo Falcon 太阳镜

偏光变色镜片，适用于出游、体育活动等日常生活领域。

参考价格：¥1 400

Dolgan Spectron 4 太阳镜

Spectron 镜片，可防紫外线，适合登山等户外运动，不适合驾驶时使用。

价格请店洽

Dust Zebra 户外太阳镜

加宽镜片设计确保佩戴者的视野无死角，具有全面透气系统，适用于山地骑行、越野跑、攀岩时使用。

参考价格：¥1 300

Dock Polarized 3+B 户外太阳镜

参考价格：¥1 000

Bang OTG 护目镜

具有符合人体工学的结构设计以及良好的透气性，全硅胶围带，佩戴舒适。

参考价格：￥600

Polar 护目镜

采用嘉宝家族专业的偏光技术，防撞击、防碎双层球形镜片，180度超宽大视野，符合人体科学的面罩式设计，适用人群广，可调节大小，可搭配任何款式滑雪头盔。

参考价格：￥800

买手必购榜

Cobalt Spectron 3 太阳镜

聚碳酸酯镜片，塑料框架，适合旅游、轻量级运动和日常生活时使用。

价格请店洽

Whoops Cameleon 太阳镜

偏光防雾镜片，适合在高海拔或沙漠地区使用。

参考价格：￥1 300

Tour Falcon 太阳镜

采用 Falcon 偏光镜片，适合开车和旅行使用。

参考价格：￥1 600

Suspect Falcon 太阳镜

偏光镜片，塑料镜框，适合日常生活、出游、体育运动时使用。

参考价格：￥1 600

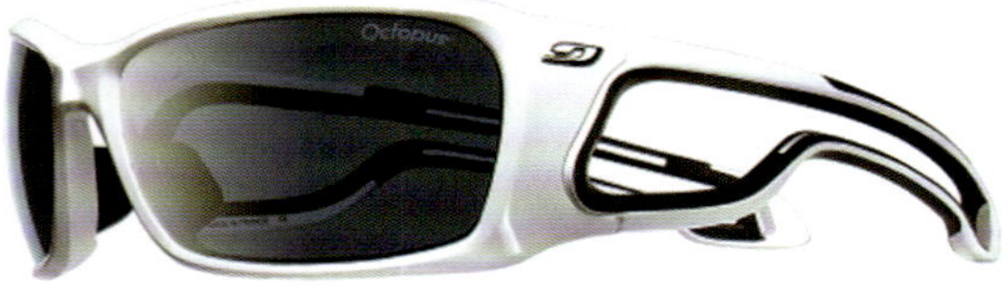

竞速系列 Pipeline L 太阳镜

亚洲板型。Octopus 防水偏光镜片，包围结构，镜腿镂空设计，可调节性标准版鼻托，可漂浮性眼镜绳。适用于各种水上运动。

参考价格：￥1 800

Run Zebra 太阳镜

Zebra 镜片，防紫外线、防雾。适合山地骑行、攀岩等户外运动时使用。

参考价格：￥1 200

Pipeline L 户外太阳镜

Octopus 镜片，镜腿镂空设计。专为水上运动设计，适用于从事各类型的水上运动型潮男使用。

参考价格：￥1 800

Bivouak 户外太阳镜

防雾镜片，包围结构。

参考价格：￥1 100

Trail Zebra Light 户外太阳镜

亚洲板型。越野专用，加宽镜片，3D 立体可调节式鼻托，全面透气结构。

参考价格：￥1 450

Trek Zebra 户外太阳镜

亚洲板型。融合了技术性海拔登山与轻量化这两种特征，可用于高海拔攀登、攀岩、越野跑，侧边可拆卸。具备高度的透气系统。

参考价格：￥1 400

Explorer L 户外太阳镜

采用变色、防雾偏光镜片，专为户外运动设计，适用于登山或者沙漠环境下的户外专业驴友使用。

参考价格：￥1 900

Stunt Polarized 3+ 户外太阳镜

参考价格：￥1 100

Swell 户外太阳镜

Octopus 镜片，专为水上运动设计，具有随光线强弱而变化的自动变色功能。

参考价格：￥1 500

Revolution OTG Zebra 护目镜

采用 Zebra 镜片，适合登山时佩戴。

参考价格：￥1 200

Jupiter Otg 护目镜

防雾涂层镜片，适合使用隐形眼镜的人佩戴。

参考价格：￥600

Meteor Falcon 护目镜

Falcon 变色镜片，防眩光。全硅胶围带。

参考价格：￥1 200

Revolution Zebra 护目镜

采用 Zebra 镜片，视野无盲点，防雾涂层和通风设计，超轻镜框，内侧双层软泡沫衬垫，全硅胶围带，双向调节结构。

参考价格：￥1 700

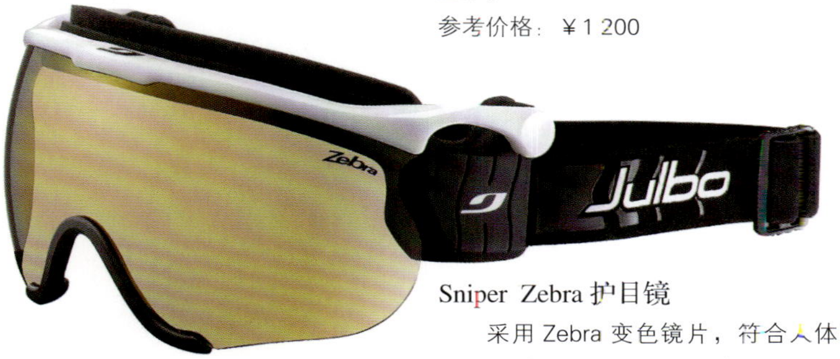

Sniper Zebra 护目镜

采用 Zebra 变色镜片，符合人体工程学设计的透气系统，适合滑雪及雪上射击运动时佩戴。

参考价格：￥1 100

Bang 护目镜

防雾涂层，前排气设计，全硅胶围带。

参考价格：￥700

Orbiter Zebra 护目镜

采用 Zebra 变色镜片，防雾涂层处理，能提供良好的视觉感受，适合登山时佩戴。

参考价格：￥1 300

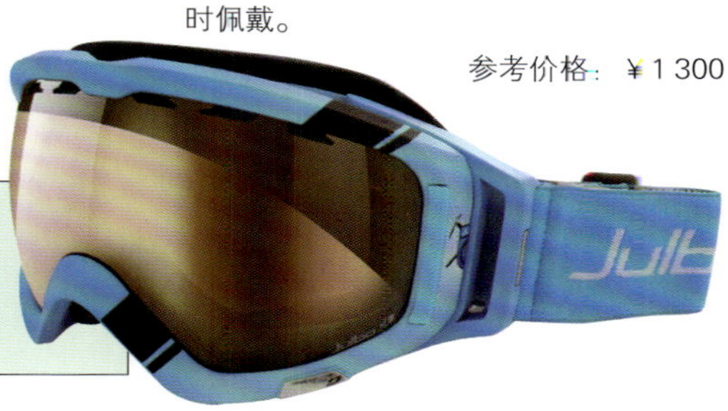

直通名店

嘉宝的产品已经行销到全球五十多个国家，在国内也能买到这一品牌的商品。

香港 溥仪眼镜店

Performance Art HM4 Only Watch 系列腕表

HM4 Only Watch 系列呈现一派梦中世界的景象，一只实金打造的熊猫坐在类似喷气式飞机的 HM4 上，熊猫手中的缰绳由金丝拧成，熊猫以手工雕刻，并用脱蜡法以 18K 白金浇铸而成，熊猫和缰绳的造型采用尖端微机械工艺，极为小巧，而且完全可以拆卸。

价格请店洽

·附录 1·

腕　表

潮男的“标配”中，怎么可能少得了腕表？一款外形别致、凸显个性的腕表，绝对可以为整体造型大大加分。实际上，从宇舶、法兰克穆勒到天势、尼克松，这些腕表品牌都在不断创新和推出前卫、富于新意的腕表，无论是吸睛度或者多元化的搭配，都深受潮男青睐。

天势 Iconic 系列 Ref.TGX30002 腕表

表盘直径 47 毫米，防水深度 50 米。

参考价格：¥3 100

天势 Iconic 系列 Ref.TGX30001 腕表

表盘以戴皇冠的骷髅头图案进行装饰，直径 47 毫米，防水深度 50 米。

参考价格：¥3 100

天势 Gulliver Medium-Skull 系列 Ref.TG330003 腕表

表盘中央是一个骷髅头图案，直径 50 毫米，防水深度 100 米。

参考价格：￥2 500

天势 Animal 系列 Ref.TGF30202 腕表

边缘以动物纹理图案装饰，表盘直径 50 毫米，防水深度 100 米。

参考价格：￥3 100

Iconic 系列 Ref.TGX30003 腕表

表盘直径 47 毫米，防水深度 50 米。

参考价格：￥3 100

Larsson & Jennings 动物系列腕表

表带上豹纹以及斑马纹元素的加入，可以与具有相应元素的鞋和时装形成很好的呼应和搭配。直径 40 毫米，防水深度 50 米。

参考价格：￥1 700

Zem Zen-H Gold 腕表

这款表是 Nocka 品牌所推出的经典款式，前两排的 12 个方格显示小时，第三排显示分钟，第四排显示秒，带有闹钟和计时功能。

参考价格：￥5 200

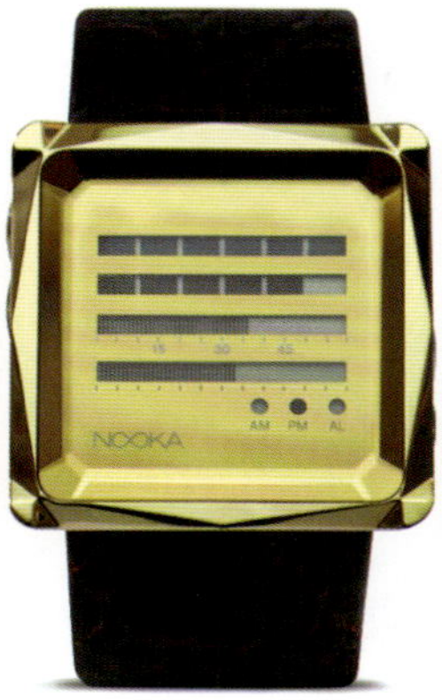

尼克松 Axe 腕表

圆形表盘，双色指针，棕色全皮表带，内圈采用了特别的可拆卸式设计，可以变换不同戴法。

参考价格：￥1 600

Scuderia Ferrari Heritage Chronograph 腕表

由法拉利推出，带有 20 世纪五六十年代的复古风格。不锈钢材质，44 毫米表盘，整体的黑色和黄色配色对比效果十分强烈，瑞士制造。

参考价格：￥3 100

Ferrari F1 Podium 腕表

潮男当中的法拉利车迷，应该都会喜爱这样一款法拉利腕表吧。44 毫米黄色表盘十分显眼，防水深度为 50 米，瑞士制造。

参考价格：￥4 400

Ferrari F1 Fast Lap 腕表

44 毫米黑色表盘，盾形法拉利跃马车标十分抢眼，法拉利经典的红色被运用在了表圈和表带上，瑞士制造。

参考价格：￥3 800

尼克松豹纹腕表

表链和表壳以豹纹元素进行装饰。

价格请店洽

Ferrari Granturismo Chrono 腕表

43 毫米表盘，指针中央的红色十分别致，穿孔皮革表带边缘以黄色缝线缝合，瑞士制造。

参考价格：￥5 800

尼克松 The 48–20 Chrono P 腕表

日制石英机芯，48 毫米表盘，搭配 23 毫米定制聚氨酯塑胶材质打孔表带。外观硬朗，适合运动型潮男。

参考价格：￥3 000

尼克松 The Rotolog 腕表

日制石英机芯，旋转式小表盘，表链宽度适中，运用极其别致的天然实木镶嵌工艺，装饰性极强。

参考价格：￥2 500

尼克松 The Magnacon SS 腕表

黑色不锈钢材质外观十分炫酷，48 毫米表盘，刻度有多种配色款式可选，搭配瑞士制造机芯。

参考价格：¥7 300

摩凡陀大号波特腕表

铝质表壳，表盘带有环状纹理，黑色硅脂表带搭配铝质表扣，瑞士石英机芯，防水深度 30 米。

参考价格：¥2 500

U-42 UNICUM-53 腕表

出自 U-boat 品牌，钛外壳经过黑色 IP 涂层处理，直径 53 毫米。棒形指针经过抗自然老化以及夜光处理，纯手工制作的精选小牛皮表带上带有骷髅头装饰，防水深度为 300 米。

价格请店洽

尼克松 The Murf 腕表

方形表盘，宽 30 毫米，银色边框，半遮盖式设计，搭配日制石英机芯。

参考价格：¥3 700

Original Chronograph 腕表

Victorinox 品牌出产，时髦的拉丝铝边框富于极佳的触感，中央秒针以精致艳丽的橙色装饰，设有皮壳外套。

参考价格：¥4 000

法兰克穆勒

8880 SC Black Croco 腕表

这款特殊黑色款式经过 PVD 涂层处理，酒桶造型表壳，表盘和表壳上呈现与品牌常用的鳄鱼皮表带类似的鳞片效果，高雅中增加了鲜明的运动感。

价格请店洽

雅克德罗 Petite Heure Minute Tiger 腕表

雅克德罗标志性的偏心式小表盘设计，光洁的象牙白色大明火珐琅上微绘两只老虎的形象。雅克德罗的微绘珐琅表款基本都是限量发行，极其具有珍藏价值。

价格请店洽

雅克德罗 Petite Heure Minute Panther 腕表

18K 白金材质，厚度为 11.48 毫米，偏心时分显示的象牙白色大明火珐琅表盘，微绘黑豹形象，黑漆指针，黑色手工卷边鳄鱼皮表带。

价格请店洽

理查德米勒 RM 52-01 Tourbillon 骷髅腕表

采用 TZP 陶瓷和碳纳米管材质，RM052 手动上链陀飞轮机芯，表盘尺寸为 42.7 × 50 × 15.95 毫米，镂空式设计呈现了骷髅头形象。

价格请店洽

Black Widow 系列 MR Green 腕表

这款表出自瑞士前卫制表品牌 Ladoire，黑灰色和绿色反差很大却很和谐。它秉承了 Ladoire 的不规则设计美学，整个表盘呈不规则的圆角矩形，刻有 Ladoire 标志性网状图案的齿轮传动机构清晰可见。

参考价格：¥447 400

Welder 男式 K29 Chronograph 53 毫米腕表

Welder 绝对是运动型潮人应该关注的品牌。这款表采用了 53 毫米的超大表盘，防水深度为 50 米，印花织物表带，有多种不同颜色可选。

参考价格：¥7 500

Instrumento N° UNO DF XL 两地时间腕表

出自瑞士制表品牌 de GRISOGONO，玫瑰金配栗子棕色 PVD 钛金属表壳，以及 17 世纪巴洛克艺术风格的棕色黑檀木表盘，带有明显而精致的纹路。防水深度达 50 米，搭配棕色鳄鱼皮表带。

价格请店洽

柏莱士 Aviation 系列

BR 01 Heading Indicator 腕表

设计灵感基于一个叫作回转罗盘的设备，该设备会显示飞机航线。此款腕表搭载 ETA 2892 自动上链机芯，黑色 PVD 不锈钢表壳，46 毫米表径，蓝宝石玻璃表镜，时、分、秒三个独立的同轴面盘，有刻度的为小时与分钟盘，至于中央黄色 Bell & Ross 标志面盘则代表秒。小时读取以外表盘的黄色双三角形做指示，分钟则以黄色机头指示中间表盘为准。而黄色飞机与简易刻度则印刻在表玻璃下方。

参考价格：￥147 000

柏莱士 Aviation 系列

BR 01 Airborne II 腕表

自动机械机芯，采用精钢材质打造，46 毫米表径，表壳被设计为独特的“步枪枪管”式打磨效果。表盘被覆以象征死神的黑色，并加入骷髅头标志。表镜则被设计师镶以尖齿形时标，指针也被设计为军人专属的匕首形。防水深度 100 米。

参考价格：￥55 000

汉密尔顿 Ventura XXL 系列腕表

该系列采用与众不同的盾形表壳、三角形表冠及 V 字形背透设计，集未来感、超现实主义风格以及时尚气质于一身。

价格请店洽

柏莱士 Aviation 系列

BR 01 Casino 腕表

采用 ETA 2892 自动上链机芯，46 毫米方形表壳，并装置了一个轮盘式表盘，时间显示模式脱胎自柏莱士研发的转碟显示系统，由三块同心转碟组成，分别显示时、分、秒：最外围有数字“0”的转碟显示小时，中间设有一个小球的转碟指示分钟，而最中央的部分显示秒钟。表壳以喷漆打磨黑色碳涂层处理。

参考价格：￥61 500

帕玛强尼 Ovale Pantographe 腕表

18K 玫瑰金表壳，椭圆形表盘，饰以日内瓦波纹，伸缩指针可沿表盘边缘伸缩，搭配爱马仕靛蓝色鳄鱼皮表带。

参考价格：￥366 600

帕玛强尼 Ovale Hebdomadaire 腕表

有趣、颠倒的图案非常吸引人，爱马仕的靛蓝色鳄鱼皮表带，增添了腕表的高贵感及罕有度。手动上链动力存储机芯，具备 8 天动力储存，防水深度 30 米。

参考价格：￥510 000

宇舶 Big Bang 斑马纹腕表

抛光处理及缎面拉丝 18K 玫瑰金材质，斑马纹表盘，镶嵌 8 颗钻石（总重 0.14 克拉）、镀铑数字指针。黑色天然橡胶和斑马纹小牛皮表带，覆黑色 PVD 涂层精钢折叠式搭扣表扣。

价格请店洽

宇舶 Big Bang 系列腕表

碳纤维材质，缎面拉丝镀钌嵌花表盘，带黑色夜光涂层。表圈上镶嵌 6 颗 H 型覆黑色 PVD 涂层钛金属螺钉，以及 48 颗方型蓝宝石。蓝色 Horn Back 鳄鱼皮表带内衬黑色天然橡胶，以黑色缝线缝制，配喷砂处理黑色陶瓷折叠表扣。

价格请店洽

宇舶 Big Bang 豹纹腕表

41 毫米的豹纹表盘加上豹纹表带，这款表充满了野性的味道，表盘镶嵌 8 颗钻石，搭载自动计时机芯。无论潮男潮女都可以将其完美驾驭，惊艳亮相。

价格请店洽

路易威登 Tambour LV Cup 自动计时航海表

作为第 34 届美洲杯帆船大赛的官方指定计时品牌，路易威登推出了这款具备倒计时功能的高性能腕表。表壳直径 44 毫米，夜光指针和刻度盘显示，深海军蓝色鳄鱼皮表带，另外提供带有路易威登品牌标志的黑色防水橡胶表带，防水深度 100 米。

参考价格：￥89 000

Tread 1F 腕表

出自美国腕表品牌 Devon，通过交错相迭的时间带的转动，来显示时、分和秒。这款 Tread 1F 腕表的表盘示数以及表带都采用了橘色，它由锂聚合物充电电池提供动力，每次充电可提供两星期的动力。

参考价格：￥20 000

路易威登 Tambour LV Cup Regatta 黑色自动计时航海表

表壳直径 44 毫米，牛皮表带，黑色钢壳，黑色和银色表盘上带有阳光光线效果，黑色涂层表带，可用于分、秒的时段计时，防水深度 100 米。

参考价格：￥81 500

Horological Machine HM3 Megawind 系列腕表

源于 MB & F 品牌极具代表性的 HM3 系列，Megawind 结合了大尺寸的 22K 金与钛金属自动盘，复杂非对称表壳上搭配立体清晰的锥形时间指示，像极了被截断的金边楔形巨岩。显示小时（左）与分钟（右）的锥形表盘在两个由金质与蓝宝石水晶打造的立体楔形框架中转动，表盘除了在顶端有时标刻度外，侧边的斜面上也有着大字体时间指示，提供极为清晰的读时便利性。

参考价格：¥767 000

Horological Machine HM1 系列腕表

Horological Machine HM1 是一款集高度科技创新与独特创意设计于一身的腕表。HM1 腕表系列机芯首次在钟表界采用并联及串联结构的 4 个主发条盒，两两配置在机芯两侧形成两个动力源，堪称世界上第一款能将动力从两个动力源同步传送到调整系统的腕表。

价格请店洽

宇舶 MP-05 LaFerrari 腕表

这款表在法拉利团队的配合下，与同名跑车同步研发。它创造了 50 日动力储存的历史纪录，也是宇舶表有史以来制表组件数量最多的腕表（637 个）。在材质方面则选用了黑色 PVD 镀层钛金属，其顶部中央设钛金属和碳纤维嵌件，展露出腕表的上弦表冠。

价格请店洽

Horological Machine HM5 系列腕表

HM5 锥形表壳设计时尚前卫，充满未来主义风格，其数字 LED 显示屏采用垂直取向，并搭载机械机芯。时、分显示相对简洁直观，实际上整个设计精妙无比，双向跳时，反向指示时标，表盘光线折曲 90 度，并将尺寸放大 20%。

价格请店洽

·附录 2·

书写笔

尽管电子时代已经来临，但是对于有着一定文艺范儿情结的潮人来说，一支与众不同的书写笔，还是有着它的特殊意义，无论是日常使用还是收藏。目前，除了大批量生产的基本款式，维斯康蒂、都彭、凯兰帝等一些知名的制笔品牌也都设计和推出一些十分别致的款式，尽管产量通常有限且价格昂贵，但并非无处购买。

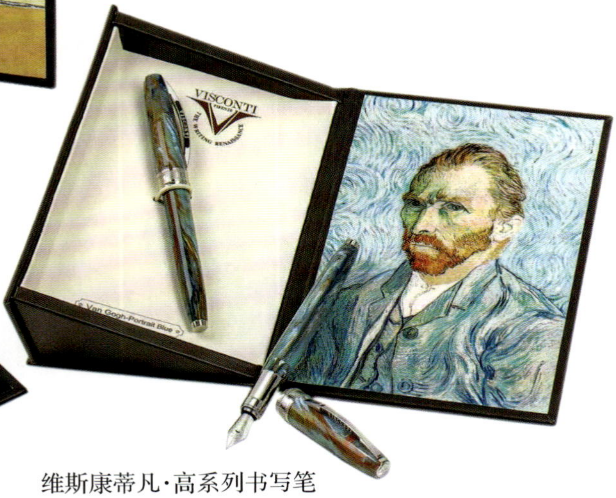

维斯康蒂凡·高系列书写笔

维斯康蒂品牌成立于 1988 年，其产品设计经常在传统中生发创意，在创意中追求独特，又在独特中保证工艺。虽然成立时间不长，但是这个意大利品牌却有着很好的艺术感觉，经常会推出让人眼前一亮的款式。这款笔的设计灵感来源于凡·高画作的用色风格，绝对符合文艺范儿潮男的品位。

参考价格：￥1 700

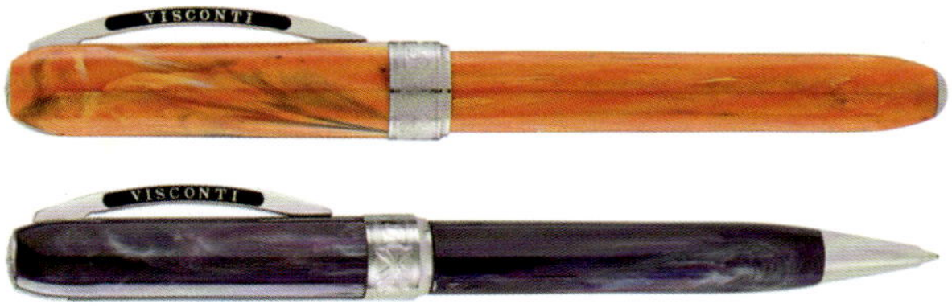

维斯康蒂伦勃朗系列书写笔

主要材质为天然树脂，设计灵感来源于被称为荷兰历史上最伟大的画家伦勃朗的画作风格。

参考价格：￥950

维斯康蒂 Opera Club Cherry Juicy 书写笔

14K 金笔尖，笔身以樱桃红色线条进行装饰。

参考价格：￥3 100

维斯康蒂 Supernatural Creature 系列书写笔

运用了日本漆艺，在笔身上绘制出了大自然中的多种动物形象。

参考价格：￥40 000

Kynsey 世界七大奇迹系列书写笔

Kynsey 品牌的七大奇迹系列展现了金字塔、阿尔忒弥斯神庙、巴比伦空中花园、摩索拉斯王墓、亚历山大灯塔、宙斯神像以及罗德岛太阳神巨像。

价格请店洽

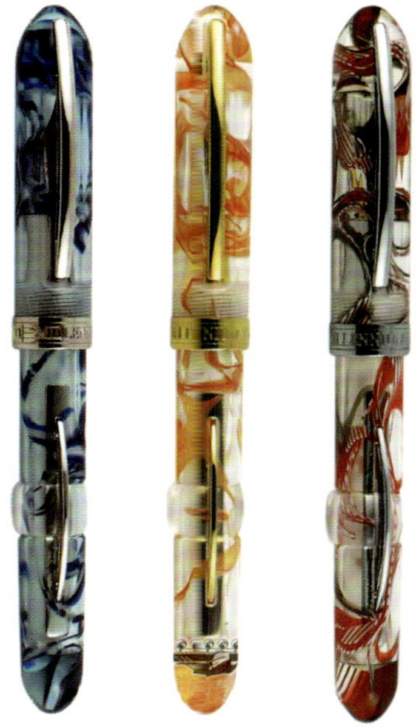

维斯康蒂 Millennium Arc 系列书写笔

三款书写笔分别使用了不同的 K 金材质，表面呈现了斑驳的花纹。

价格请店洽

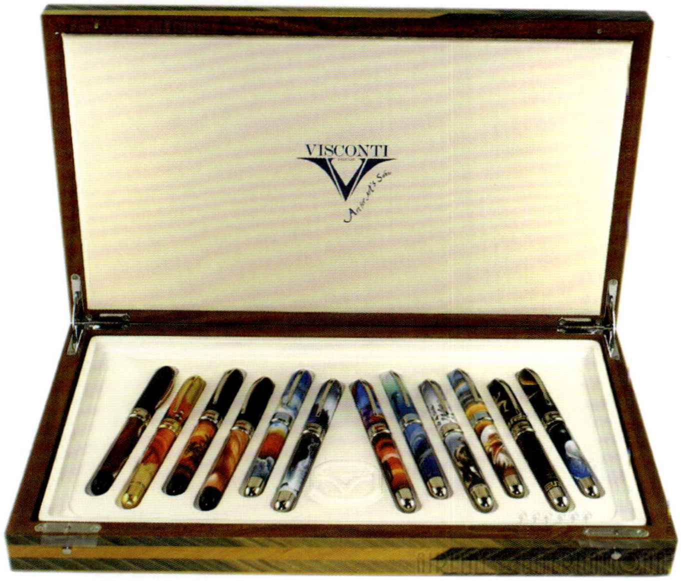

维斯康蒂 Mazzi 系列书写笔

该系列的设计出自杰出的意大利艺术家 Claudio Mazzi 之手，图案极具特色，色彩鲜明。

价格请店洽

维斯康蒂 Art Nouveau 系列蛛网书写笔

树脂结合 925 银材质，表面以蛛网和蜘蛛形象进行装饰，14K 金笔尖。

参考价格：￥4 250

维斯康蒂 Alchemy 系列双头书写笔

价格请店洽

都彭 Catacombes 书写笔

这款笔的设计灵感来自于法国巴黎一处著名的藏骨堂——Catacombes。

参考价格：￥29 000

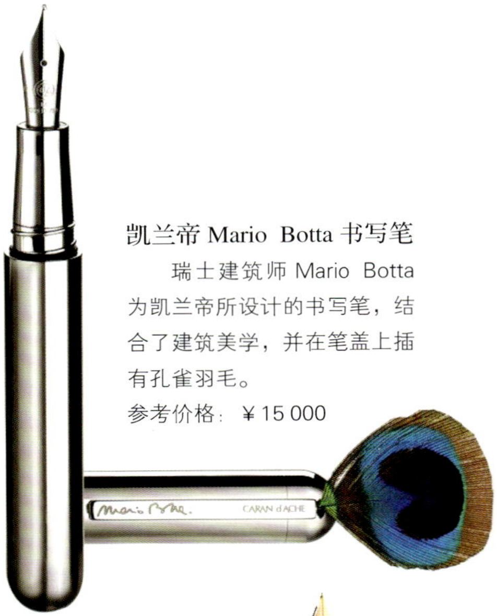

凯兰帝 Mario Botta 书写笔

瑞士建筑师 Mario Botta 为凯兰帝所设计的书写笔，结合了建筑美学，并在笔盖上插有孔雀羽毛。

参考价格：￥15 000

凯兰帝 Varius 蛇纹木书写笔

笔身为带有精致斑纹的蛇纹木，效果极为别致。

参考价格：￥4 000

维斯康蒂 L.E. Christian Bible 书写笔

象牙色树脂材质，表面出现了亚当与夏娃等多幅西方《圣经》中的所描述的图景。

参考价格：￥24 000

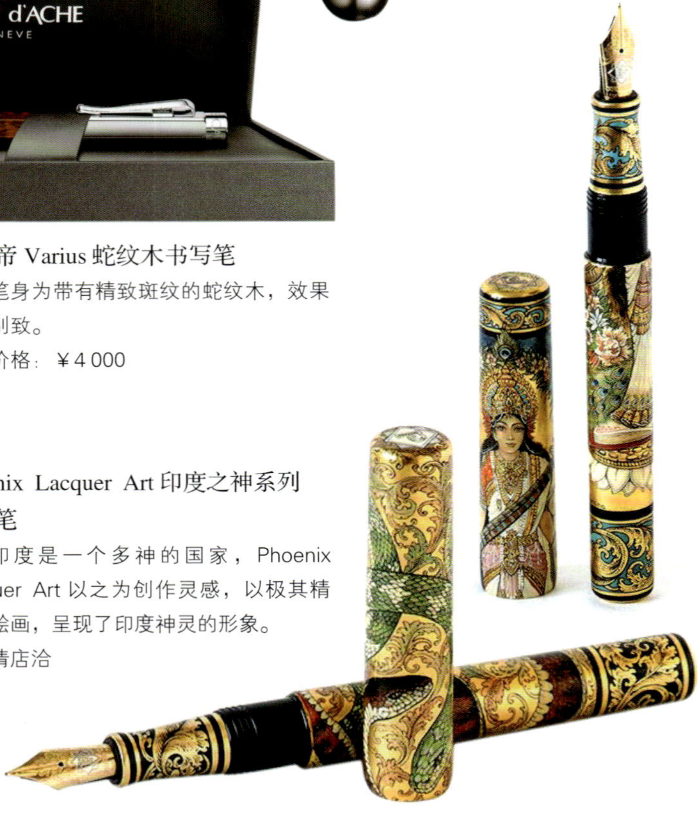

Phoenix Lacquer Art 印度之神系列书写笔

印度是一个多神的国家，Phoenix Lacquer Art 以之为创作灵感，以极其精妙的绘画，呈现了印度神灵的形象。

价格请店洽

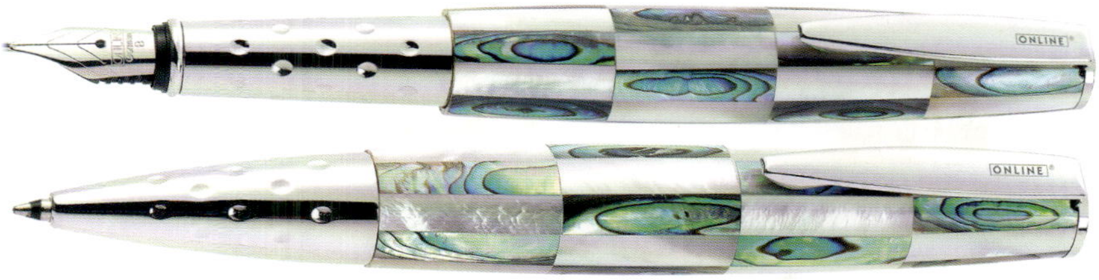

Online Inspirations 系列书写笔

出自 Online 品牌，表面以新西兰海域珍珠母贝进行装饰，效果十分炫酷。

参考价格：￥1 900

Online Inspirations 系列书写笔

出自 Online 品牌，主要材质为枫木和珍珠母贝，颇具混搭风格。

参考价格：￥1 600

Phoenix Lacquer Art 森林系列书写笔

讲究画面唯美是 Phoenix Lacquer Art 的一向风格。

价格请店洽

Online Inspirations 系列书写笔

出自 Online 品牌，亚克力材质笔身呈现了斑斓的纹路。

价格请店洽

Phoenix Lacquer Art 俄罗斯神话传说系列书写笔

极具油画风格的画面，将唯美的俄罗斯神话传说展现于笔身之上。

价格请店洽

Phoenix Lacquer Art 大型猫科系列书写笔

该系列是以白虎、狮王、雪豹、黑豹、阿穆尔河虎等多种大型猫科动物为主题，并结合油画风格，画法极为生动逼真，18K 金笔尖。

价格请店洽

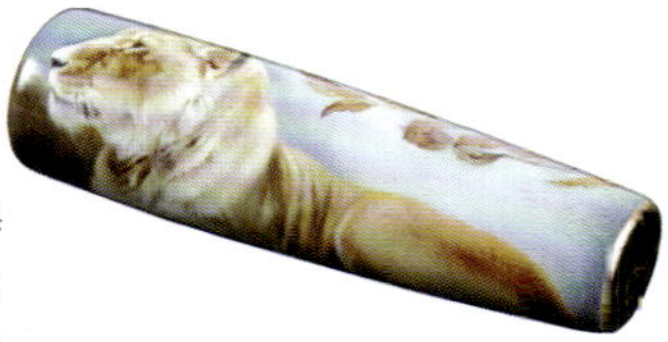

图书在版编目（CIP）数据

男士时尚品牌选购完全指南 / 世界品牌研究课题组主编. — 北京：北京工业大学出版社，2014.2

ISBN 978-7-5639-3775-2

Ⅰ. ①男… Ⅱ. ①世… Ⅲ. ①男性—品牌—选购—指南 Ⅳ. ①F76-62

中国版本图书馆CIP数据核字(2013)第318642号

男士时尚品牌选购完全指南

主　　编：世界品牌研究课题组
责任编辑：丁　娜
封面设计：赵兴华
出版发行：北京工业大学出版社
（北京市朝阳区平乐园 100 号　邮编：100124）
010-67391722（传真）　bgdcbs@sina.com
出 版 人：郝　勇
经销单位：全国各地新华书店
承印单位：沈阳鹏达新华广告彩印有限公司
开　　本：889 mm×1194 mm　1/16
印　　张：22
字　　数：327 千字
版　　次：2014 年 2 月第 1 版
印　　次：2014 年 2 月第 1 次印刷
标准书号：ISBN 978-7-5639-3775-2
定　　价：159.00 元
